우리는
어떻게 죽고
싶은가?

우리는 어떻게 죽고 싶은가?

첨단 의학 시대에
우리가 알아야 할 죽음의 문화

미하엘 데 리더
지음

이수영
옮김

학고재

추천사

삶을 존엄하게 마감할 권리

얼마 전 독일에서, 내과학 교수를 지낸 독일 친구를 만나 존엄사 문제에 관해 의견을 나눈 적이 있다. 그때 필자는 사단법인 한국골든에이지포럼Korea Golden Age Forum의 공동대표로서 한국에서 펼치고 있는 '사전의료의향서 받기 운동'을 소개했다. 사전의료의향서는, 죽는 시기를 늦추는 것 외에 아무런 의미가 없는 치료라고 의료진이 판단하면 심폐소생술이나 생명 유지 장치 등을 사용하는 연명 치료를 거부하고 환자 자신이 삶을 존엄하게 마감할 권리가 있음을 분명하게 밝히는 것이다.

그 친구는 독일의 의료 상황 역시 한국과 크게 다를 바 없다고 공감하면서 필자에게 존엄사에 관한 아주 중요한 책을 소개해주었다. 미하엘 데 리더Michael de Ridder 교수가 최근에 저술한 『우리는 어떻게 죽고 싶은가?Wie wollen wir sterben?』(2010)라는 책이다.

책 제목을 처음 접했을 때 받은 느낌은 약간의 생소함과 예사롭지 않은 무거움이었다. 그러나 책장을 넘기면서 힘겹게 생을 마감하는 수많은 환자의 죽음에 대해 의사로서 필자가 얼마나 편향된 생각에 빠져 있었는지 깨닫게 되었다. 놀라운 경험이었다.

모든 의학도는 대학 교육 기간은 물론, 졸업 후 의사 생활을 하는 동안에도 의성醫聖 히포크라테스의 선서를 수없이 듣고 배우며, 이를 지키겠다고 엄숙히 선언한다. 그런데 의사들은 선서문 중 "환자가 알려준 모든 비밀을 지킨다" "동업자를 형제처럼 생각한다" "환자의 인종, 종교, 국적, 정당·정파 등을 초월한다"는 내용은 윤리 지침 정도로 받아들이면서 "환자의 생명을 끝까지 지킨다"는 내용은 거의 '형법 조항'처럼 생각한다.

이러한 전통에서 의사들은 말기 환자의 생명을 유지하기 위해 끝까지 최선을 다하는 것이야말로 히포크라테스 정신을 구현하는 최상의 길이라고 여긴다. 이 책의 배경이 되고 있는 독일 의료계의 경우, 과거 안락사安樂死라는 이름으로 자행된 나치 정권의 반인륜적 범죄 행위 때문에 이 조항을 더욱 철저히 지키고 있다. 따라서 안락사와 맥을 같이하는 어떤 행위나 논의에도 매우 소극적인 입장을 견지하는 것이 독일 사회의 분위기다.

하지만 데 리더 교수는, 인간의 수태에서부터 관여하는 의사들은 생의 마지막 길목에서도 환자에게 올바른 도움을 주어야 한다고 주장한다. 말기 환자의 연명을 위해 행해지는 불필요하고, 때론 고통스럽기까지 한 의료 행위를 중단해야 한다는 것이다. 이는 법적으로나 의학적으로 계속 오해를 불러일으키는 안락사 개념과는 다르다. 저자가 강조하는 것은 연명 치료를 포함한 의료 행위에서 환자 본인의 의사와 자기결정권이다.

오늘날 첨단 의료 환경에서 죽는 자의 권리가 얼마나 무시되고 있는지 단적으로 보여주는 사례가 있다. 지난해 『뉴욕 타임스』에 실린 '아버지를 비통하게 만든 것'이라는 기사가 그 예다. 치매로 사경을 헤매는 남편을 간호하던 부인이 딸에게 "제발, 네 아빠의 페이스메이커pacemaker를 제거해주렴" 하며 애원했다. 지난 5년간 페이스메이커가 환자의 심장을 뛰게 하면서 생명을 유지시켰는데(뇌사 상태), 페이스메이커의 배터리 수명이 앞으로 5년이나 더 남았다는 사실에 모녀가 번민과 자괴감을 느꼈다. 딸은 인위적으로 생명을 연장하는 아버지의 모습을 지켜보면서, 옥스퍼드 대학 출신이자 미국의 저명한 대학교 교수로 자존심이 유난히 강했던 아버지의 항변을 이 글로 대신 전했다.

얼마 전에는 영국의 한 고령자가 자신의 가슴에 '연명을 거부한다Do Not Resuscitate'는 문신을 새겨 화제를 모으기도 했다. 그는 오른쪽 어깨 위에 '뒤집어주세요Please Turn Over'라는 문신도 새겼는데, 가슴에 새긴 문신을 못 볼 경우를 대비하기 위해서라고 한다.

첨단 의학은 우리 삶에 건강이라는 풍요로움을 제공했다. 의학의 눈부신 발전 덕분에 얼마나 많은 사람이 자칫 잃어버릴 수 있었던 소중한 생명을 건졌는가. 그러나 이는 역설적으로 첨단 의료가 말기 환자의 의미 없는 연명 치료라는 부정적 역할도 하고 있음을 보여준다.

이러한 현실에서 『우리는 어떻게 죽고 싶은가?』는 치사율 100퍼센트의 '죽음'이라는 병을 우리가 어떻게 맞이할 것인지에 대해 새로운 시각과 대안을 제시한다. 데 리더 교수는 이미 독일 언론 매체에서 죽음 관련 의료윤리 해설가로 알려진 독보적 전문가다. 그는 대형 병원 내 집중치료실과 응급실에서 죽어가는 수많은 환자를 치료한 의사로서, 또 예비 의료인을 가르치는 의학 교육자로서 얻은 지혜를 이 책에서 진솔하게 피력하고 있다.

이제 우리나라도 2010년 기준으로 고령자 인구가 전체 인구의 11퍼센트에 이르고, 평균수명 80~90세를 바라보는 사회에 접어들었다. 이는 피할 수 없는 죽음을 '맞이해야 하는' 사람이 그만큼 많아졌다는 뜻이다. 그런데 대부분 환자, 담당 의사, 그리고 환자 가족의 삼각관계 아래에서 진행되는 '죽음의 절차'가 자주 심각한 갈등으로 이어지곤 한다.

데 리더 교수의 책은 우리 사회에서 죽음의 절차를 둘러싸고 벌어지는 갈등 해결의 단초를 마련하고 '존엄하게 삶을 마감할 권리'에 대한 논의를 본격적으로 시작하는 계기가 될 것이다. 이는 아직까지 우리에게 금기시되는 '죽음에 대한 논의'를 사회적 공론장으로 끌어내는 의미도 있다. 말기 환자의 가족과 의사뿐 아니라, 의료 산업에 종사하는 모든 관계자에게 일독을 권한다.

이 책이 독일어로 처음 출간되었기 때문에 필자는 당연히 한국어판의 번역 상태에 관심을 갖지 않을 수 없었다. 책의 특성상 다양한 의학 전문용어가 나올 수밖에 없어 우리말로 옮기는 작업이 쉽지 않았을 터인데, 매끄러우면서도 전문성을 살려 번역한 이수영 님의 노고에 감사한다. 아울러, 선뜻 출간에 동의해준 학고재에도 고마운 마음을 전한다.

2011년 가을

이성낙(가천의과학대학교 명예총장)

차례

머리말

죽음이 삶이고 삶이 죽음일지 어찌 알겠는가
—고대 그리스에서 활동한 무명의 비극 작가

영원히 살려고 애쓰지 말라. 결코 성공하지 못할지니.
—조지 버나드 쇼

수련의 과정 초기에 있었던 일이다. 당시 나는 한 내과 병동의 병동 담당 의사로 근무하고 있었고, 막 회진을 끝내고 나온 뒤였다. 그때 응급실 의사가 전화로 혼자 사는 예순네 살의 말기 암 환자가 새로 들어왔다는 사실을 알려왔다. 그러면서 "어차피 곧 죽을 사람이니까 1인실로 보내는 게 좋겠습니다"라고 말했다. 환자 호송원이 데려온 남자는 창백한 얼굴에 잔기침을 하고 있었고 죽음의 기색이 역력했다. 그는 핼쑥하게 야윈 얼굴 때문에 유난히 커 보이는 퀭한 눈으로 나를 바라보았다. 그런데 내과에는 1인실이 이미 만원이었고, 병실이 부족해서 다른 병동으로 옮기는 일도 불가능한 상황이었다. 그때 내과 병동의 6인실에 자리 하나가 비어 있다는 사실이 떠올랐다. 나는 잠시 망설였다. 그 병실에 있는 다섯 명의 환자들에게 곧 죽을지도 모르는 사람을 받아달라고 해도 괜찮은 걸까? 나는 스스로 던진 질문에 깜짝 놀랐고, 그 순간에 퍼뜩 깨달았다. 죽음은 삶의 일부이고, 황량하고 외로운 1인실이 아니라 사람들 속에서 이루어져야 한다는 사실을.

나는 약 30분 동안 다른 환자들과 이야기를 나누었고, 결국 그들이 처음에 품었던 불안감과 망설임을 가라앉힐 수 있었다. 환자들 중 한 사람이 다른 환자들에게 말했다. "여러분이 그 사람처럼 말기 암이라고 한번 생각해보세요." 그러더니 나를 돌아보았다. "의사 선생님, 그 환자를 데려오세요. 여기 창가 자리를 내주겠습니다!" 다른 환자들도 찬성의 뜻으로 고개를 끄덕였다. 그후 비슷한 일을 경험한 적은 한 번도 없었다. 6인실 환자들은 자기들끼리 순번을 정해 죽음을 앞둔 말기 암 환자를 24시간 동안 쉬지 않고 돌보았다. 그의 침상에 앉아 밥을 먹여주고, 얼굴을 닦아주고, 신문을 읽어주었다. 말기 암 환자는 5일뒤 다른 환자들과 함께 있는 자리에서 숨을 거두었다.병실에 있던 한 환자는 퇴원하면서 이렇게 말했다. "지난 5일은 제 삶에서 아주 중요한 날들이었습니다. 앞으로도 결코 잊지 못할 겁니다."

나는 그 일을 곧 잊어버렸고 몇 년이 지나서야 다시 떠올렸다. 그러나 나중에 생각해보니 그때의 경험은 내가 의사 생활을 하는 내내 핵심적인 역할을 했다. 나는 내과의로서 최대한 빨리 전형적인 출세가도를 달리기 위해서 노력하지는 않았다. 남보다 빨리 내시경이나 초음파 같은 의료 장비를 능숙하게 다루는 법을 배우려고 안달하지 않았고, 장차 의학계를 주도하는 인물이 되려는 야심으로 학술 연구에 참여하거나 영향력 있는 교수 밑에 들어가 박사학위를 받으려 애쓰지도 않았다.

의사 생활 초기에는 내게도 임상 의학을 비롯해 의료 장비를 이용한 진단과 치료법을 배우는 것이 매우 중요했다. 그러나 나는 의사라는 직업의 중요하고 매력적인 과제는 의학의 가려진 분야와 방치해둔 영역에 있다는 사실을 곧 깨달았다. 그런 깨달음을 통해 나는 의사들이 아무런 대책 없이 포기하고 있고, 실질적인 지원이 부족한 분야에 발을 내딛었다.

독일처럼 의학이 고도로 발달하고 문명화된 나라에서, 게다가 스스로를 '사회복지국가'로 부르기를 좋아하는 나라에서 수많은 만성 질환자들과 간병이 필요한 사람들이 제대로 된 의료 혜택을 받지 못해서 인권위원회의 저항까지 불러일으켰다는 것이 가당한 일일까?

그런데도 독일 심장학과에서 천문학적인 액수를 집어삼키는 어처구니없는 과잉 진료가 행해졌고, 여전히 행해지고 있는 것은 대체 어찌 된 일일까? 병든 마약중독자들을 실질적으로 아무런 치료도 하지 않고 내버려두는 의사들은 자기들의 직업을 무엇으로 생각하는 걸까? 그들은 마약중독자들을 치료하기 위해서, 즉 마약에서 벗어나게 한다는 목표를 위해서 그처럼 불합리하고 비인간적인 행태를 일삼은 것이다. 모르핀 발견자를 배출한 독일이 진통제로 연명해야 하는 중환자들을 제대로 돌보지 못하고 있는 현실을 어쩌면 그토록 태연하게 받아들일 수 있을까? 집중 의학에서 매번 제기되는 가장 까다로운 문제들 중 하나는 뇌사자들의 장기 적출과 관련된 것이다. 그런데 그 가족들의 동의를 얻는 문제를 왜 하필이면 가장 어리고 경험도 없는 수련의들에게 떠넘기는 걸까? 거부당하는 일이 그처럼 잦은데도 말이다. 의학이 지속식물상태인 환자들을 경우에 따라서는 수십 년 동안 그들이 전혀 참여할 수도 없는 삶을 계속 살게 하는 것은 끔찍한 고문이나 다름없지 않을까? 국제적으로 가장 중요하고 권위 있는 영국의 의학 전문지 『랜싯Lancet』은 몇 년 전에 발생한 한 저명한 의학전문지 발행인의 뇌물 수수 사건과 관련해 다음과 같은 제목의 논설을 실었다. '의학계는 얼마나 부패했을까?' 그것을 보는 의사들과 의학계는 어떤 심정이었을까?

그 논설에서 제기한 몇 가지 물음과 문제점 때문에 나는 깊은 슬픔과 충격을 느꼈고, 어떤 분야보다 윤리의 깃발을 높이 세우는 직업에 몸담고 있던 까닭에 날카로운 자극을 받았다. 매우 다른 여러 문제들이 제기되었지만 한 가지 공통점이 있었다. 모든 문제가 가장 근본적인 것, 그러니까 의사 직업의 핵심과 의료 행위의 원칙과 좌표를 가리킨다는 점이었다. 의료 행위의 윤리적인 토대에 대한 문제는 내가 내과의로서, 집중 치료 전문의로서, 응급의로서 이행해야 할 실질적인 의무 이외에 특별히 관심을 기울인 분야였다.

시간이 지나면서 내가 선택한 관심 분야에는 나도 모르는 사이에 죽음의 문제가 자연스럽게 등장했다. 지난 수십 년 동안 죽음은 갖가지 형태와 극단적인 모습으로, 온갖 잔인하고 끔찍한 모습으로, 예측할 수 없는 갑작스러움과 끝을 알 수 없는 깊이로 다가와 내가 극복해야 할 일상생활의 일부가 되었다. 중환자실 의사로서 보낸 오랜 세월, 15년 동안 응급차에서 겪었던 수많은 경험들, 응급의료센터 생활, 그밖에 병원 밖에서 중환자들을 치료하고 보살핀 시간들을 통해 죽음은 의사 생활의 가장 중심적인 경험이 되었다. 죽음은 내 삶과 점점 더 밀접하게 결합했다. 어찌 보면 나는 죽음과 우정을 나누었다고까지는 할 수 없어도 서로에게 깊은 관심을 기울였다. 그러한 경험들은 내가 다른 사람들의 죽음에 참여했던 시간들을 통해 더 깊어지고 풍부해졌다.

나는 그러한 경험을 할 수 있었다는 사실에 깊이 감사한다. 그 경험이 이 책의 심장이고 핵심이다.

우리가 할 수 있는 모든 것을 다한다

생의 마지막 순간에 의사들이 해야 할 일

심장을 마사지하세요, 그렇게 어루만지지 말고!

노파는 벌거벗은 채로 머리에는 밝은 초록색 종이 두건을 쓰고 팔다리를 쭉 뻗은 채 중환자실 침대에 미동도 없이 누워 있었다. 식탁에 차려진 음식처럼, 십자가에 못 박힌 사람처럼. 한 양로원에서 실려 온 여든여섯 살 된 이 노파는 의식이 없었고 호흡도 매우 불안정했다. 그런 상태로 이틀 동안 자기 방에 있다가 몇 시간 전에야 손녀에게 발견되었다.

노파의 오른쪽 콧구멍에서 피가 흘러나왔다. 젊은 수련의는 경험이 풍부한 중환자실 전문의에게 지도를 받으며 손가락으로 노파의 콧구멍을 벌리려 애썼다. 코를 통해 산소를 공급하는 호흡 튜브를 연결하기 위해서였다. 젊은 의사는 구슬 같은 땀방울을 흘리다 그만 포기했는지 피 묻은 튜브를 손에 든 채 선배 의사의 가차 없는 지적을 기다리며 서 있었다.

"운이 나빴군! 이 노파는 분명 오른쪽 비중격(nasal septum: 코안을 좌우로 나누어주는 칸막이벽—옮긴이)에 이상이 있을 거야. 왼쪽 콧구멍에 연결해! 손가락으로 제대로 벌리는 거 잊지 말고! 의술이라는 게 원래 그래. 때로는 환자들에게 고통을 주어야 한단 말일세!"

나이 든 의사는 짜증을 냈다. 표정을 봐서는 주저하는 젊은 의사에게서 당장이라도 튜브를 빼앗아 직접 해치우고 싶어 하는 눈치였다.

"빨리 서두르지 않고 뭐하나! 그러다가 숨 떨어지면 어쩌려고."

젊은 의사가 왼쪽 콧구멍에 튜브를 삽입하는 동안 또 다른 의사는 '관혈적 혈압invasive blood pressure'을 측정하기 위해 오른 손목 동맥에 작은 관을 연결하고 있었다. 조금 전에는 환자의 몸에 침제를 투여하기 위해 오른쪽 쇄골 아래 정맥에 카테터(catheter: 체강 또는 내강이 있는 장기 내에 삽입하기 위한 튜브형 기구로 용도에 따라 재질, 크기, 형태가 다양하다—옮긴이)를 삽입했다. 그는 자신의 임무를 완수했음을 자축하려 했는지 혼잣말로 "명중!"이라고 말했다.

그사이 남자 간호사는 흉곽에 붙이는 전극 패드를 고정해 노파의 심장박동을 모니터로 보고, 신호음을 들을 수 있게 했다. 중환자실의 수간호사는 인공 배뇨를 위해 직접 도뇨관을 삽입했다. 다음에는 실습 중인 여대생이, 침대 발치에서 팔짱을 끼고서 모든 과정을 지휘하고 있는 중환자실 담당 의사의 감독 아래 노파의 서혜부에 있는 대퇴동맥을 찌를 차례였다. 혈액 가스 분석을 위해 동맥의 피를 뽑아야 했기 때문이다.

"자, 서혜부에서 위치를 찾을 때는 항상 잔인한 이반 대제를 생각하게. 그러면 명중률이 높아질 걸세."

담당 의사가 예쁘장하게 생긴 여대생에게 아주 친절한 말투로 조언을 했다. 여대생은 잔뜩 긴장한 얼굴로 노파의 서혜부에 뾰족한 주삿바늘을 갖다 댔다. 이마에는 주름까지 잡혀 있었다.

"아니 이런, 이반을 모른단 말인가? 어떻게 그럴 수 있지? 서혜부에 있는 혈관 신경다발의 위치는 이반I-V-A-N의 순서를 따르네. 안쪽inner, 정맥vein, 동맥artery, 신경nerve. 이제 알겠나?"

선택받은 제자에게 비밀을 전수하는 경험 많은 의사의 자부심 섞인 충고는 흘려듣지 말아야 한다.

"그렇지, 아주 잘했어!"

비명이 터져나올 것 같았지만 나는 아무 말도 못 했다. 숨이 막혔다. 환자의 심정은 알 길이 없었지만, 환자에게 너무도 불합리하고 잔인한 일이 벌어지고 있었다. 이곳 대학병원의 소화기내과 병동 의사였던 나는 당뇨병 때문에 집중 치료가 필요했던 환자를 중환자실로 넘겨주려고 왔다는 사실까지 잊어버렸다.

이것이 치료 행위일까? 우리는 이런 식으로 의무를 수행해야 한단 말인가? 그 의무가 거꾸로 뒤집힌 것은 아닐까? 나는 생체실험의 목격자일까? 내가 방금 경험한 일이 인간의 생명을 구한다는 의술의 현주소란 말인가? 아무 생각 없이 개구리를 죽도록 괴롭히는 아이들처럼 자신들이 무슨 짓을 하고 있는지도 모르는 사람들을 본 걸까?

"다들 정신 차려! 심장박동과 혈압이 떨어지고 있잖아! 저 할머니가 우리한테 진짜 문제를 안겨주기 시작했다고! 소생술 준비해!"

중환자실 담당 의사는 모니터의 신호음이 느려지고 화면의 맥파가 눈에 띄게 낮아진 것을 보고는 애당초 원활하지 않던 노부인의 혈액순환이 완전히 중단될 위기에 처했다는 사실을 알았다. 그로부터 30분 뒤 노부인의 심장은 완전히 멎었고, 이제 인공호흡과 심장 마사지로 노부인을 소생시키는 과정이 진행되었다.

"이봐, 자넨 아직도 제대로 못 하나! 너무 소심하게 하고 있잖아! 양손을 겹쳐서 쭉 뻗은 뒤 손목이 직각이 되도록 꺾어서 가슴에 얹어! 그다음엔 흉골을 척추 방향으로 내리누르는 거야. 심장을 어루만지는 게 아니라 강하게 마사지하라고! 갈비뼈에서 '툭'하는 소리가 날 정도로 말이야! 지금 죽느냐 사느냐가 걸린 문제라고, 알아들었나!"

'죽느냐 사느냐'라고? 정말로 그 문제를 제기해야 할 상황일까?

"꼭 그렇게 해야 합니까?"

나는 정신이 멍한 상태에서 옆에 서 있던 담당 의사에게 물었다.

"그걸 몰라서 묻나? 지금 저 부인은 호흡부전을 동반한 뇌졸중과 좌심부전이네. 설명이 더 필요한가?"

"하지만…… 더 이상 소생할 가능성이…… 없지 않습니까?"

"소생할 가능성이 없다는 말은 모니터 상의 수치가 지속적으로 0을 나타내고 동공이 빛에 아무런 반응을 보이지 않을 때 하는 말이네. 자넨 병리학 교과서를 다시 봐야겠어!"

담당 의사는 다시 소생술에 열중하는 의료진 쪽으로 향했다. 모두들 말없이 각자 할 일을 하고 있었다. 노부인의 머리맡에 있는 두 의사는 인공호흡을 담당했고, 남자 간호사 두 명은 교대로 심장을 마사지했다. 실습 중인 여대생은 담당 의사의 지시에 따라 혈액순환을 안정시키는 약제를 주사했다. 여러 명의 간호사가 침제와 관류 액을 준비했고, 수간호사는 모든 세부 과정을 철저히 기록했다.

"심장 세동細動이야! 전기충격 준비!"

담당 의사가 소리쳤다.

"50와트로 시작하고, 모두들 침대에서 물러서!"

담당 의사가 직접 전기충격기 손잡이를 잡았고, 심장 마사지를 하던 남자 간호사 두 사람과 교대로 환자의 가슴에 여러 차례 전기충격을 가했다. 한동안 정적이 흘렀다. 모두들 긴장한 채 결과를 기다렸다. 그러나 아무 소용이 없었다. 심전도 수치가 0을 나타내고 있었다. 노부인에게서 살이 타는 냄새가 피어올랐고, 충격기가 닿았던 가슴에는 화상을 입은 붉은 자국이 선명하게 드러났다. 마지막 반응으로 노부인의 아래턱이 잠시 들썩이더니 이내 잠잠해졌다. 노부인은 갖가지 관과 호스, 카테터를 꽂은 채 동공이 풀린 두 눈을 크게 뜨고 누워 있었다. 얼굴에는 평화로운 표정이 찾아들었다.

담당 의사는 마지막으로 맥박을 확인하기 위해 죽은 부인의 서혜부를 잡았다. 모두들 잠시 하던 일을 멈추었다.

"맥이 뛰지 않는다. 소생술 중단!"

담당 의사는 그렇게 말하고는 수술용 라텍스 장갑을 벗어 죽은 부인의 배 위로 툭 떨어뜨렸다.

나이 든 간호사 한 명이 창문을 열었다.

여기 중환자실에서 일어난 일들은 이미 지탄을 받아왔다. 이런 방식의 치료는 수년 전부터 환자의 행복과 존엄을 박탈하는 행위, 심지어 의사들의 직업 정신까지 상실한 의료 행위로 여겨지고 있다. 따라서 선입견 없는 독자라면 이런 의료 행위가 더 이상 자행되지 않는다고 믿을 것이다. 부적절한 행위인 데다 불행을 야기하기 때문이다.

그러나 실상은 오히려 그 반대처럼 보인다. 의학에서 가능한 영역은 끊임없이 확장되고 있으며, 이런 상황은 죽음의 순간에만 해당되는 것도 아니다. 이러한 의학적 가능성은 정작 많은 환자들에게 별 소용이 없을 뿐만 아니라 위험 부담이 큰 데다 비용도 많이 든다. 가령 몇 년 전부터 늘어나고 있는 부당한 심장 카테터 검사와 심장 혈관이식 수술은 매번 새롭게 이 사실을 입증하고 있다.

생명을 아주 짧은 시간 연장할 수 있다 해도, 단 1퍼센트의 가능성만 있어도 치료를 하려 드는 것이 의료계의 일상적인 행태다. 그러나 때로는 실낱 같은 가능성이라는 미명 아래 엄청난 불행을 안겨준다. 다른 말로, 의학적으로 가능한 것과 환자의 행복 중에서 언제나 환자의 행복을 우선해야 하는데 둘 사이의 간극이 너무나 크다. "우리가 할 수 있는 모든 것을 다한다!"라는 야누스적이고 확고부동한 의료 행위의 원칙이 생의 마지막 순간을 지배하고 있기 때문이다.

의학의 '기술적 정언명법'

그 자체로는 전도유망하지만 고령이거나 불치병 환자들에게는 종종 불행을 야기하는 의학 발전, 수많은 환자들의 죽음을 비극으로 만들었고 앞으로도 그러할 기술 발전은 언제부터 시작되었을까? 의학의 발전은 환자뿐만 아니라 그 가족들에게도 비극을 초래한다. 가족 중에서 가까운 이들의 엄청난 고통을 끝까지 견뎌내거나 소송을 통해 끝내버릴 수 있는 용기와 힘, 수단을 가진 사람은 소수에 불과하다. 아직도 수많은 의사들이 설파하는 순진하고도 오만한 원칙의 뿌리는 무엇일까? 의료 행위가 여전히 환자들에게 해를 입히거나 불이익을 안기는, 이른바 '기술적 정언명법'의 늪에 빠져 있는 이유는 무엇일까?

1950년대까지 의학 발전은 더뎠고 비용도 저렴했지만 무엇보다 환자에게 관심을 기울였다. 의료진은 거의 전적으로 고통을 완화하는 데 주력했고, 병에 걸린 환자를 실제로 치료하기보다 동반자 역할을 했다. 1960년에 심근경색을 앓는 환자가 입원하면, 의사는 몸을 편히 쉬면서 안정을 취하게 한 뒤 가벼운 식사를 처방했다. 그런 다음 심장 상태가 얼마간 호전되면 3주 후에 환자를 퇴원시켰다. 어쩌면 그 무렵 막 시판되던 베타블로커 처방전을 써주었을지도 모른다.

환자는 입원해 있는 동안 위험한 순환 장애를 겪었을 수도 있다. 예를 들면 심근경색의 합병증으로 발생하는 불규칙한 심장 세동이 그것이다. 당시 의술은 심근경색은 물론 심부전으로 이어져 결국은 죽음에 이르는 경색에 무력했다.

신장 질환으로 인해 물질대사의 최종 산물을 체외로 배출하지 못하는 환자들도, 적절한 치료 방법이 없어서 속수무책인 의사들이 지켜보는 가운데 요독증에 의한 혼수상태 속에서 고통 없이 '자비로운' 죽음을 맞이했다. 의사들의 진단 및 치료 수단은 극히 제한돼 있었고 거의 발달하지 않은 상태였다.

그러다 1950년대 후반 들어 의학의 새로운 시대가 열렸다. 가히 혁명적이라 할 수 있는 기술 혁신의 바람이 불었고 새로운 치료법이 도입되었다. 그후 의학은 목전에 닥친 죽음을 막고, 생명을 연장하고, 숱한 환자들의 삶의 질을 결정적으로 개선하는 수단과 가능성들을 갖게 되었다. 1940년대 말 급성 신부전을 앓던 환자가 네덜란드 의사 빌럼 콜프가 개발한 혈액 투석 덕분에 처음으로 목숨을 건졌다.

1949년에는 야간 사냥용 투시경의 브라운관을 이용해 최초로 심장 모니터를 만들어냈다. 1952년에는 한 아이의 척수성 소아마비를 치료하던 덴마크 의사가 기관과 연결한 고무관을 이용해 기관 내 삽관 호흡을 성공시켰다. 미국의 필립 드링커와 찰스 맥칸이 1928년에 발명한 인공호흡 장치인 '철제 폐'를 토대로 1950년에는 함부르크의 한 의료 팀과 도이체 베르프트 사의 엔지니어들이 힘을 모아 독일 최초의 '철제 폐'를 개발했다. 그 덕에 호흡 장애로 죽음에 내맡겨졌던 수많은 소아마비 환자들이 목숨을 구할 수 있었다.

1950년대 초에 크게 유행한 소아마비 치료를 위해 설립된 소아마비 치료 병동들은 최초의 중환자실로 변모했다. 1954년 미국에서는 일란성 쌍둥이 사이에서 처음으로 장기를 이식하는 데 성공했다. 1957년에는 미국 의사 론이 멈춘 심장을 다시 뛰게 하려고 처음으로 전기충격기를 의술에 도입했다. 1년 뒤에는 스웨덴에서 한 환자에게 심장박동조율기가 이식되었다. 그 환자는 조율기를 달고 11년을 더 살았다. 1960년대에는 관을 통해 혈액이 보충되고 인공영양이 공급되었다.

이러한 성취는 의술의 토대를 급격히 바꾸어놓았다. 그때까지 의술은 임시변통으로 환자를 보살피고 간병하는 수준에 불과했다고 할 수 있다. 그런데 불과 몇 년 사이에 엄청난 도약을 이루었고, 의사들은 중증질환이나 환자가 죽음에 이르는 과정에 효과적으로 개입할 수 있게 되었다. 이처럼 1950년대 말부터 기술적, 약리학적 대응 가능성이 증가했고, 이에 따라 의사의 전능함에 대한 환상이 커졌을 뿐 아니라 '의사는 오직 신만이 제어할 수 있는 생사여탈권의 지배자'라는 생각을 확산시켰다. 순박한 사람들이라면 오싹 소름이 돋는 생각이 아닐 수 없다.

오늘날까지도 질병 치료비를 개인이 감당해야 하는 미국 같은 나라에서는 이러한 의학적 성취로 극적인 변화가 나타나기도 했다. 미국에서는 1960년에 말기 신부전 환자를 대대적으로 치료하기 시작했는데, 처음에는 시애틀에 있는 한 병원에서만 치료할 수 있었다. 당시 수백 명의 환자가 생명을 구하는 혈액 투석을 기다렸다. 의사협회는 연간 3만 달러의 치료비를 감당하지 못하는 환자들 중에서 예후가 좋지 않은 사람들을 우선 선택했다. 그러면 구성원의 신상이 일반에 알려지지 않은 시민위원회에서 비밀회의를 열어 나머지 환자들의 생사여탈을 다음 기준에 따라 결정했다. 신장병에 걸린 아버지들 중에서 자녀 여섯을 둔 아버지가 먼저 치료를 받아야 할까, 아니면 넷을 둔 아버지가 치료를 받아야 할까? 후보자는 교육 정도와 성격, 윤리 의식, 종교 유무에 따라 판단할 때 사회의 소중한 구성원인가? 미국에서는 1972년에야 소득에 상관없이 모든 국민이 혈액 투석을 받을 수 있는 법적인 권리를 얻었다.

소생술, 생명 연장, 장기이식 같은 새로운 의학 기술의 도입은 획기적인 시대 변화를 의미했다. 이러한 변화로 특히 의사들은 그때까지 생각조차 해보지 못했던, 직업적인 정체성과 윤리 의식에 무시할 수 없는 영향을 미치는 중대한 문제에 직면하게 되었다. 여러가지 기술적 가능성 사이에서 결정을 내려야 한다는 필연성이 전면에 떠오른 것이다. 과거에는 의사나 죽음을 앞둔 환자가 선택할 수 있는 대안이 전혀 없었다. 그래서 환자의 삶과 죽음, 경우에 따라 고통스럽거나 평화로운 죽음을 좌우하는 중대한 결정들은 의사의 직업적이고 윤리적인 판단이 아니라 환자 개인의 운명에 맡겨져 있었다. 다시 말해 병의 종류와 심각성, 환자의 상태와 정신적 · 육체적 저항력, 그를 둘러싼 사회적 조건들에 달려 있었다.

새로운 기술이 도입되어 의사들은 점점 치료 불가능성에 맞닥뜨리고 쓰디쓴 실패를 경험하게 되었다. 상대적으로 빈약한 치료 수단들 때문에 그런 경험은 오랫동안 흔치 않았으나 공격적이고 유망한 치료법이 생기면서 치료 실패와 좌절 가능성이 열린 것이다. 따라서 20세기 중반 이후 의학에는 한 가지 중요한 모순이 등장했다. 치료 수단이 끊임없이 증가했을 뿐 아니라 그와 더불어 실패의 위험도 커졌다. 특히 의사가 총체적인 인간으로서 환자 개인과 환자의 행복을 제대로 보지 못해 부적절한 결정을 내린 경우에는.

전기충격 치료를 포함한 소생술은 원래 급성 심근경색이나 평소에는 멀쩡하다 갑자기 치명적인 심장순환 장애를 겪는 중증 협심증 환자를 치료하기 위해 개발되었다. 충격요법으로 이루어진 심폐소생술은 수많은 환자들의 생명을 구했고 정상적인 삶을 선사했다. 인공호흡기의 도입 역시 마찬가지였다. 인공호흡기는 원래 대수술 시에 꼭 필요한 근육조직 완화와 호흡 기능 유지 그리고 마취의 안정성을 높이기 위해 쓰였다. 그뿐만 아니라 중독증으로 호흡이 마비된 환자에게도 인공호흡을 시킬 수 있었다.

이런 예들은 현대 의학 기술이 원래 고도로 합목적적인 치료를 위해 개발되었다는 사실을 분명히 보여준다. 실제로 새로운 의학 기술은 특히 급성 질환 치료에서 매우 값진 수단임이 입증되었다. 그러나 새로운 치료법들은 몇 년 사이에 무분별하게 확장되기 시작했다. 1960년대에 소생술을 받고 건강하게 퇴원한 환자는 50퍼센트였는데, 지금도 그 수치는 아주 조금 감소했을 뿐 크게 변하지 않았다. 이는 앞서 살펴본 중환자실에 실려 온 노부인의 예에서 알 수 있듯이, 오늘날 고령의 중증 만성질환자에게도 아무런 소용이 없는 소생술을 시도함으로써 빚어진 결과다. 심장 순환이 정지된 상태에서 뇌의 소생 시간(최대 8분)을 이미 초과한 환자들에게 무리하게 심폐소생술을 실시하는 경우가 허다한데, 결국 환자가 무의식 상태로 연명하는 비극적인 사태가 일어난다.

환자의 병세가 호전될 가능성이 전혀 없고 죽음이 코앞에 다가왔다는 사실을 알면서도 치료를 중단하지 못하고, 그에 대한 책임을 떠맡으려 하지 않는 의사들이 얼마나 불안해하는지, 또 상황이 얼마나 불확실한지는 다음의 예에서 알 수 있다.

양로원에서 생활하던 일흔일곱 살 노인이 병세가 전체적으로 좋지 않은 상태에서 병원 응급실로 실려 왔다. 주치의의 진료 기록에 따르면 며칠 전 갑작스러운 왼쪽 하복부 통증과 함께 온갖 증상이 나타났다. 그러나 심한 당뇨와 심혈관 질환을 앓고 있던 노인은 고집스레 입원을 거부했다. 중환자인 노인은 땀에 젖은 창백한 얼굴에 무심한 표정으로 들것에 누워 있었다. 혈압은 비정상적으로 낮았고, 피부에는 벌써 대리석 무늬가 생긴 상태였다. 몸 상태와 복부 초음파 검사를 하고 결과를 확인한 내과 의사는 병명뿐만 아니라 사태의 심각성도 정확히 판단했다.

노인의 병은 신부전을 동반한 내장 천공에 의한 패혈증이었다. 대장에 생긴 게실(식도나 위, 소장, 대장 등 장기의 벽 일부가 밖으로 불거져 나와 생긴 주머니 모양의 빈 공간을 말한다—옮긴이)이 파열된 듯했다. 지금까지 치료를 받지 않았던 탓에 더는 치료하기 어려운 심각한 지경에 이르렀는데, 설상가상으로 다른 질환이 더해져 예후가 악화된 상태였다. 그럼에도 불구하고 담당 의사의 지시로 환자를 중환자실로 옮겼고, 신속히 폐를 엑스레이로 찍었다.

그런데 환자는 엑스레이를 찍는 동안 갑자기 의식을 잃었고, 혈압을 측정할 수가 없었다. 담당 의사가 즉시 달려와 환자의 상태를 살펴보았다. 전혀 가망이 없는 환자에게 소생술을 시도해야 할까? 중환자실의 소생술 전담 팀을 불러야 할까? 담당 의사는 혼자 결정할 수는 없다고 생각해 중환자실에 있는 한 의사를 호출했다. 두 사람은 의논한 끝에 소생술을 포기하고 환자를 그냥 놔두기로 했다.

"하지만 그 문제를 법적으로 확실히 해두어야 합니다. 무슨 일이 생길지 알 수 없으니까요."

담당 의사가 동료 여의사에게 말했다. 두 의사는 결국 사실과는 다르지만 진료 기록에 15분 동안 소생술을 시도했지만 소용이 없었다는 내용을 덧붙이기로 합의하고 그렇게 적었다.

두 의사는 병의 징후를 충실히 따르고 환자에게도 바람직한 결정을 내렸지만, 그 결정의 정당성을 주장할 용기는 내지 못했다. 환자가 생명을 유지하도록 가능한 모든 조치를 다하지 않았다는 사실에 두려움과 양심의 가책을 느꼈기 때문이다. 두 의사는 진료 기록을 조작함으로써 위기를 넘길 수 있다고 믿었다.

절대 아니라고 말하지 말고, 항상 그렇다고 말하지 말라!

의학적으로 치료 가능성이 없다는 말은 많은 문제들과 연결되어 있다. 더는 의학적 조치를 취할 수 없고 더는 어찌할 수 없다는 결정을 내리고 앞일을 예측하기가 사실 매우 어렵기 때문이다. 그래서 '의학적 불가능성(영미권에서는 '의학상 무의미한 치료'라고 한다)'이라는 개념을 비판하는 사람들은 이 개념은 문제가 있으며 관련 논의를 중단해야 한다고 주장한다. 그들은 어떤 대안도 제시하지 못하면서 의학상의 치료 결정을 불투명하고 주관적인 원칙에 맡기는 방식을 옹호한다.

모든 인간은 일정한 시점까지만, 제아무리 효과적이고 적절한 치료를 받는다 해도 결국 맞닥뜨릴 죽음의 과정이 우위를 점하기 전까지만 살 수 있다는 것은 자명한 이치다. 이는 환자에게, 환자가 판단력이 없는 경우에는 의사에게, 그리고 환자의 가족들에게 "이걸로 충분해!"라는 뜻을 알리는 시점을 어떤 식으로든 표준화해야 한다는 얘기다.

일반적으로 의학적인 노력으로 환자의 건강을 회복시킬 수 없을 때, 증세 완화와 생명 연장, 장기 기능 유지가 불가능할뿐더러 손상을 막을 수 없을 때 우리는 가망이 없다고 말한다. 반대로 의학적으로 충분히 근거 있는 개연성을 바탕으로 병을 치료하고 상태를 호전시키며 증세를 누그러뜨릴 때, 또는 환자 본인이 받아들일 수 있는 생명 연장이 가능할 때는 가망 없다는 판단을 내려서는 안 된다.

기독교 시대 이전에 나온 고대 의학 텍스트 모음집인 『히포크라테스 전집corpus hippocraticum』에도 이렇게 적혀 있다. "현재의 치료수단에 비해 병이 너무 강한 것으로 드러날 때면, 의사는 의술로 병을 제압할 수 있으리라고 기대해서는 안된다. …… 가망 없는 치료를 시작한다는 것은 광기와 비슷한 어리석음이나 다름없다."

'의학적 불가능성'에 담긴 내용을 파악하고 싶다면 특히 로렌스 J. 슈나이더맨의 구상을 꼭 살펴보아야 한다. 샌디에이고 대학 교수인 슈나이더맨은 국제적으로 명성이 높은 의학윤리학자다. 그의 구상은 자주 불확실성과 권한 부족, 자의적인 결정, 믿고 따를 수 있는 본보기가 부족한 상황에 처하는 의사들에게 의료 행위의 틀을 제공한다. 이러한 틀은 의사들의 부담을 덜어주고 환자의 행복을 고려한 바람직한 결정을 내리는 데 기여한다. 때로 비판이 제기되기도 하지만, 슈나이더맨의 구상은 생사의 갈림길에서 의사가 융통성 없는 기준에 따라 결정하도록 강요하지 않는다.

슈나이더맨에 따르면 중환자와 죽어가는 사람의 치료에서는 의료 행위의 불가능성을 보여주는 세 가지 변형을 언급할 수 있다.

먼저 생리적으로 가망이 없는 경우로, 가령 심근경색이 오래 진행된 상태에서 심장성 쇼크가 온 환자, 또는 전신 감염으로 패혈증 쇼크를 일으킨 환자에게 소생술을 시도하는 경우다. 또 심장과 순환 기능, 다른 장기와 신체 기능은 아직 온전하지만 뇌사 판정을 받은 환자에게 인공호흡을 하는 것도 무의미할뿐더러 아무런 가망이 없다. 여기서 거론한 예에는 병이 너무나 위중해서 치료 목표를 달성하는 데 필요한 생리적 전제 조건들이 결여되어 있다.

불필요한 의료 행위의 두 번째 변형은 양적으로 가망이 없는 경우다. 의술은 수학적인 체계나 물리적 · 화학적 체계가 아니라 살아 있는 인간이라는 체계를 다루기에 근본적인 불확실함을 안고 있다. 그래서 모든 의학도는 일찍부터 "절대 아니라고 말하지 말라!"는 원칙을 가슴에 새긴다. 1,000번의 시도에서 A 다음에 B가 이어졌다 해도 또다시 A 다음에 B가 이어진다고 확신할 수는 없다. 반대의 경우도 마찬가지다. 수차례의 관찰 결과 A 다음에 B가 이어진 바가 전혀 없었다면, A를 통해 B에 도달해야 할 때 우리는 A를 의심하기 시작한다. 그런 다음 B에 도달하려면 A라는 방법으로는 가망이 없다는 합당한 결론을 끌어낸다.

경험에서 결론을 유추하는 이러한 방법은 우리 일상생활에서도 얼마든지 적용할 수 있다. 다음 예에서도 분명히 드러나겠지만, 이런 방법은 임상의학의 토대를 형성하기도 한다. 가령 화농성 인후염이나 편도선염에 페니실린을 처방하면 류머티즘열의 발생을 예방한다는 사실을 알 수 있다. 이는 인과관계를 입증하는 수많은 과정을 지켜본 경험에 토대를 둔 것이다. 그럼에도 불구하고 어떤 환자가 "페니실린이 나한테도 똑같은 방식으로 작용할 거라고 절대적으로 확신합니까?"라고 묻는다면, 나는 아니라고 대답할 것이다. 만일 이 질문과 그에 대한 대답에 따라 치료를 결정한다면, 불합리하지만 페니실린을 처방하는 결정은 내리지 않을 것이다. 그러나 이 질문은 잘못되었다. 올바른 질문은 이것이다. '어떤 치료가 가망이 없다고 결론지으려면 그 치료는 얼마나 자주, 어느 정도로 실패해야 하는가?'

인간의 삶과 마찬가지로 의료 행위도 경험을 통해 명백히 입증되었는가라는 기준에 따라 체계화된다. 의사들은 까다로운 결정을 내려야 하는 상황에 자주 직면하는데, 가령 경험으로 입증되었는데도 전혀 가능성이 없는 치료를 시작하거나 계속해야 할지 고민하는 경우다. 이럴 때 슈나이더맨을 비롯한 의학윤리학자들은 '건강한 인간 이성'이라고 할 수 있는, 경험을 통한 입증을 원칙으로 인정하자고 제안한다.

대다수 독자들은 지난 100번의 시도에서 목표를 이루지 못한 치료법이라면 101번째에는 시도하지 말아야 한다는 의견에 동의할 것이다. 이러한 방법은 치료 과정에서 어떤 결정을 정당화할 수 있는 객관성이나 가치중립을 요구하지는 않는다. 그러나 100퍼센트 확실한 결정이라는 것이 환상일 수밖에 없고 치료 목적이 환자의 행복일 경우 합의에 이르는 길을 열어준다. 100번 실패한 치료법을 '가능성 없음'으로 분류하기로 합의했다면, 의사가 해당 치료법을 제공할 의무가 없다는 뜻이다.

또 하나의 관점도 슈나이더맨의 구상을 수용하는 데 유익하다. 의사로서 지켜야 할 최고 원칙과 계율은 "환자에게 해를 입히지 않는 것을 최우선으로 하라!"이다. 그런데 의사가 어떤 병을 치료하는 과정에서 그중 한 명을 살릴 수도 있다는 명분으로 결국엔 죽음에 이를 환자 100명에게 고통과 괴로움을 줄 수밖에 없다면, 의사는 살아남지 못한 환자들에게 자신의 방법을 어떻게 정당화할 수 있을까?

따라서 이미 잘 알려져 있고 그동안 숱한 불행을 초래한 "절대 아니라고 말하지 말라!"는 원칙과 더불어 의학도들이 깊이 명심해야 할 또 다른 원칙이 있으니 바로 "항상 그렇다고 말하지 말라!"이다.

치료의 불가능성을 보여주는 마지막 변형은 질적으로 가망이 없는 경우다. 의사는 치료 행위를 통해 단지 육체적인 효과만을 보려해서는 안 된다. 그보다는 그러한 효과들이 전체적인 치유와 치료 과정의 일부로 자리 잡아 환자의 행복에 기여할 수 있도록 해야 한다. 따라서 슈나이더맨과 필자의 견해에 따르면 돌이킬 수 없이 확실한 의식 불명 상태에 빠진 환자들의 생명을 연장하는 모든 조치는 가망이 없다. 이 환자들은 그런 조치의 효과를 의식할 수 있는 능력을 돌이킬 수 없이 상실한 상태이기 때문이다.

또 환자가 '수감자'가 되어 삶의 목표를 실현할 길이 완전히 막혀버린 채 중환자실에만 묶여 지내는 상태를 성공으로 여기는 치료도 '가망 없음'으로 분류해야 한다. 임종 환자들의 치료를 연구한 수많은 저자들은, 가령 뇌출혈 환자에게 코르티손을 투여하고 조산아 또는 종양이 전이된 환자에게 소생술을 비롯한 연명 치료를 수차례 반복하고 애를 써도 소용이 없을 때 그 치료는 '가망 없음'으로 분류해야 한다고 말한다. 그런 의미에서 첫 장에서 언급한 노부인에게 시도한 심폐소생술은 처음부터 가망 없는 행동이었다.

그럼에도 불구하고 의사들은 왜 그러한 구상에 반대할까? 죽음이 임박한 여러 상황에서 행해지는 치료의 무의미성을 주관적인 판단을 넘어 어느 정도는 '규칙적으로' 반복되는 불행한 치료의 결과로 인정해주는데 말이다. 게다가 그러한 구상은 의사들의 결정에 방향을 제시하는 틀을 제시해주는데도…….

오늘날 의료계와 대중은 거의 매일 새 진단법과 치료법의 등장에 환호하고 언론 매체들은 기적이라며 대서특필한다. 의사들은 이런 시대에 의료 행위의 실패와 불가능성 문제를 거론하는 자체를 불쾌하고 부적절한 행위로 여기는 듯하고, 어떤 의사들은 심지어 이를 약점이나 무능의 징표로 받아들인다. 의사는 환자를 포기했던 경험을 절대로 말하고 싶어 하지 않는다. 그렇다면 이런 모든 개념들의 의미를 포괄하는 것은 무엇일까? 병이 일정한 단계를 넘어서면 의사가 치료cure할 수 없는 상황에 이르기도 한다. 그러나 의사의 관심, 배려, 보살핌care은 결코 빛을 잃지 않는다.

독일에서는 최근에 환자의 자기결정권을 강화한 '사전의료지시서'에 관한 법을 제정했다. 그런데 많은 의사들이 이 지시서를 근거로 한 환자의 자기결정권과, 거의 일방적으로 의료진만이 결정하고 책임을 지는 치료의 불가능성 사이에 모순이 있다고 생각한다. 나중에 더 상세히 언급하겠지만, 환자들은 판단력이 있는 상태에서 모든 의학적 치료를 거부할 수 있다. 그렇다고 모든 의학적 치료를 요구할 수 있다는 말은 아니다. 의사가 합당한 이유를 들어 수술이 불가능하다고 판단했을 때 누구도 그에게 환자의 복부를 수술하라고 강요하지 못한다. 스포츠센터에서 보디빌딩을 하는 사람들 중 누구도 의사에게 근육 생성을 촉진하는 호르몬제를 처방해달라고 요구할 수 없다. 두 경우 모두 요구를 들어주는 의사는 직업 규정을 위반하는 셈이다. 마찬가지로 죽음이 임박한 중환자의 가족이, 의사가 의학적으로 가망이 없다고 판단했음에도 불구하고 소생술을 시도하라고 요구하는 일도 정당하지 않다.

의학적으로 가망이 없는 환자에게 소생술을 시도하는 경우에 어쩔 수 없이 의사가 일방적으로 결정해야 할 때가 종종 있다. 한 가지 예를 들어보자. 종양이 여러 곳으로 전이된 여든여섯 살 환자에게는 소생술을 시도해도 살아날 가능성이 거의 없다. 이런 상황에서 의사는 하지 말자고 제안한다. 가족들은 이를 받아들이지 않고 소생술을 시작하라고 요구한다. 소생술을 포기하겠다는 의사의 결정이 그들로서는 동의할 수 없는 가치판단이기 때문이다.

의사는 가족들의 의견을 받아들여 소생술을 시작한다. 의사는 30분 이상 소생술을 실행하다가 중단한다. 이번에는 가족들 중 누구도 반대하지 않는다. 의사는 15분 후에 중단할 수도 있고 2~3시간 후에 포기할 수도 있다. 어쨌든 가족들은 소생술을 중단하겠다는 의사의 결정은 받아들였지만 아예 시도하지 않겠다는 일방적인 결정은 받아들이지 않았다. 그러나 논리적으로 생각할 때 가족들은 소생술을 실행하라고 요구할 수도 중단을 결정할 수도 없다. 소생술을 시작하든 중단하든 거기엔 가치판단이 포함되어 있기 때문이다. 그러나 응급의학의 현실은 전혀 다르다. 소생술을 중단한다는 의사의 일방적인 결정에 반대한 경우도 이로 인해 갈등이 생긴 바도 전혀 없었다.

마지막으로 거론한 예에서 우리는 의사들이 왜 의학적 치료의 불가능성을 논의하는 구상에 따르려 하지 않는지, 그들이 무엇을 오해하고 있는지 알 수 있다. 지금은 의사들도 비용을 고려해서 의료 행위를 대부분 비공개로 결정할 위험에 빠져 있다. 이런 상황에 비추어 치료 불가능성이라는 말에는 무엇인가 감춰져 있을 개연성이 농후하다. 다시 말해 실행 가능한 의료 행위를 은밀히 분배하려는 의도가 깔려 있다는 것이다.

그러나 비용이 많이 들 수도 적게 들 수도 있는, 가망이 없는 의료 행위는 그러한 분배 결정과는 확실히 구분해야 한다. 만일 의학적으로 가능성이 있거나 의미 있는 조치를 (적절한 분배라는 관점에서 가능성이 없다고 판단해) 환자에게 취하지 않는다면, 이는 중대한 의료윤리 위반 행위에 해당할 것이다. 그러나 의료 자원이 점점 빠듯해지는 현실에서 의사들이 치료가 불가능하다는 이유로 미래를 대비해 필요한 의료 역량을 투입하지 않기로 결정할 위험은 분명 존재한다.

분해된 의학, 분해된 환자

의사들이 의료 행위의 불가능성에 대한 구상을 반대하는 본래 이유는 어쩌면 의사라는 직업에 대한 인식 때문인지도 모른다. 의대생들의 교육 과정이나 의사들의 일상적인 의료 행위에서는 개별 장기들이며 장기 체계의 기능 회복에 중점을 둔다. 즉 심장박동조율기 이식, 폐 기능 회복, 신장 투석, 담석 등에만 관심을 기울일 뿐, 한 인간으로서 환자가 느끼는 행복은 부차적인 것으로 여긴다. 그나마 의사가 조금이라도 관심을 보일 때에나 해당되는 이야기다. 환자가 의식을 잃은 상태일 때도 의사는 오로지 인공호흡, 인공영양, 감염 예방에만 골몰할 뿐, 환자의 운명은 신경 쓰지 않는다.

우선권이 뒤바뀐 상태에서 환자의 운명은 인공호흡, 인공영양 같은 2차적인 결정들에 좌우된다. 한마디로 환자가 아니라 환자의 장기와 신체 기능 이상을 치료하는 데 적합한 기술이 주요한 관심사인 것이다. 그 때문에 환자가 죽음을 앞두고 있거나 의식이 없는 상태라 해도 가치중립적이고 선입견 없는 판단에 따라 심장박동을 유지할 수 있는 한, 신장 투석과 인공호흡을 실시할 수 있는 한 많은 의사들은 치료 불가능성을 거론조차 하지 않으려 한다.

가치중립적이고 선입견이 없다고? 좀 더 정확히 관찰하면 오히려 그 반대일 것이다. 의료 행위의 목표는 결코 가치중립적이지 않기 때문이다. 오히려 환자 개인과 환자의 총체적인 행복을 언제나 주시해야 하는 가치판단의 지배를 받는다. 그런데 오늘날 많은 중환자들에게 실험생리학을 추구하는 의학은 전문 분야(예를 들면 심장학)와 특수 분과(심장학의 분과로서 순환학)로 분해되었다. 환자들이 장기들과 기능 체계로 분해된 것처럼 말이다. 그러나 환자를 다시 결합할 수 있는 의사는 없다. 결국 장기와 신체의 부분 체계를 바라보는 경직된 시선은 환자들의 평화로운 죽음까지 배려해야 할 의사의 의무를 정반대로 뒤집어 많은 환자들이 잔인하고 고통스러운 죽음을 맞도록 만들었다.

여기에 병원의 수익이라는 요인이 결합해 사태는 더 심각해진다. 병원 당국은 오늘날 일일 지급 기준액이 아니라 포괄수가제, 즉 질병당 정해진 기준액에 따라서 진료비를 지급받는다. 예를 들어 합병증이 없는 맹장 수술의 경우 환자가 병원에 입원해 있는 날짜와 상관없이 1,780유로를 받는다. 그리하여 병원에서는 심한 압박을 받게 된다. 환자를 빨리 퇴원시킬수록 더 많은 환자를 치료할 수 있고 병원의 수익도 높아지기 때문이다. 그래서 환자를 조기에 퇴원시키는 일이 잦아진다. 병원에서는 이를 '영국식 퇴원'이라고 말하는데, 영국식으로 스테이크를 주문하면 피가 뚝뚝 흐르는 고깃덩이가 나오는 상황을 빗댄 표현이다.

중환자는 의사들의 재량에 따라 분류되는데, 병원은 이들에 대한 진료비를 추가로 지급받는다. 이런 비용은 환자의 생명을 유지하는 데 꼭 필요한 인공호흡 기간도 감안해 청구된다. 조심스럽게 말하자면 여기에는 환자의 집중 치료와 치료 기간을 엄격한 의학적 기준에 따라 결정하지 않을 위험이 도사리고 있다. 가령 중환자실에 환자가 너무 많을 때는 병원이나 각 분과의 수익을 감안해 환자를 중환자실에 수용하느냐 마느냐를 결정할 수도 있다. 이것이 중환자들에게 무엇을 의미하는지 독자들도 알 수 있을 것이다.

죽음의 허용

앞서 말한 노부인의 가망 없고 고통스러운 소생술을 목격한 지 15년이 지났을 무렵이었다. 나는 어느 대도시 병원의 응급센터 소생실에 있었다. 몇 년 전부터 이 병원 내과의로 근무하고 있는 젊은 여의사가 양로원에서 살아온 여든여덟 살 환자를 데려왔다. 환자는 4년 전부터 거동을 하지 못했고, 6개월 전부터는 의사 소통도 거의 하지 못하는 상태였다. 의사의 말에도 아무런 반응을 보이지 않았고, 고열에 시달리면서 나지막이 신음 소리를 내고 있었다. 몸에 근육이라고는 거의 없었고, 엉치뼈 근처에 커다란 욕창이 보였다. 몸무게는 겨우 40킬로그램이나 나갈까 싶었다. 환자의 혈압 상태가 좋지 않아 여의사는 양팔에 침제를 주입했다. 환자의 코에는 산소 튜브가, 방광에는 요도 카테터가 꽂혀 있었고, 가슴에는 전극 패드가 붙어 있었다. 여의사가 들고 있는 심장 모니터에는 환자의 심장이 아직 뛰고 있다는 신호가 흐르고 있었다.

여의사는 상냥한 얼굴에 걱정스러워하는 표정으로 응급센터 담당 의사인 내게 물었다.

"환자를 바로 중환자실로 보내는 것이 좋을까요? 아니면 선생님께서 여기서 혈액 가스 분석과 심전도 측정을 하고 흉부 엑스레이를 찍으시겠어요?"

나는 여의사의 질문에는 대꾸하지 않고 환자를 인도해주어 고맙다고 말했다. 여의사에게 막 작별 인사를 하려는 순간 늙은 환자의 숨이 멎었다. 심장 모니터가 0을 가리키고 있었다.

"어서, 서둘러요! 튜브나 산소마스크 주세요. 환자가 숨을 쉬지 않아요!"

여의사가 옆에 있는 간호사에게 말했다.

"침착하세요, 선생. 침착하라고요."

나는 여의사를 제지했다. 그녀가 환자 얼굴에 산소마스크를 씌우려는 것을 보고는 천천히, 그러나 단호히 그 손을 치웠다.

"저 노인은 방금 숨을 거두었습니다. 이제 그에게 죽음을 허락합시다. 괜찮겠죠?"

여의사는 당황해하면서 나를 바라보았다.

"하지만 그러려고 환자를 이리로 데려온 게 아니잖아요! 아니, 환자 상태를 보면 선생님 말씀이 옳을지도 모르겠네요."

"이 환자가 선생의 아버지라고 생각해보세요. 그래도 인공호흡을 시키고 중환자실로 보내시겠습니까?"

여의사에게는 미처 대답할 시간이 없었다. 새로운 응급 환자가 발생했다는 연락을 받은 것이다. 그녀는 혼란스러워하는 표정으로 서둘러 응급실을 떠났다.

그로부터 몇 주 후 나의 동료이자 친구인 미국 윤리의학자 로렌스 슈나이더맨이 베를린을 방문했다. 독일계 유대인인 그는 한 학기 동안 독일에서 안식년을 보내고 싶어 했다. 나는 그에게 중환자실 의사들 앞에서 '응급의학에서 연명 치료 중단에 관한 윤리적 문제'라는 주제로 강연을 해보지 않겠느냐고 제안했다. 그는 흔쾌히 동의했다. 나는 대규모 중환자실까지 운영하는 내과 병원의 원장을 만나 내 계획을 알렸다. 병원장은 가만히 앞을 바라보면서 고개를 갸웃거리더니 이렇게 대답했다.

"당신이 강연을 계획하는 건 좋은 일이지만 나는 그럴 필요가 없다고 생각합니다. 윤리라고 했습니까? 우리는 그걸 아주 잘 압니다. 여기서 매일 경험하고 있지 않습니까?"

격무에 시달리는 여의사와 윤리적 문제에 무관심한 내과 병원장의 일화는 죽음에 임하는 의사들의 행동에 도사린 유쾌하지 않은 일면을 보여준다. 이어지는 장에서는 구체적인 사례와 성찰을 통해 그러한 특징을 조명하고, 누구도 피할 수 없는 죽음의 문제를 생각해보는 기회를 독자들에게 제공하려 한다.

심장사와
뇌사 사이

인간의 생명은 언제 끊어질까?

더 이상 숨을 쉬지 않고 몸이 싸늘하면 그 사람은 죽은 거야

1956년 늦여름의 어느 무더운 날, 할머니가 숨을 거두었다. 할머니는 우리 집에서 겨우 몇 걸음 떨어진 곳에 있는 작은 집에서 오랫동안 건강하게 혼자 살았다. 그러다가 일흔아홉 살이 되던 그해에 뇌졸중을 일으켰다. 할머니가 돌아가시던 날, 나는 어머니의 손을 잡고 가족들과 함께 할머니의 침대맡에 서 있었다. 할머니는 머리카락을 풀어헤친 채 수를 놓은 하얀색 잠옷을 입고 있었고, 편하게 숨을 쉴 수 있도록 쿠션에 등을 기대 몸을 반쯤 일으킨 상태였다. 열려 있는 한쪽 창문으로 불어오는 바람이 두툼한 우단 커튼을 부드럽게 펄럭이면서 할머니를 시원하게 해주었다. 아버지는 깍지를 낀 할머니의 손 주위에 장미꽃 화환을 가져다 놓았고, 침대 머리맡에서는 촛불이 타오르고 있었다. 고모와 삼촌, 이모들은 낮은 소리로 기도했고, 사촌들은 소파에 앉아 과자를 먹으면서 서로 속닥거렸다. 우리 가족과 친분이 있는 프란체스코 수도회의 신부님이 종부성사를 끝내고 막 밖으로 나갔다.

우리 손자들은 할머니를 푸아라고 불렀다. 푸아 할머니는 뇌졸중으로 쓰러진 뒤로 14일 동안 침대에서 꼼짝도 하지 못했다. 그런데 아무리 좋은 말로 설득을 해도 병원엔 가지 않겠다고 하셨다. 주치의는 어깨를 으쓱하더니 어쩌면 치료를 받지 않아도 다시 건강해질 수도 있을 거라고 했다.

할머니는 처음에는 조금 어눌하게나마 말을 할 수 있었을 뿐 아니라 몸도 조금씩 움직일 수 있었다. 옆에서 도와주면 식사도 할 수 있었다. 그런데 할머니의 왼쪽 눈이 더 이상 감기지 않았고 늘어진 왼쪽 입꼬리 아래로 끊임없이 침이 흘러내렸다. 어머니와 이모들은 교대로 침을 닦아주었다. 며칠 전부터 할머니는 계속 잠만 자고 싶어 하는 것 같더니 결국엔 깨어나지 못했다. 그러다가 어제부터 깊은 의식불명 상태에 빠졌고 밀랍처럼 창백해진 이마에는 구슬땀이 맺혀 있었다. 할머니는 가쁘게 숨을 내쉬었고, 눈에 띄게 불규칙적으로 변하는 호흡 중간에 그르렁거리는 소리와 딸각거리는 소리가 끼어들었다. 때로 할머니가 몇 초간 숨을 쉬지 않을 때면 나는 깜짝 놀라곤 했다. 불안과 두려움에 휩싸여 누군가 할머니를 위해 뭔가를 해야 한다고 생각했다. 나는 수심에 가득 찬 눈빛으로 어머니를 바라보았다. 어머니는 할머니에게서 눈을 떼지 않은 채 경건한 최면 상태에 빠진 사람처럼 천천히 집게손가락을 입술로 가져갔다. 지금은 아주 조용히 있어야 한다는 뜻이었다. 어머니는 마지막으로 할머니의 머리카락을 쓰다듬었다.

"할머니가 지금 막 돌아가셨어."

어머니가 내게 속삭였다.

주위가 조용해졌다. 할머니는 오랫동안 울었던 사람처럼 마지막으로 깊은 숨을 내쉬고는 미동도 없이 평온하게 누워 있었다. 우리는 한동안 할머니의 침대맡에 가만히 서 있었다. 어머니는 그때까지 꼭 붙잡고 있던 내 손을 놓아주었다.

"이제 할머니는 영원히 잠드셨다."

나는 믿을 수가 없었다. 심장이 쿵쿵거렸다. 나는 가볍게 몸을 떨면서 할머니께 바짝 다가가 입가에 귀를 대보았다. 아무 소리도 들리지 않았다. 한 가닥 숨소리조차 들리지 않았다. 나는 할머니가 결코 깨어날 수 없다는 사실을 확인하기 위해서 할머니 몸을 흔들고 싶었다. 하지만 무엇인가 나를 제지했다.

"할머니가 다시는 깨어나지 못해? 다시는 숨을 쉬지 못하는 거야?"

"그래, 할머니는 돌아가셨어."

어머니가 내 어깨에 손을 얹으면서 말했다.

"사람이 더 이상 숨을 쉬지 않고 깨어나지 못하면 죽은 거란다. 너는 지금 그 사실을 처음으로 경험하는 거야."

저녁 늦게 주치의가 왔다. 그는 왼손 셋째손가락과 넷째손가락 끝을 돌아가신 할머니의 목 주위에 대고는 잔뜩 집중한 표정으로 천장을 쳐다보았다. 그러더니 내게 몸을 숙이면서 말했다.

"심장이 더 이상 뛰지 않는구나. 심장이 뛰지 않으면 사람은 죽은 거란다, 꼬마야."

"하지만 심장은 가슴에 있지 목에 있는 게 아니잖아요!"

나는 작은 소리로 항의했다.

"네 말이 맞다. 하지만 목 양쪽에 있는 동맥은 심장박동과 연결되어 있단다. 무슨 말인지 알겠니? 심장박동 소리를 듣기보다 그 동맥을 잡는 쪽이 훨씬 더 수월하거든."

나는 믿을 수 없어 하면서도 고개를 끄덕였다.

주치의는 주머니에서 작은 거울을 꺼내 할머니의 입 앞에 대고는 잠시 기다렸다.

"여기 좀 봐라. 김이 서리지 않지? 이건 할머니가 더 이상 숨을 쉬지 않는다는 표시란다. 숨은 언제나 조금 축축해서 숨을 내쉬면 거울에 김이 서리게 마련이거든."

그 말을 들은 나는 당황했다. 곧이어 주치의의 행동을 보고는 할머니가 정말로, 돌이킬 수 없이 영원히 떠났다는 사실을 퍼뜩 깨달았다.

주치의는 할머니의 발을 덮고 있던 이불을 젖혔다. 하얀 발이 드러났고, 발등에 드러난 선명한 핏줄이 지도에 표시된 강줄기처럼 푸르스름하게 내비쳤다. 주치의가 손으로 할머니의 발을 잡더니 내게 말했다.

"이리 와서 한번 만져보렴. 양손으로 제대로 만져봐."

나는 소스라치게 놀랐다. 방 안의 온기에도 불구하고 할머니의 발은 얼음장처럼 차가웠다. 나는 반사적으로 손을 빼버렸다. 할머니의 몸은 아주 싸늘했다. 할머니는 나와 여동생에게 언제나 따뜻함 그 자체였는데……. 일요일 아침에 우리가 할머니의 커다란 침대로 기어들어가면 할머니는 양팔로 우리를 안아주었고, 넉넉한 품으로 기분 좋은 아늑함을 선사해주셨다.

나는 넋이 나갔다. 할머니의 몸이 싸늘했다. 할머니가 죽었다.

소생했지만 그래도 죽은 디터 T 사례

그로부터 수십 년이 지났고, 나는 당시 1년 6개월간 임상 경험을 한 젊은 의사였다. 눈으로 뒤덮인 몹시 추운 1월의 어느 날 밤, 나는 병원 응급대원들과 함께 건물 뒤뜰에 서 있었다. 덤불과 쓰레기통 사이에 죽은 사람으로 보이는 몸뚱이 하나가 덜렁 놓여 있었다. 소방서에서 보낸 긴급 메시지는 이러했다. "창문에서 추락, 소생술 요함." 나는 큰 병원의 내과 중환자실 수련의로서 의사라는 직업과 책무를 이제는 충분히 감당할 수 있다고 생각했다. 또 응급환자들을 치료한 경험도 적지 않았다. 그럼에도 불구하고 경험 많은 의사의 도움 없이 병원 밖에서 처음 시도하는 소생술이라 가슴이 쿵쿵거리고 불안했다.

이 건물 4층에 살던 '디터 T'라는 남자가 창문에서 추락했다. 남자는 쉰여섯 살로 전과 경력이 있는 화물차 운전사였는데, 직장도 없이 혼자 살고 있었다. 형사들도 현장에 나와 사고 원인을 조사하는 중이었다. 자살일까? 단순 사고? 아니면 타살? 사건 현장은 응급차와 함께 출동한 소방서의 기술 지원 차량에 설치된 여러 개의 탐조등 불빛으로 환했다. 추락하는 순간 나뭇가지들에 걸리고 쌓인 눈에 떨어져 충격이 다소 완화되긴 했지만 디터 T는 두개골이 파열된 상태였다. 오른쪽 귀에서 피가 흐르고 있었고, 오른쪽 두개골 위로는 목까지 이어진 금이 머리카락 사이로 보였다. 남자는 의식이 없었고 숨을 쉬지 않았다.

나는 지체 없이 산소마스크를 씌우고 목뼈를 안전하게 지탱하라고 지시했다. 척추가 부러졌을 개연성에 대비해 척수 손상으로 인한 하반신 마비를 방지하기 위해서였다. 그런 다음 약물과 침제를 투여하기 위해 왼쪽 쇄골 바로 아래 심장과 가까운 곳의 대정맥에 카테터를 꽂았다. 가슴과 복부에는 찰과상과 타박상 흔적이 보였으나 특별히 손상된 곳은 없어 보였다. 그러나 오른쪽 대퇴부와 엉덩이가 어긋나 있어 틀림없이 뼈가 부러진 듯했고 비정상적으로 뒤로 젖혀진 오른쪽 손목도 마찬가지였다.

응급대원들은 서둘러 심장 모니터를 준비하고 인공호흡기를 가져왔다. 나는 디터 T 옆에 무릎을 꿇고 앉아 온갖 수단을 동원해 그의 반응을 살펴보았다. 아직 살아 있는지 확인하기 위해서였다. 큰 소리로 말을 걸고 뺨을 꼬집어보거나 반사작용 검사를 해보았지만 아무 반응이 없었다. 서혜부의 맥을 잡아보았지만 맥이 뛰는지도 확실치가 않았다. 남자의 몸이 뚱뚱한 데다 날은 춥고 나는 고무장갑을 끼고 있어 손가락의 감각이 예민하지 않았기 때문이다. 그의 동공은 가운데로 몰려 있었고 빛에 반응하지 않았다. 그 남자가 숨을 쉬는지 확신이 서지 않았다. 설사 숨을 쉰다고 해도 어려운 상태가 분명했다.

심장 모니터를 보면 상황을 좀 더 명확히 알 수 있을 터였다. 나는 그의 가슴에 전극 패드 장치를 부착한 뒤 잔뜩 긴장한 채 좌우로 움직이는 초록색 전자선을 응시했다. 1분에 서른두 번이었다. 나는 추위에 곱은 손으로 다시 한 번 그의 서혜부 맥을 잡았다. 정말로 맥이 잡히지 않는 걸까? 모니터에 표시된 진동은 혈압에 영향을 주는 수축 작용이 아니라 그저 전기적 심장 활동을 나타내는 걸까?

맥이 잡히지 않았다. 동공은 빛에 반응하지 않았고 숨은 멈춰 있는데 내가 명확히 해석할 수 없는 전기적 심장 활동이 있었다. 날씨가 무척 추웠는데도 이마에 땀이 나는 것을 느꼈다. 디터 T는 정말 죽은 걸까? 아직 소생할 수 있을까? 사망증명서를 써야 할까, 심장 마사지를 해야 할까?

나는 소생술을 시도하기로 결심하고 필요한 지시를 내렸다. 우선 척추가 부러졌을 개연성이 있으므로 극도로 조심스럽게 부상자를 들것에 실어 구급차로 옮기라고 했다. 내가 기관에 관을 꽂아 인공호흡기를 연결하는 동안 의료대원 한 사람은 혈액순환을 돕는 약물 주사를 준비했고, 다른 한 사람은 심장 마사지 준비를 했다.

팔을 뻗은 상태로 양손을 포개 손바닥으로 심장 위쪽 흉골을 빠르고 규칙적으로 내리 눌러주는 심장 마사지는 모든 소생술의 핵심 조치다. 그런데 심장 마사지를 제대로 해내지 못해서 소생술이 실패하는 경우가 적지 않다. 심장 마사지를 효율적으로 실행하려면 강한 기계적 압박을 통해 흉골이 최대한 척추에 근접하도록 해야 한다. 그래야 척추들 사이에 있는, 박동을 멈춘 심장이 전신에(무엇보다 뇌에) 충분한 양의 혈액을 전달할 수 있다.

심장 마사지는 매우 난폭한 행동이다. 의식이 없는 사람 옆에 무릎을 꿇고 앉거나 기마 자세로 배에 올라앉아 흉곽을 압박하는 행위는 마치 무방비 상태의 희생자를 가차 없이 때리는 것 같다. 소생술을 효과적으로 실시했을 경우 폐 손상과 갈비뼈 손상을 피할 수 없다. 특히 나이가 들어 뼈에 구멍이 난 환자들은 더 말할 필요도 없다. 그래서 경험 많은 상당수의 응급 의사들은 소생술에 성공하자면 내부 손상을 초래할 수밖에 없다고까지 주장한다. 실제로 그토록 폭력적인 행위가 동반되는 치료도 없을뿐더러 여타의 조치도 소생술처럼 생명을 억지로 쥐어짜낸다는 인상을 주지 않는다. 그래서 소생술은 중세에 시도된 사혈과 구토제 투여, 고의적인 화상 물집 만들기, 수은 주입 등 이른바 '영웅적인 치료'들을 떠올리게 한다. 병보다 이러한 치료들로 인한 해악이 더 컸다고 했을 정도다.

오늘날에도 소생술은 최신 의료 기술을 동원한다 해도 기껏해야 스무 번에 한 번 정도 성공을 거둔다. 소생한 환자가 최소한 그럭저럭 삶의 질을 회복하는 경우를 말하는 것이다. 그러나 대부분의 환자들은 소생술 이후 며칠을 잘 넘긴다 하더라도 정도의 차이는 있겠지만 정신 장애와 마비에 시달리며 평생 간병인을 끼고 살아야 한다. 또 그들 중 많은 이들이 식물상태로 생을 마감한다.

나는 시간이 지나면서 중환자실 담당 의사와 응급 의사로서 풍부한 경험을 쌓았다. 또 절대적으로 생명을 보호해야 한다는 의사의 사명을 따른다며 우리들이 환자와 가족들에게 얼마나 많은 불행을 떠안기는지 절감하곤 했다. 나아가 젊은 사람을 상대로 최선의 조건에서 진행한 소생술까지 실패를 거듭했다. 그러한 경험이 쌓여갈수록 소생술을 시도하는 것에 점점 조심스러워졌다.

집중적인 심장 마사지와 압축산소 공급을 위한 기계적인 인공호흡, 아드레날린과 순환을 돕는 약물 공급 이후 15분이 지나자 디터 T에게서 처음으로 결정적인 효과가 나타났다. 대퇴부 동맥의 맥박이 잡히기 시작한 것이다. 이제 심장이 단순히 전기적인 활동만 하는 것이 아니라 자발적으로 뛰면서 기관에 혈액과 산소를 공급하게 되었다는 뜻이다. 하지만 그는 여전히 의식이 없었고 스스로 숨을 쉬지 못했다. 또 양쪽 동공의 크기가 달라서 뇌출혈이 확실시되는 상태였다. 최대한 빨리 두개골을 열어 출혈로 인한 뇌의 압박을 낮추어야만 했다. 나는 환자를 신경외과가 있는 가장 가까운 병원으로 즉시 호송하라고 지시했다.

내가 의심했던 증세는 사실로 판명되었다. 두개골과 가슴, 복부에 대한 컴퓨터단층촬영CT 결과 추락으로 인한 부상 정도가 즉시 드러났다. 오른쪽 뇌에서 뇌출혈이 일어나 뇌실까지 침범했고, 목뼈 두 개가 부러지는 바람에 위쪽 척수가 손상되었다. 머리 부상이 워낙 심각했기 때문에 대퇴부와 손목 골절, 그리고 심장 마사지를 할 때 부러진 갈비뼈에는 신경 쓸 겨를조차 없었다. 디터 T는 그날 밤 시급히 수술을 받았다. 뇌출혈은 제거되었고, 목뼈도 안정을 찾았다.

이어진 집중 치료에서는 뇌압을 조절하고, 다시 살아난 심장 활동과 순환 활동을 안정시키고, 인공영양을 실시하고, 폐렴이나 요도염, 혈전증, 또는 물질대사 이상 등의 합병증을 방지하는 데 주력했다. 이제는 환자나 중환자실 의료진이나, 다른 방법으로는 영향을 줄 수 없는 신경이 회복되고 의식이 돌아오기만을 기다리는 수밖에 없었다. 디터 T는 삶과 죽음의 갈림길에 놓여 있었다.

혼수상태에서 14일이 지난 뒤 뇌의 어떤 기능이 어느 정도나 반응을 보이는지 확인하기 위해 의식과 호흡에 영향을 주는 약제 투입이 전면 중단되었다. 비로소 소생술과 수술의 진정한 성공 여부를 판단하는 시점이 왔다. 환자가 눈을 뜰 수 있나? 자발적으로 숨은 쉬나? 환자와 접촉할 수 있거나 환자가 최소한 반응을 보이나? 다시 말해 환자가 의식 있는 삶으로 돌아오는 데 필요한 전제 조건들을 보여주나? 아니면 눈을 뜬 채 자발적으로 숨은 쉬지만 여전히 혼수상태에 빠져 있어 결국엔 식물인간이 되거나 중증장애인이 될까? 인공적으로 호흡과 순환 기능을 유지할 수 있지만 뇌 활동은 완전히 정지해버린 뇌사자가 될까? 내가 시도한 소생술의 결과 결국 디터 T는 장기 기증자가 되는 걸까?

죽음의 도래는 순간이 아니라 과정이다

20세기 중반부터 시작된 의학의 획기적인 발전과 그로 인해 가능해진 장기이식 및 생명 연장 기술의 눈부신 발달은 심장과 호흡 중단에 토대를 둔 고전적인 죽음의 개념에 중요한 영향을 미쳤다. 같은 시기에 마취학에서 분리되어 나온 집중의학의 발달로 생명 활동에 중요한 신체 기능을 유지시키는 혁명적인 기술들이 도입되어 결정적인 역할을 했다. 무엇보다 전기충격을 이용한 불규칙한 심장박동 치료와 1952년 덴마크 마취 의사 비요른 입센이 개발한 인공호흡기의 도입이 대표적인 예라 할 수 있다. 그때까지 심각한 뇌손상으로 깊은 의식불명 상태에 빠져 있던 환자들은 예외 없이 얼마 지나지 않아 호흡 기능 상실로 사망했고, 뇌졸중 환자들은 치명적인 심장 순환 장애로 죽는 경우가 적지 않았다. 그런데 전기 충격을 통한 새로운 제세동법(심장의 불규칙한 잔떨림을 제거하는 방법—옮긴이)과 인공호흡기 덕분에 최소한 어느 시점까지는 심장 순환 활동을 유지하고 호흡 기능과 심장 기능을 뇌 기능에서 완전히 분리할 수 있게 되었다. 그로 인해 고전적인 심장사(심장 중심의 죽음 개념)는 삶과 죽음을 구분 짓는 기준으로 적합하지 않다는 사실이 분명해졌다. 심장사는 제어할 수 있는 것으로 드러났기 때문이다.

1968년, 그러한 기준을 대신하는 새로운 죽음의 개념이 대두했다. 하버드 대학의 한 위원회가 집중의학의 새로운 가능성을 고려해 내놓은 것이다. 이에 따르면 인간의 죽음은 뇌사와 동일시되며, 뇌사는 근본적으로 다음 네 가지 소견을 토대로 결정된다. 돌이킬 수 없는 혼수상태, 모든 뇌 반응의 소실, 자가 호흡 결여, 뇌 속 혈액 순환의 정지(신경 중심의 죽음 개념). 여기서 중요한 문제는 (뇌사 개념을 비판하는 사람들의 주장처럼) 장기 적출을 위해 죽음의 시점을 앞당기는 게 아니라, 현재의 상태를 의심할 바 없이 분명히, 의학적으로 확실히 확인하는 것이다. 이는 뇌사 판정 기준에 따라 이른 시점에 실행할 수 있다.

이러한 뇌사 개념에는 죽음의 시점을 정확히 규정할 수 없다는 생각이 깔려 있다. 선입견 없는 관찰자들은 여전히 심장과 순환의 정지를 죽음의 시점으로 볼 것이다. 그에 반해 심장이 아직 뛰고 있고, 피가 흐르고, 살아 있는 것처럼 보이는 뇌사자를 죽었다고 판정하기란 매우 어렵다. 그러나 이런 경우는 우리를 현혹시키는 겉모습에 따른 인상이다. 물론 한편으로는 저혈당 상태에서 창백한 얼굴로 죽은 듯이 누워 있는 의식이 없는 사람을 정말로 죽었다고 판정할 수는 없고, 그래서도 안 된다.

여기서는 두 가지 사실이 분명해진다. 먼저 죽음과 죽어감은 한순간이 아니라 몇 시간, 또는 며칠이 걸릴 수 있는 과정이다. 그러한 시간의 눈금 위에서 죽음이라는 휴지기를 언제로 정할 것인가. 이는 입법자가 현재 의학적 · 과학적으로 뒷받침되는 최선의 인식과 기준에 따라 결정해야 한다. 그 기준은 오랫동안 심장과 순환의 정지였다. 사후경직의 출현과 피부 반점의 형성, 또는 뚜렷하고 명백하게 규정할 수 있는 전체 뇌의 죽음을 기준으로 제시할 수도 있다.

다른 한편 이러한 기준들은 생명이란 무엇인가에 대한 관심 속에서 생명 보호를 최대한 고려하면서 정해야 한다. 다시 말하면 죽음은 생명으로부터 규정해야 한다. 동시에 이 기준들로 한 인간의 죽음을 확정할 수 있는 가장 이른 시점을 알려주어야 한다.

역사적으로 죽음의 개념이 자명했던 적은 결코 없었다. 이는 언제나 시대와 결합되어 있었고 관점에 달린 문제이기도 한데, 죽음이라는 사건이 죽어가는 과정과 동일시되는 곳에서부터 논란이 시작된다. 가령 어떤 사람이 고통스러운 죽음을 맞았다거나 병원에서 죽기보다는 가족들이 지켜보는 가운데 죽음을 맞는 것이 더 품위 있다고 말하는 경우를 생각해보자. 고대 그리스 철학자 에피쿠로스는 죽음은 '무'이고, 따라서 중요하지 않다고 했다. 그러나 에피쿠로스의 말은 죽음이라는 사건이나 죽어가는 과정이 아니라 죽은 상태, 더 이상 살아 있지 않은 상태를 뜻하는 것이다.

더 이상 살아 있지 않은 상태란 뇌 기능이 돌이킬 수 없이 소멸된 것과 동일하다는 사실을 처음으로 감지한 사람은 12세기 유대인 의사이자 철학자인 모제스 마이모니데스였다. 그는 참수형에 처해진 사람이 경련하듯 몸을 떠는 것을 살아 있는 표시로 해석해서는 안 된다고 말했다. 그것이 중앙 통제 본부가 존재한다는 사실을 의미하지는 않기 때문이다.

뇌사는 인간의 죽음이다

뇌사가 한 인간의 '총체적 죽음'을 판단하는 데 특별히 적합한 기준이 되는 이유는 무엇일까? 이를 뒷받침하려면 죽음의 개념을 좀 더 정확하게 밝히고, 죽음의 본질이 무엇인지 물어야 한다. 다음에 이어지는 내용은 1993년 『독일의사회보』에 실린 입장 표명서를 토대로 작성했음을 밝혀둔다.

1. 인간은 육체와 정신의 통일체, 의식과 자의식이 있는 존재로서 인간 주체다. 이러한 견해는 보편적으로 인정받고 있어서 그다지 주목할 만하지는 않다. 하지만 이것의 진정한 의미는 다른 두 가지 견해와 부딪힐 때 비로소 온전히 드러난다. 하나는 죽음의 주체는 육체라는 견해이고, 다른 하나는 인격체로서 개인이라는 견해다.

그러나 위의 두 견해는 인간 주체의 부분만을 죽음을 판단하는 대상으로 삼고 있다. 죽었다거나 살았다는 것은 언제나 전체로서 인간의 속성이기 때문이다. 전체로서 인간은 결코 육체만으로 이루어질 수 없고 육체와 영혼, 정신의 통일체이다. 인간은 그러한 통일체로서 살아가고, 느끼고, 일하고, 번식하고, 늙어가 결국에는 죽는다.

인격체로서 인간 개념은 무엇과 관련해 사용되느냐에 따라, 즉 철학적, 법률적, 신학적 의미가 다르다. 가령 플라톤 사상에서 인격체로서 인간은 기독교 신학에서 말하는 영혼처럼 물질적인 육체보다 오래 산다. 오늘날 어떤 철학자들은 인격체로서 인간을 자의식이 있으며 관심사를 표명할 줄 아는 존재와 결부시킨다. 다시 말해 그런 인간은 지속적인 의식불명 상태나 중증 치매에 걸린 상태에서는 육체적인 죽음이 닥치기 한참 전에 이미 존재하지 않을 수 있다. 그러나 목적 지향적인 이러한 인간 개념들도 죽음의 대상이 누구인가 하는 문제와 관련해서는 인간 주체의 개념을 대신하지 못한다. 인간 주체는 시간 속에 현존하는 육체적, 정신적 통일체이지 비물질적이거나 시대에 따라 조건이 달라지는 존재가 아니다.

2. 육체와 영혼, 정신의 통일체로서 인간에게는 오직 하나의 죽음만이 존재한다. 그러나 뇌사 개념은 그 하나의 죽음에 이의를 제기하는 듯하며, 예컨대 '심장 순환 죽음', '임상적 죽음' 등 다른 죽

음들이 있다는 점을 시사한다. 하지만 거기에는 오해가 깔려 있다. 돌이킬 수 없는 뇌의 완전한 소멸은 죽음이라는 현상을 나타내는 또 하나의 기준일 뿐이다. 다만 병원 밖에서 발생한 응급 상황처럼 뇌사를 확인할 수 없는 경우에 죽음은 지금까지와 마찬가지로 심장과 순환, 호흡의 돌이킬 수 없는 정지로 규정된다.

3. 한 인간의 죽음은 두 가지 조건을 충족해야 한다. 하나는 의식과 자의식 능력의 완전한 소멸이며, 다른 하나는 중앙에서 조절하는 신체 기능의 상실이다. 이 두 체계 중 어느 하나의 상실만으로 한 인간을 죽었다고 선언할 수는 없다. 지속적으로 식물상태에 있다고 해서 죽은 것이 아니다. 중앙에서 조절하는 특정한 신체 기능들이 유지되고 있기 때문이다. 유기체의 통일을 이루는 신체 기능의 상호작용을 상실한 사람이라도, 가령 심장이나 폐의 기능에 좌우되는 의식적인 체험이 여전히 가능하다면 죽었다고 선언할 수 없다. 이는 죽음의 한 가지 조건만을 충족하기 때문이다.

4. 자연과학적으로 확인된 인식에 따르면, 인간은 조직이나 장기들이 더 이상 기능하지 못하거나 이미 붕괴되기 시작했다고 해서 죽었다고 할 수는 없다. 삶과 죽음의 경계는 전체 유기체의 조절 능력과 인간이라는 전일체의 상호작용이 궁극적으로 사라진 곳에서 찾을 수 있다. 여기에 심장사와 뇌사의 차이가 있다. 전체 뇌(대

뇌, 뇌간, 소뇌) 기능의 상실은 단순히 특수한 기관 하나의 소멸이 아니라 결정적인 체계, 즉 뇌에 의해서 보장되는 모든 신체와 뇌 기능의 통일성 붕괴를 의미한다. 유기체는 그것 없이는 살아갈 수가 없다. 가령 호흡과 심장 활동, 혈압 조절, 인체 내의 소금과 물 관리, 호르몬 조절 등이 여기에 속한다. 이러한 모든 체계가 소멸되면 인간의 존립 근거는 완전히 사라진다. 그러므로 뇌사는 심장사보다 훨씬 궁극적인 상태다. 시간적으로 뇌사는 심장사 이전이나 이후에 올 수 있다. 심장의 순환 정지로 뇌에 산소 공급이 중단되면 뇌는 인공호흡이 개입되지 않는 한 최대 8분 동안만 생존할 수 있다. 반대로 호흡이 중단되면 심장사는 즉시 뇌사를 뒤따른다.

따라서 죽음은 전체가 부분으로, 또는 조각으로 붕괴되는 것이다. 이때 부분들이 전체에서 분리된 뒤에도 어느 정도 독립성을 갖게 되는 경우를 배제할 수는 없다. 따라서 뇌사와 심장사 진단의 시간 간격이 뇌사 개념을 무력화하지는 않는다. 심장 기능은 뇌사자의 독립된 부분 기능으로서 인공호흡을 통해 유지될 수 있다. 경우에 따라서는 수개월 동안 심장 기능을 유지할 수도 있는데, 인공호흡을 비롯한 집중 치료를 통해 뇌사에 빠진 한 임산부의 심장 순환을 15주 동안 지속시킨 예에서 분명히 알 수 있다.

지금까지 언급한 내용을 요약해보면, 뇌사 개념을 도입한다 해도 죽음의 개념이 달라지거나 새롭게 규정되진 않는다. 심장사든 뇌사든 죽음이 무엇인지를 알려줄 수는 없다. 양자는 죽음이라는 동일한 현상을 판단하는, 서로 다르지만 동등한 두 가지 기준이다. 뇌사는 신경학적 기준에 따라서만 죽음을 규정하고, 심장사는 심장 정지라는 기준과 혈압의 유무에 따른 기준만으로 죽음을 규정할 뿐이다.

뇌사 개념은 의학에 도입되어 오늘날 전 세계적으로 공인되고 있다. 장기이식은 사전에 통일된 기준에 따라 뇌사로 확정된 경우에만 윤리적으로 정당화될 수 있다. 그러나 뇌사 개념이 아무리 의학적으로 근거가 확실하고 명백하다 해도 소수의 철학자들과 의사들, 전문가들은 이의를 제기한다. 뇌사 개념이 장기이식을 위한 장기 확보 목적으로 도입되었다는 논거를 들어 비난하기도 한다.

처음으로 시도된 장기이식(1954년에 최초의 신장이식 수술에 성공했다)의 떠들썩한 성공 사례들이 뇌사 개념의 대중화와 합법화에 어느 정도 기여했다는 점에는 이론의 여지가 없다. 그러나 오로지 장기이식의 필요성 때문에 뇌사 개념을 도입했다는 몇몇 비판자들의 주장은 사실이 아니다. 가령 독일에서는 뇌사 개념이 도입되고도 상당한 시간이 지난 1970년대에 처음으로 장기이식의학이 출범했다. 뇌사 개념 도입에는 현대 의학의 발달이 결정적인 영향을 미쳤다. 의사들에게는 치료의 한계 문제, 나아가 경제적인 관점에서 자신들의 결정과 행동에 기준이 되어줄 법적인 안전 대책이 필요했던 것이다.

어떤 이들은 죽음의 확정에서 뇌가 차지하는 특수한 위치에 대해 이의를 제기한다. 뇌사 개념이 너무 단편적이라는 것이다. 그들은 뇌가 똑같이 중요한 여러 장기들 중 하나일 뿐이라고 주장한다. 통합적 기능이라는 측면에서 척수와 다르지 않다는 것이다. 그러나 이러한 주장은 객관적으로 틀렸다. 인간은 척수가 제 기능을 하지 못하더라도 살 수 있지만 뇌 기능을 상실한 상태로는 살 수가 없다. 그 밖에 신경학적 죽음 개념은 직관에 위배된다고도 말한다. 그들은 죽은 육체가 어떻게 내장기관의 기능을 오랫동안 지탱할 수 있고, 심지어 그 안에서 아이를 성장시킬 수 있겠느냐고 반문한다. 이 물음에는 이렇게 답할 수 있다. 직관은 허상의 편이지 학문의 편은 아니라고. 살아 있는 주체인 인간에서 분리된 부분적인 생명 과정이 유기체로서 인간이 계속 살아 있음을 보여주는 표시는 아니다.

또 다른 사람들은 뇌사 개념이 너무 광범위하다고 주장하면서 현대의 뇌 연구를 통해 인격체로서 인간(특히 의식과 소통 능력에서)에게는 대뇌피질의 활동이 결정적이라는 사실이 밝혀졌다고 말한다. 지속적인 식물상태처럼 어떤 사람의 대뇌피질이 돌이킬 수 없이 손상되었다면 그 사람을 죽었다고 판단하기에 충분하다는 것이다. 그러나 이러한 '부분 뇌의 죽음'이라는 개념에 대해서는 다음과 같은 반론을 제기할 수 있다. 즉 확고하게 자리 잡은 해부학적 · 생리학적 토대를 갖춘 전체 뇌의 죽음과는 달리 부분 뇌의 죽음은 인간의 의식을 오직 환경에 대한 반응에서만 추론할 뿐, 과학적으로 명확하고 신빙성 있는 방법론을 통해 규정하지 못한다는 것이다.

뇌사 개념이 도입되고 몇 년 지나지 않아서 전체 뇌의 죽음에 뇌간 기능의 소멸이 결정적인 역할을 한다는 사실이 입증되었다. 뇌간은 대뇌에서 척수로 이어지는 통로를 형성하는 부분이다. 호흡중추와 심장 순환 활동이 조절되는 곳이며, 몸의 모든 신경섬유가 이곳을 통해 대뇌로 이어진다. 그로 인해 영국에서는 '뇌간사'가 죽음의 기준으로 통용된다.

몇몇 종교 공동체에서는 뇌사 개념을 전혀 인정하지 않거나 특정한 조건하에서만 인정한다. 독일 가톨릭과 개신교에서는 뇌사를 인간의 죽음으로 인정은 하지만, 뇌사 개념이 결코 포괄적인 죽음의 정의를 제공하지 못한다는 점을 강조한다. 유대교의 경우 일치된 견해가 없다. 유대교의 율법인 '할라카'를 종교 권위자들이 각기 다르게 해석하기 때문이다. 엄격한 정통파는 뇌사를 죽음의 기준으로 인정하지 않는다. 이슬람교와 불교에서도 뇌사 개념의 타당성에 대한 의견이 분분하다. 반면에 일본에서는 법적으로는 인정하고 있지만, 뇌사 개념(아울러 이식의학)을 전적으로 거부한다. 1968년 일본에서 시도된 최초의 심장이식 수술에서는 기증자의 뇌가 정말로 죽었는지, 이식 직후 사망한 환자에게 정말로 새 심장이 필요했는지를 두고 강한 의구심이 일었다.

디터 T의 죽음 이후의 삶

디터 T는 혼수상태에서 깨어나지 못했고 인공호흡기에 의지해 연명하는 상태가 되었다. 그가 창문에서 추락한 지 16일 만에 나의 소생술은 결국 실패한 것으로 드러났다. 두 명의 신경과 전문의가 각자 독립적으로 검사하여 뇌사 판정을 내렸다. 나중에 그의 집에서 발견된 글은 유서라기보다는 무력한 자기고백이었고, 비참한 육체적 종말만큼이나 가혹하게 들렸다. 그것은 파탄에 이른 삶의 고백이었고, 죽음의 원인을 밝혀주었다.

> 모두에게. 특히 우시에게. 당신은 아직도 돌아오지 않는구려. 미안하오, 우시. 미안하다, 엘케. 더 이상 아무것도 할 수가 없다. 마시는 것조차 할 수가 없어. 어머니한테는 아무 말도 하지 마라. 부탁한다. 나는 이제 지쳤어. 미안하다. 이젠 끝내야 해. 내 심정을 이해하겠니? ―디터 T

디터 T의 마지막 애인으로 보이는 우시는 디터 T가 자살하기 몇 주 전에 그를 떠났다. 이웃 주민들의 진술에 따르면 그가 허구한 날 폭력을 휘둘렀기 때문이다. 우시가 지금 어디에 사는지, 본명이 무엇인지는 알아낼 수가 없었다. 연로한 그의 어머니는 중증 치매에 걸린 상태로 베스트팔렌에 있는 요양원에서 지내고 있었다. 경찰은 남부 독일에 살고 있던 그의 여동생 엘케 T의 소재를 확인했다. 중환자실 의사들은 어머니를 제외하고 유일한 혈육인 그녀에게 수술 직후 전화로 오빠의 상태를 알려주었다. 그녀는 오빠를 면회하기 위한 병원 방문을 단호히 거부했다. 엘케 T는 오빠의 처지에 연민을 느끼기는커녕 오히려 그를 증오하는 듯했다. "제 오빠라고는 하지만 그런 일을 당해도 싼 사람이에요." 중환자실 담당 의사인 R과의 통화에서 그녀가 마지막으로 한 말이었다.

장기 적출에 대한 동의를 받기 위해 뇌사자의 가족을 만나는 일은 의사들에게 매우 어렵고 까다로운 문제였다. R은 엘케 T와의 통화에서는 더 특별한 감정이입 능력이 필요하다는 사실을 알고 있었다. 서로 얼굴을 마주보면서 이야기하는 상황이 아니니 당연했다.

"T 부인, 우리는 최선을 다했지만 부인의 오빠를 구하지 못했습니다. 다행히 그는 자신의 상황에 대해 전혀 모르는 상태였습니다. 부인의 오빠는 몇 시간 전에 죽었습니다. 뇌사를 확인했다는 말씀입니다."

"그래서요? 이제 죽었다는 거예요, 아니라는 거예요?"

R은 잠시 망설이다가 돌려 말하지 않고 그녀의 동의를 구하기로 결심했다.

"부인의 오빠는 분명히 죽었습니다. 뇌가 완전히 죽었으니까요. 하지만 아직 숨을 쉬고 있고 심장이 뛰고 있습니다. 그 때문에 이식을 위해서 장기를 적출하려면 부인의 동의가 필요한 상황입니다."

"그런 문제는 신경 쓰고 싶지 않아요! 날 내버려 두세요! 그 사람은 돈을 갈취하고 욕설을 퍼붓기만 했지 나한테 해준 게 아무것도 없는 인간이에요. 나도 그를 위해서는 아무것도 하고 싶지 않아요. 완전히 잊어버리고 싶다고요. 이해하시겠어요?"

"부인의 심정은 충분히 이해합니다. 하지만 지금도 죽음을 기다리고 있는 환자 한 명, 또는 여러 명을 위해 부인의 동의가 필요합니다. 그들은 부인 오빠의 장기가 없으면 살 수 없는 사람들입니다."

"제 오빠한테 장기기증증명서가 없던가요? 몇 년 전에 그걸 갖고 있다고 말한 적이 있어요. 그거면 충분하지 않나요?"

"안타깝지만 장기기증증명서를 소지하고 있지 않았습니다. 경찰이 집 안에서도 발견하지 못했다고 합니다. 혹시 팩스로 부인의 동의서를 보내주실 수는 없겠습니까?"

엘케 T는 한동안 대답이 없더니 이윽고 말했다.

"좋아요. 의사 선생님 말씀대로 팩스를 보내겠습니다. 그러면 오빠의 실패한 인생도 최소한 누군가에게는 도움이 될 테고, 저는 오빠를 제 기억 속에서 완전히 지워버릴 수 있을 테니까요!"

인간은 언제 죽었다고 할 수 있을까? 육체적인 죽음을 넘어 두 번째 소멸을 겪을 때가 아닐까? 누군가에게 잊힐 때, 그보다 더 고통스럽기로는 어떤 이유에서든 죽은 사람에 대한 기억을 참을 수가 없어서 가장 가까운 사람들이 기억에서 지워버릴 때, 그는 정말로 죽은 것이다. 그날 저녁, 여러 시간에 걸쳐 디터 T의 시신에서 심장과 폐, 이소 골, 각막, 뼈 조직 등이 적출되었다. 간과 췌장은 다년간의 음주로 이식에 적합하지 않았다. 그의 심장과 폐 덕분에 두 사람이 목숨을 건졌고, 한 사람은 시력을 회복했다. 나머지 조직들은 익명으로 장기 은행에 전달되었다.

임종 환자에 대한 인공영양

굶주림과 갈증에 대한 기억

당신 아버지가 굶어 죽기를 바라십니까?

14개월 전 뇌졸중을 일으킨 여든네 살의 프란츠 K는 베를린 남서부의 한 요양원에서 지내고 있다. 병원에 입원해 있는 동안 재활치료를 통해 운동 능력과 언어 능력, 삶에 대한 활력을 되살리려고 애썼지만 소용이 없었다. 의사들과 간호사들이 온갖 노력을 다했지만 결국 간병인이 없으면 아무것도 할 수 없는 상태가 되었다. K 노인은 3개월 전에도 폐렴으로 16일 동안이나 입원해야 했다.

"아버지는 그때부터 급격히 기력을 잃으셨고, 삶에 대한 용기도 잃으셨어요. 더 이상 살고 싶어 하지 않으세요."

그의 딸이 한숨을 쉬며 말했다. 그녀는 한 주일에도 여러 차례 아버지를 찾아왔고, 오후 내내 아버지 곁에서 보내는 날도 많았다. 아버지의 손을 잡고 용기를 북돋우고 책을 읽어주었다.

"정신이 어디 다른 데 가 있는 사람 같을 때가 점점 더 많아졌어요. 말씀도 거의 없으시고, 드시는 것도 눈에 띄게 줄었어요. 그래도 몸무게는 아직 56킬로그램이에요."

요양원에서는 벌써 몇 개월 전부터 칼로리 섭취가 충분하지 않기 때문에 관을 통해 영양을 공급해야 한다고 주장했다.

"질병금고(건강보험공단)의 의료 서비스에서는 체질량 지수가 일정한 수치 아래로 떨어지면 안 된다고 규정하고 있습니다. 우리는 그 수치를 지켜야 하고 규정을 따라야 합니다. 부인 아버님의 경우 그 수치를 지키려면 관영양법을 실시해야만 합니다."

그러나 K 부인은 아버지가 원치 않는다는 이유로 반대했다. 그녀는 인내심과 애정을 갖고 자신이 직접 만들어온 음식을 아버지에게 떠먹였고, 아버지 역시 처음에는 흔쾌히 받아먹었다. 그러나 차츰 음식을 거부하는 일이 잦아졌고, 식욕을 돋운다는 펩신와인도 아무 소용이 없었다. 나중에는 아버지의 입을 벌리게 할 수도 없었다. 그녀의 아버지는 고집 센 아이처럼 입을 꾹 다문 채 딸을 쳐다보지도 않았다. 그녀는 당황해서 어쩔 줄 몰라 하다가 결국에는 30분 동안 귀리죽 몇 숟가락과 차 몇 숟가락을 강제로 입안으로 밀어 넣었다. 그러자 요양원 쪽에서 더 강하게 나왔다.

"K 부인, 부탁입니다. 주치의와 상의해서 인공영양을 위해 즉시 튜브를 삽입해야 합니다. 아버님께서 자발적으로는 아무것도 먹지 않으려 하는 걸 부인도 직접 보시지 않으셨습니까. 게다가 우리는 일손이 부족해서…… 무슨 뜻인지 이해하시겠지요? 아니면 아버지가 굶어 죽기를 바라십니까?"

튜브를 통한 인공영양은 원래 집중 치료를 위한 조치로서 위중한 병 때문에, 또는 수술 후에 자연적인 영양 섭취가 불가능하거나 충분치 않을 때 몸에 필요한 영양소와 수분을 공급하는 방법이다. 원칙적으로 영양을 공급하는 튜브는 얇은 실리콘 관으로서 입이나 코에 연결한다. 또 복벽을 통해 바로 위에 연결하기도 하는데 이를 PEG 튜브라고 한다. 피부를 통해percutaneous 내시경endoscopic을 사용해 위루조성술gastrostomy로 튜브를 삽입하기 때문이다. 1980년에 처음으로 시술되었다. 코에 튜브를 삽입하는 방식은 단기간의 영양 공급에 적합한 반면, 적어도 몇 개월 이상 인공영양을 시행해야 하는 경우에는 PEG 튜브를 삽입한다.

특히 일정한 기간에만 일시적으로 시행되는 치료의 한 방편으로 튜브 영양 공급이 필요한 환자들이 이 방법의 이점을 누릴 수 있다. 가령 뇌졸중을 일으킨 환자에게서 일시적으로 음식물을 삼키지 못하는 장애가 발생했을 때 유용한 방법이다. 병이 위중한 환자들, 가령 두개골과 뇌가 손상되어 오랫동안 인위적인 혼수상태에 있는 중환자들에게도 튜브를 통한 인공영양은 매우 중요하다. 또 자연적인 방법으로 음식물을 섭취하지만 질병 때문에 충분한 양을 먹지 못해서 공복감을 호소하는 환자들, 그리고 루게릭병처럼 심각한 신경 질환으로 음식물을 삼키는 데 지속적으로 어려움을 겪는 환자들에게도 이러한 특별 영양 공급은 매우 유익하다.

그러나 위중한 병의 말기에 있거나 임종에 이른 환자들에게 실시하는 인공적인 영양 공급은 완전히 다른 문제다.

음식물과 수분 섭취는 중요한 생물학적 기능을 수행한다. 나아가 어느 사회에서나 중요한 사회적, 종교적, 상징적 기능을 수행하기도 한다. 우리는 함께 식사하고 술을 마신다. 어머니는 아기에게 젖을 주고 노인이나 병자를 위해 음식을 준비하기도 한다. 그러한 행위를 통해 우리 안에 깊이 뿌리박힌 사회적 · 가족적 연대감과 애정, 책임감을 표현하는 것이다. 따라서 누가 특정한 상황에서 자발적으로, 또는 어쩔 수 없이 음식물 섭취를 거부한다면, 주변 사람들은 당연히 극도로 불안해한다. 특히 생의 말기에 있거나 죽음의 과정이 시작된 사람이 그런 행동을 보이면 주변 사람들은 당황해서 어쩔 줄 모른다.

가족이나 의사들은 그런 상황에 대부분 반사적으로 대응한다. 즉 환자가 스스로 먹을 수 없거나 먹으려 하지 않을 경우 어떤 방법을 동원해서라도 음식을 먹이려 한다. 오늘날엔 복벽에 삽입한 튜브로 음식물과 수분을 인공적으로 공급한다. 상대가 말기 환자나 죽음이 임박한 사람이라고 해서 이 방법을 사용하지 않는다면 우리의 가치 체계를 거부하는 것처럼 보인다. 많은 사람들은 이를 소송의 대상일 뿐 아니라 의학적, 윤리적으로도 변명할 수 없는 일이라고 생각한다. 심지어 가망이 없는 환자나 이미 죽음의 과정이 진행된 사람이어서 생명을 유지하기 위한 조치를 전면 중단한 상태라도 음식물과 수분 공급만은 예외로 취급된다. 어떤 경우에도 사람을 굶어 죽게 하거나 목말라 죽게 해서는 안 된다는 견해가 팽배해 있는 까닭이다.

'굶어 죽다'와 '목말라 죽다'라는 개념이 특히 공분을 불러일으키는 상황은, 가장 보호가 필요한 사람들, 즉 환자들과 노인들이 생명 유지에 필요한 음식물을 더 이상 공급받지 못한다는 인상을 받을 때다. 갈라진 피부, 오랜 영양실조로 인한 부종, 감염, 궤양 형성. 히틀러 시대 집단수용소에서 굶어가던 사람들과 오늘날 기아에 허덕이는 제3세계 어린이들을 통해 우리가 익히 잘 아는 모습이다. 이러한 모습은 넘치도록 풍요한 오늘날 과체중 사회 시민들의 심기를 건드린다.

하지만 이는 고령에 이른 중환자와 임종이 가까운 사람에게 음식물과 수분을 공급하느냐 마느냐 하는 것과는 전혀 별개의 문제다. 음식물과 수분 섭취량 저하는 자연적인 죽음의 과정에 포함되는데 이는 몇 주에서 심지어 몇 개월이 걸릴 수도 있다. 환자는 식욕이 떨어지고, 몸무게가 줄어든다. 음식물과 수분 섭취도 점점 줄어들고, 기력이 떨어지면서 잠을 자는 일이 많아지다가 결국 의식이 몽롱한 상태에 빠져든다. 그러다가 대부분 감염에 의해 곧장 죽음에 이른다.

이러한 생명의 말기 단계는 대개 질병 자체와는 별 관계가 없다. 가령 치매 환자의 경우 말기에 음식물을 삼키지 못할 수 있고, 중증 심부전 환자나 폐기종 환자는 기력 상실이나 장관에 생긴 울혈로 음식물에 거부감을 느껴 오히려 고통이 심해질 수도 있다. 종양 환자들은 식욕을 억제하는 물질의 형성으로 음식을 거부할 수 있다(식욕부진증). 이런 질병들의 말기 단계에서는 언제나 음식물 섭취 감소와 신체의 수분 부족 현상(탈수)이 공통적으로 나타난다.

자연적인 죽음을 맞이하는 대부분의 환자들은 질병의 말기 단계에서는 고통에 시달리지 않는다. 수분 부족은 고통스럽지 않고 불안이나 불쾌감을 수반하지도 않는다. 오히려 자연이 그런 방식으로 진정시키는 작용을 하면서 죽음의 과정에 개입한다는 것을 보여준다. 가령 체지방을 분해할 때 발생하는 케톤 같은 물질, 그리고 칼로리 섭취 감소와 결부된 물질대사의 변화들은 고통을 완화하는 효과가 뛰어난 것으로 알려져 있다. 게다가 수분 부족은 의식을 둔화시키고, 죽음의 단계에서는 불안을 진정시키는 작용도 한다.

말기 환자에게 튜브나 정맥을 통해 인공적으로 영양을 공급하는 행위에는 이를 통해 환자들의 육체적, 정신적 평온을 유지하고 수명을 연장할 수 있으리라는 기대가 깔려 있다. 영국과 스칸디나비아 반도의 나라들, 미국에서 실시한 수많은 연구에서는 이런 전제를 다양한 관점에서 실험했고 그 결과 일반인들은 물론이고 의사들이 시급히 생각을 바꾸어야 한다는 사실이 드러났다.

임종 환자의 인공영양에 대한 연구 결과

1994년 미국의 한 장기 요양원 의료 팀은 수명이 3개월 미만인 종양 환자 서른두 명을 대상으로 인공영양 공급을 중단한 상태에서 배고픔과 갈증의 증세를 환자가 만족할 수 있는 정도로 완화시킬 수 있을지를 두고 1년 동안 연구했다. 연구 결과에 따르면 환자의 3분의 2 이상이 배고픔이나 갈증을 전혀 느끼지 못했고, 3분의 1은 처음에만 공복감에 시달렸다. 무엇보다 놀라운 결과는 자연적인 방법으로 음식물을 소량 제공하고, 수분과 얼음 조각을 조금 주거나 입술 주변을 축축하게만 해주어도 모든 환자가 예외 없이 배고픔과 갈증을 느끼지 않았다는 사실이다.

1997년 미국 워싱턴 주의 한 요양원에서 1,386명의 환자를 대상으로 실행한 연구에서는 튜브를 통해 인공적으로 영양을 공급했거나 자연적으로 영양을 공급한 중증 치매 환자들의 생존 기간을 비교했다. 실험 결과 두 그룹의 생존 기간은 다르지 않은 것으로 밝혀졌다. 이탈리아에서 에이즈 환자와 종양 환자를 대상으로 실시한 동일한 연구에서도 똑같은 결과가 나왔다. 환자들의 수명에 결정적인 영향을 미친 요인은 공급된 수분과 칼로리를 비롯한 영양소의 양이 아니라 죽음을 유발한 질병 자체였다.

이미 1988년에 노인성 질환자를 대상으로 실시한 연구에서는 11개월이 지났을 때 일흔 명의 환자에게서 튜브를 통한 영양 공급의 위험성이 높아지고 합병증이 발생한다는 것을 확인했다. 당시 연구에 참여했던 학자들은 튜브 영양 공급이 상당한 위험을 안고 있으며, 심한 불안 상태 등 원치 않는 부작용을 초래한다는 사실을 밝혀냈다. 그러한 불안 상태는 50퍼센트 이상의 환자에게서 발생해 고착되는 경우가 많았다. 그 밖에도 불안 상태를 일으킨 환자들 중에서는 거의 절반 이상이 스스로 튜브를 떼버렸다. 전체 환자의 약 절반은 튜브로 공급되는 음식물이 위에서 기관으로 역류하면서 폐렴이 발생했다.

1996년에는 한 의료 팀이 중증 치매 환자나 신체 기능 장애가 현저한 환자 마흔여섯 명을 대상으로 튜브를 이용한 영양 공급으로 신체 기능과 영양 상태를 개선할 수 있을지 조사했다.

결과는 암울했다. 환자들 중에서 몸무게가 조금이라도 증가한 사람은 단 한 명도 없었고, 뇌 기능이나 대소변 실금증이 좋아진 환자도 전혀 없었다.

2000년도까지 진행된 연구들 중에서 증세가 상당히 진행된 치매 환자들을 대상으로 튜브 영양 공급이 생존 기간 연장과 폐렴 예방, 욕창 발생 및 다른 후유증에 미치는 영향을 연구한 결과를 분석해보니, 튜브 영양 공급이 중환자들에게 조금이라도 이익을 가져다준 사례는 단 한 건도 찾아볼 수 없었다. 분석 결과를 종합하면 다음과 같다. "튜브 영양 공급을 통해 중증 치매 환자의 전반적인 상태가 호전되지 않았을 뿐 아니라 생존 기간도 연장되지 않았다." 오히려 반대였다. 자연적인 방법으로 영양을 공급받은 환자들에게서는 감염 사례와 다른 심각한 후유증이 훨씬 적게 발생했고, 생존 기간도 더 길었다. 연구자들이 내린 결론은 튜브를 통한 영양 공급 여부를 결정하는 모든 사람에 대한 호소이기도 하다.

"우리는 삶의 동기를 일깨워주는 성실한 영양 공급만이 적절한 치료라고 믿는다. 그럼에도 불구하고 인공영양을 위해 튜브를 삽입해야 한다면, 그러한 결정에 관여하는 모든 사람은 이 조치가 환자들에게 결코 유익하지 않다는 사실을 알아야 한다."

그러면 당사자들은 뭐라고 말할까? 1997년 미국 노인병 전문의 L.A. 오브라이언을 주축으로 구성된 연구 팀은 미국의 마흔아홉 개 요양원에서 생활하는 환자들 중 무작위로 421명을 선발했다. 그런 다음 지속적인 중추신경 질환을 앓고 있으며, 자연적으로는 음식물과 수분을 섭취하지 못하는 경우에 튜브를 통한 인공영양에 찬성하는지 물었다. 환자들 중 3분의 1만이 거기에 찬성한다고 대답했다. 처음에 튜브 영양 공급에 찬성했던 환자들 중에서도 25퍼센트는 경우에 따라 팔다리를 불안하게 떠는 증세가 계속 남을 수 있다는 설명을 들은 뒤에는 생각을 바꾸었다. 환자들에게 튜브 영양 공급을 통해 수명이 더 길어지지 않는다는 사실을 알려주었다면, 그 수치가 더 높아졌으리라는 것이 연구 팀의 견해였다.

PEG: 의학 혁신술 그리고 과소평가된 불행

K 부인은 결국 주치의의 재촉에 굴복해 아버지의 장기에 튜

브를 삽입하는 데 찬성했다. 이는 K 부인과 의사, 요양원 직원들을 안심시키려는 좋은 뜻으로 내린 결정이었지만, 의료상 적절치 않을뿐더러 환자의 뜻에 어긋나기 때문에 명백한 위법 행위였다. K 노인은 복벽을 통해 위로 연결된 튜브로 하루에 세 번 유동식 음식물 0.5리터를 공급받았다. 그후 노인은 갑자기 불안정한 혼미 상태에 빠졌고 결국은 깨어나지 못했다. 종종 기침을 했고, 얼굴이 파랗게 질렸다. 어떤 때는 튜브의 음식물을 입과 코 밖으로 뿜어내야만 했다. 한번은 튜브가 막혀서 병원에 실려간 적도 있었다. 그는 끊임없이 튜브를 제거하려고 애썼다.

막판에는 어쩔 수 없이 강력한 진정제를 처방해야 했다. 아버지의 모습을 점점 견디기 힘들어하던 딸은 병원 방문이 뜸해졌고, 언제부터인가는 완전히 발길을 끊었다. 인공영양을 시작한 지 4개월 반 만에 K 노인은 혼자 죽었다. 몇 주 전부터 의식이 없었고, 등에는 심한 욕창이 생겼으며, 팔다리에 경련성 마비를 일으키는 상태에서 산 채로 침대에 묻혀 지낸 것이다. 그러나 임종에서도 제식은 충분히 치러졌다. 칼로리와 수분을 공급받는 상태로 죽어갔으니 말이다.

처음에 딸은 죽어가는 아버지를 모범적으로 보살폈으나 인공영양 때문에 아버지는 비참하게 죽었고 그 결과 평생 죄책감에 시달리게 되었다.

그러나 K 노인의 슬픈 죽음은 수많은 사례 중 하나에 불과하다. 숱한 사람이 매일, 매년 비슷하거나 똑같은 방식으로 죽어간다. 특히 임종이 가까웠을 때 자신들이 원하는 것을 말할 수 없거나 원치 않는 조치에 저항할 수 없는 노인들과 간병에 의지하는 사람들이 그런 식으로 죽어간다. 그들 중 많은 이들이 고통스럽게 죽어가는 모습은 놀라울 정도로 흡사하다.

그런데 한 가지 주목할 점은, 중환자들과 임종 환자의 가족이 때로는 의사나 간호사, 요양보호사들보다 해야 할 일과 하지 말아야 할 일을 훨씬 더 분명하고 정확하게 판단할 수 있다는 것이다. 의사와 간호사, 요양보호사들은 자신들이 할 일과 가능한 일을 전문적인 안목으로 판단하고, 병원과 요양원은 환자를 확보하려고 서로 경쟁하며 병상을 채우기 위해 노력한다(결코 과소평가할 수 없는 상황이다). 반면에 가족들은 환자의 고통 경감에 중점을 두고 감정이입에 따라 행동한다. "의사 선생님, 이제는 어머니를 중환자실로 옮기지 말아주세요. 지금까지 충분히 고통을 받으셨잖아요." 지금까지의 폭넓은 경험으로 볼 때 동정심과 본능을 따르는 가족들이 의료진보다 환자의 행복을 더 중시한다. 가족들은 가망이 전혀 없는 상태에서는 환자가 편안한 상태로 죽음에 이르기를 바란다.

그 밖에도 특히 임종 시에 참을 수 없게 느껴지는 보건의료 시설의 불균형을 지적하지 않을 수 없다. 한쪽에는 요구를 들어주거나 무언가를 요구하는 의사나 요양원 원장으로 대변되는 기관들이 있고, 다른 쪽에는 부탁하거나 절망적인 경우에 도움을 청하며 죽어가는 사람과 그 가족들이 있다. 처음에 잘 먹지 못하는 아버지에게 음식을 직접 먹여주면서 올바로 행동했던 K 부인은 말재주로나 의학적 식견으로나 당해낼 수 없었던 의사와 요양보호사들의 권위에 굴복했다. 그녀는 혼자였고, '그들을 대적하기는 힘들어'라는 통념에 따라 법적인 도움도 포기했다.

이로써 결정적인 윤리적 · 법적 관점이 등장했다. 튜브 영양 공급이 아버지의 뜻에 어긋난다는 K 부인의 말은 결코 무시해서는 안 되는 주장이었다. 요양원 측에서는 즉시 K 부인과 대화에 나섰어야 했다. 그리하여 튜브 영양 공급을 실행할지 말지를 논할 게 아니라, 환자의 뜻이 무엇이고 그에 따르는 가능성은 무엇인지를 모색해야 했다. 주치의는 이런 대화에 더 심혈을 기울였어야 했다. 주치의와 요양원이 K 부인과 허심탄회하게 대화하지 않은 것은 용서할 수 없는 일인데, 안타깝게도 임상 및 요양 시설에서 죽음을 다루는 전형적인 태도가 바로 이렇다.

순수하게 법적인 관점으로만 보았을 때도 튜브 영양 공급은 실행하지 말았어야 한다. 환자의 뜻이 딸을 통해 신빙성 있게 전달되었고, 환자가 자신의 뜻을 바꾸었다는 점을 내비치지 않았기 때문이다. 이때 환자가 구두로 의사를 표시하지 않았다는 것은 전혀 문제가 안 된다. K 노인의 경우 의사와 요양원 측은 법을 어기면서 환자의 자기결정권을 무시했다. 임종 과정에서는 생명 연장의 의무보다 환자의 자기결정권이 더 중요한데도.

막을 수 있었지만 결국은 비극으로 흘러간, K 노인의 마지막 몇 개월간 일어난 일을 통해 우리는 가망 없는 환자와 가족이 용기를 내야 한다는 점을 깨닫는다. 두려움 없이 단호한 태도로 의사와 간병인들과 대화를 시도하고, 환자가 자신의 의사를 분명하고 상황에 맞게 밝힌 경우에는 환자의 의사에 따를 것을 강력히 요구해야 한다. 필요한 경우 변호사도 동원해야 한다. 도움을 주던 의료진을 고소해야 하는 상황을 꺼리는 심정은 이해하지만, K 노인이 견뎌야 했던 고통스러운 죽음에 직면한다면 그런 거리낌은 충분히 극복할 수 있을 것이다.

간병이 필요한 사람들에게 인공영양을 실시하라는 의사의 처방은 상당히 많은 경우에 환자의 안녕보다는 요양원과 담당 의사, 또는 가족들의 부담을 덜어주는 데 기여한다. 독일의 요양원에서는 현재 간병이 필요한 14만 명이 튜브를 통해 영양을 공급받고 있고,이런 환자들은 매년 8만 명이 늘어날 전망이다. 익히 알려져 있는 요양원의 인력 부족, 부족한 보수 때문에라도 환자들에게 별다른 관심을 쏟지 않는 의료진, 질병금고 의료 서비스의 치밀하지 못한 영양 공급 기준 등 온갖 요인이 뒤섞여 지금까지 언급한 여러 문제를 일으켰다. 의사나 요양원 측이 "PEG 튜브를 삽입해야 합니다. 아니면 당신 아버지가 굶어 죽고 목말라 죽기를 바라십니까?"라고 말할 때, 가족들에게는 대부분 선택의 여지가 없다. 그들은 부담스러운 상황과 동의하지 않을 경우 가족의 죽음에 공동 책임이 있다는 비방을 받을까 두려워 대부분 인공영양에 찬성한다.

영양 공급을 위한 튜브 삽입은 간병이 아니라 치료 목적의 개입이다. 따라서 다른 치료법들과 마찬가지로 환자의 동의가 필요하며 의사의 지시에 따라야 한다. 따라서 환자의 안녕을 위해 내려야 할 (의학적 근거가 명백한) 처방과 함께 환자의 실제 의사, 또는 추정 의사가 반드시 필요하다. 특히 임종에서 믿을 만한 간병 인력이 부족하다는 이유를 들어 대체 행동으로 인공영양을 선택해서는 절대 안 된다.

보통 '플라세보(속임약)'라는 개념으로 더 잘 알려진 대체 행동은 치료에서 널리 퍼져 있지만, 환자와 가족들은 대부분 그런 사실을 알지 못한다. 여기에는 의료진의 의도가 깔려 있다. 플라세보는 항상 '어쨌든 뭐라도 한다'라는 치료 원칙을 따르는데, 때로는 환자의 침상에서 의사들끼리만 알아들을 수 있는 말로 주고받는 경우도 많다.

의사들이 우울증 환자나 임종이 가까운 환자들을 대할 때처럼 병을 치료할 수 있는 가능성이 전혀 없음을 확신할 경우엔 언제나 플라세보 처방이 등장한다.

죽어가는 환자에게 의사들이 지시하는 전형적인 대체 행동은 수액 주사다. 병원에서든 요양원에서든, 또는 집에서든 거의 모든 중환자는 수액 주사를 맞으면서 죽어간다. 그러나 수액 주사가 정말로 필요한 경우는 극히 드물다. 가령 상당량의 진통제가 필요한데 다른 방법으로는 공급할 수 없을 때, 또는 임종이 가까운 극소수 환자들 중에서 다른 식으로는 갈증을 해소할 수 없을 때에 그렇다. 하지만 실제로는 임종이 가까운 환자에게 수액을 공급하는 경우가 대부분이다. 이는 환자와 가족들, 그리고 의사 자신이 가망 없는 상태에서도

'치료 비관주의'에 빠지지 않고 의료상 필요한 행동을 했다며 자위하기 위해서다. 다시 말하면 환자를 포기하지 않고 '치료 행동주의'를 실천했다는 얘긴데, 여기에는 의사와 가족들의 양심을 진정시키는 이점도 있다. 그리하여 관련자들은 죽어가는 사람에 대한 책임감에서 어느 정도 벗어나게 된다. 임종을 맞는 환자에게는 어느 때보다 가족의 친밀함과 애정이 필요한데도 말이다.

이런 의미에서 위험한 수술이나 화학요법을 시작하기 전에 환자들이 읽고 기입해야 하는 설명문도 플라세보에 속한다. 오늘날 법적으로 규정된 치료 설명문은 의사들에게 시간을 덜어주는 부수적 효과뿐 아니라 덤으로 위중한 병에 걸렸거나 가망이 없는 환자들에게 거리를 두는 효과를 주는 경우가 많다. 의사는 환자에게 이렇게 말한다. "설명문을 다 읽어본 뒤에도 궁금한 점이 있으면 말씀하세요. 기꺼이 대답해드리겠습니다." 그러나 겉으로는 퍽 친절하게 들리는 이러한 요구에는 속임수가 깔려 있다. 상냥하게 들리는 그 말의 실제 뜻은 이렇다. "원래 이 설명문에는 당신에게 필요한 모든 정보가 담겨 있습니다. 나는 너무 바쁜 사람이니까 질문은 하지 않았으면 좋겠습니다."

때로는 의사들도 죽어가는 환자 가족들의 이런저런 요구들 때문에 갈등을 일으키기도 한다. 하지만 그런 경우라도 환자의 안녕을 최우선해야 한다는 점을 결코 잊어서는 안 될 것이다. 치료를 담당한 의사는 환자의 임종이 가까웠거나 죽음의 과정이 이미 시작되었는데도 인공영양을 요구하며 불안에 떠는 가족들에게 튜브 삽입에 반대한다는 뜻을 분명히 밝혀야 한다. 또 죽어가는 환자가 배고픔과 갈증을 표현하지 않는 한 그것이 자연스럽게 해소될 수 있다는 점을 가족들에게 알려야 한다. 나아가 임종 환자가 음식물과 수분 섭취를 포기하는 것은 자연스러운 죽음의 과정에 속할 뿐 아니라 이제는 가족들이 환자 곁을 지키는 것이 더 중요하다는 사실을 알려야 한다.

치료를 담당한 의사가 튜브 삽입을 결정할 경우, 그는 보통 환자를 소화기내과 의사에게 넘긴다. 소화기내과 의사는 특히 가망이 없거나 임종이 가까운 환자에게 튜브를 삽입하는 일이 타당한가를 스스로 판단해야 한다. 그래서 만일 환자를 넘긴 동료 의사와 다른 결론에 도달했다면, 즉시 동료 의사와 환자 가족들과 의논해야 한다.

많은 요양원에서 환자와 환자의 욕구와는 전혀 상관없이 인력이 부족하거나 시간이 부족하다는 이유로 튜브를 설치하는데 이는 결코 정당화될 수 없다. 물론 요양원 환자들에게 음식물을 먹이고, 임종이 가까운 사람의 배고픔과 갈증을 해소하려면 많은 시간과 노력이 필요하다. 요양보호사들에게는 상당히 부담스러운 일이기도 하다. 그럼에도 불구하고 기술이 아닌 사람의 손으로 우리 사회에서 가장 약한 이들의 배고픔과 갈증을 해소해주는 일 또한 자칭 인간적이고 문명화된 사회를 평가하는 리트머스 시험지다.

모든 의학적 혁신과 새로운 의약품 및 치료법은 처음에는 좋지도 나쁘지도 않고 불필요해서 이용하지 않아도 되는 경우가 종종 있다.

좋은 방법이 이미 있기 때문이다. 따라서 이것은 많은 경우 생산자들에게만 유익하고 보건의료 시설의 비용을 높이는 사이비 혁신이다. 기존 약품에 비해 나은 점이 전혀 없는 약품을 시장에 내놓을 때 제약회사들이 언제나 들고 나오는 구호가 바로 '혁신'이다. 그것을 평가하는 결정적인 요소는 다음과 같다. 새로운 수단은 기존 가능성과 비교할 때 환자들에게 유익한가? 그것의 도입은 발생 가능한 위험과 부작용을 정당화하나? 필요한 자원은 점점 빠듯해지지만 요구는 더욱더 높아지는 현재의 시스템에서는 비용 문제도 고려해야 한다.

PEG 튜브의 경우에도 상황은 비슷하다. 앞에서 언급했듯이 PEG 튜브는 특정한 질환이 있는 환자들에게 유익한 의학적 치료법이다. 그런데 많은 경우 음식을 먹일 수 있어서 인공적인 영양 공급이 아무 의미가 없는 환자들, 주로 요양원에 있는 환자들에게 적용되고 있다. 환자에게 오히려 해가 되기도 하고, 심지어 인간의 존엄을 해치는 일일 수도 있는데 말이다. 그런 의미에서 PEG 튜브는 의학 역사상 어떤 혁신보다 환자에게 축복보다는 불행을 안겼고 앞으로도 그럴 것이다.

이는 임종 환자의 연명 조치 중단을 둘러싼 수많은 법정 소송에서 거의 언제나 PEG 튜브를 통한 인공영양의 중단 결정이 주요 쟁점이 된다는 점에서도 분명하다. 특히 회복이 불가능한 환자가 사전에 인공영양과 관련해 서면으로나 구두로 자신의 의사를 분명히 밝혔을 때 그러하다. 독일에서 최고 법원의 판결을 위해 제출된 논쟁적인 사례들은 지금까지는 거의 예외 없이 인공영양을 중단하라는 연방최고 재판소의 판결을 따랐다.

간병을 받으면서도 비참한 죽음을 맞는 노약자들

"흙빛으로 갈라진 피부, 머릿니, 뒤통수에 오래된 딱지, 속눈썹 사이에 고름 덩어리, 구강 점막에 아구창, 부러진 의치, 오른쪽 어깨에 손바닥 크기의 피멍, 왼쪽 허벅지 안쪽에 급격히 진행된 중복감염성 대상포진, 생식기 외부에 광범위하게 퍼진 곰팡이균, 현저한 수분 결핍, 전체 근육 조직의 심각한 위축, 모든 사지 수축, 수축 혈압 60, 의사소통 불능."

대도시에 있는 병원의 응급처치실에 근무하는 여의사 L은 방금 응급대원들이 데려온 환자의 임상 상태를 능숙하게, 그러나 적잖이 당황해하면서 기록했다. 미동도 없이 들것에 누워 있는 환자는 일흔아홉 살 노파 알마 S였다. 간호사 두 명이 들것에 누운 환자의 몸을 조심스럽게 옆으로 돌리자 실로 처참한 상태가 드러났다. 요추에서 오금까지 궤양이 퍼져 있었고, 여러 개의 척추뼈가 드러나 있었다. 진단은 썩은 고름이 광범하게 퍼진 욕창이었다. 패혈증 말기 상태였고, 처방은 M이었다.

M은 모르핀을 말한다. 알마 S 부인에게는 모르핀이 최후의 처방이었다. 양피지처럼 얇은 피부와 연약한 혈관에도 불구하고 침제 주입에 쓰일 바늘이 문제없이 들어가자 여의사 L은 그나마 안심했다. 그러나 알마 S 부인은 더 이상 의식이 없었고 들리지 않을 만큼 낮은 소리로 신음을 내뱉고 있었다. 그 상태로 초만원 상태인 입원 대기실로 옮겨졌다. 두 시간 후 그녀의 혈압은 더 이상 측정되지 않았다. 알마 S 부인은 그렇게 병원에 들어온 날 저녁 창문도 없는 방에서 혼자 죽었다. 아무도 없이.

"27호에 사망 환자 한 명. 최대한 빨리 옮겨주세요. 오늘 들어온 다른 환자들을 위해 당장 병실이 필요하거든요."

병실 간호사는 환자를 운반하는 직원에게 부탁했다.

그로부터 30분 뒤 알마 S 부인의 시신은 병원에 딸린 병리학 연구소 냉동실로 옮겨졌다.

연금생활자이던 알마 S 부인은 8개월 전에 뇌졸중을 일으켜 오른쪽 몸이 마비되었는데, 재활 치료를 받은 뒤에도 증세가 호전되지 않았다. 부인과 한집에서 살던 아들은 실업자에 음주벽이 있었고, 어머니를 부양하는 대가로 간병보험에서 매달 800유로를 받았다. 그러나 간병보험에서든 사회복지 기관에서든 아들이 어머니를 제대로 돌보고 있는지 감독한 사람은 아무도 없었다. 그러니 어머니의 건강 상태를 확인하지 않았다는 것도 자명했다. 나중에 알마 S 부인의 주치의에게 전화로 문의했더니 자기 환자에 별 관심이 없었던 이 사람은 4개월 전에 부인을 방문했을 때만 해도 "모든게 아직은 정상"이었다고 말했다. 그 후에는 부인을 방문한 적이 한 번도 없었는데, 부인의 아들이 연락을 하지 않았기 때문이라고 했다. 그러면서 부인을 담당했던 여의사 L에게 이렇게 말했다.

"제 입장을 이해하시리라 믿지만, 환자의 집을 방문할 때 질병금고에서 지급하는 돈은 14유로입니다. 주차할 곳을 찾아 돌아다니는 시간만 생각해도…… 그걸로는 아무것도 할 수가 없습니다."

응급실 의사가 발행한 사망진단서에는 "자연사"라고 적혀 있었다. "A41.9: 패혈증(감염에 의한 패혈증)" 하지만 과연 자연사였을까? 알마 S 부인이 자연적으로 발생한 중증 혈관 질환을 앓았고, 결국 뇌졸중에 이르렀다는 점은 분명하다. 그러나 뇌졸중은 결코 사인이 아니었다. 사인은 욕창이었고 부인은 치료를 받지 못한 채 방치돼 있었다. 간병을 받지 못해서 생긴 욕창이 모든 장기로 전염된 패혈증의 원인이 되었던 것이다. 따라서 사인은 명백히 자연사가 아니었다. 생각할 수 있는 모든 질병을 규정해 숫자 코드로 나타낸 '국제 질병 분류 번호 10차 개정(ICD 10)'에 따라 알마 S 부인의 죽음을 야기한 원인은 "T 74.0: 방임 또는 방치"라고 해야 한다. "T 74"는 '학대 증후군'에 해당하는 진단이다.

알마 S 부인의 죽음은 극히 예외적이고 극단적인 사례일 수 있지만 우리 사회로서는 특히 수치스럽게 생각해야 할 사건이다. 보살핌이 필요한 사람들이 가족과 간병인, 의료진의 무관심과 소홀함 때문에 비참한 죽음을 맞는 일이 우리네 병원에서 일상적으로 벌어지고 있기 때문이다.

간병 위기는 예나 지금이나 우리 사회가 깊이 부끄러워해야 할 문제다. 적지 않은 요양원들이 심각한 위기에 처해 있다. 가령 독일의 한 대도시에서는 336곳의 요양원에 2만 8,000명이 수용돼 있었는데, 그중 열여덟 곳이 질병금고의 의료 서비스 당국이 적발한 심각한 폐해 사례로 몇 년 전에 문을 닫았다. 환자를 제대로 돌보지 않았고, 간병 인력의 자격이 부족했으며, 위생 상태가 극히 불량했던 것이다.

2004년에 수많은 요양원들을 조사한 결과 요양원에 수용된 노약자들의 4분의 3이 말상대가 전혀 없었다. 거의 절반에 가까운 사람들이 충분한 양의 수분을 공급받지 못했고, 딱딱한 음식을 먹을 수 있는데도 죽이 식단에 올랐다. 그러니 오락거리가 제공될 리는 만무했다.

제대로 보살핌을 받지 못해서 병원에 입원하는 사람의 수가 얼마나 많은지는 아무도 모른다. 질병금고가 가입자들의 보험료를 관리하는 진정한 신탁 관리인이라면 그런 연구 결과에 적극적으로 관심을 기울여야 하지만 아무도 신경을 쓰지 않는다. 보건 정책과 간병보험의 관료주의는 우리 사회 노약자들의 육체적 · 정신적 건강 상태를 보여주는 딱딱한 수치보다는 우매한 무지 속에서 더 편안하게 돌아간다. 그러한 수치가 만성적으로 덜거덕거리는 우리의 보건의료 시설 전반의 실태를 뚜렷하게 드러내줄 텐데 말이다. 질병금고는 그동안 불필요한 심장 카테터 조사, 뢴트겐 촬영, 약효가 불분명한 비싼 의약품 등에는 천문학적인 액수를 지불해온 반면, 치매 환자나 의지할 데 없는 파킨슨병 환자들을 돌보는 데는 비용을 아껴왔던 것이다.

독일 질병금고의 의료 서비스 등급에 따르면 의지할 데 없는 상태는 병원 치료가 필요하지 않다. 그렇다면 밤에 잠옷 바람으로 헤매다 순찰대에 발견되었지만 어디로 가야 할지 모르는 여든두 살의 무연고 노인은 어찌해야 할까? 다음 날 아침 병원 침대에서 아침을 먹는 노인에게서 전날의 혼란 상태는 전혀 보이지 않았다. 사람들이 곁에 있고 말상대가 있어서였을까? 의지할 데 없는 상태는 매우 심각하고 위험한 상태이며, 세계적으로 유명한 의학 저널인 『뉴잉글랜드 저널 오브 메디슨』에서도 명백한 의학적 응급 사태에 해당한다고 했다. "의지할 데 없는 상태는 진지하게 받아들여야 할 의학적 응급 사태다."

질병과 외로움은 점점 더 많은 노인들에게 심각한 영향을 미친다.

가난, 사회적 고립, 배우자 상실, 우울증, 영양부족, 기력 감퇴, 소홀해지는 위생 상태는 신체적 고통과 결합해 무언의 캄캄한 절망으로 이어진다. 그러다가 완전히 무기력한 상태로 죽음만을 기다리게 된다.

"제발, 주사 좀 놔주세요!"

일흔네 살의 쿠르트 W 노인이 응급 의사인 나에게 힘없이 던진 말이다. 나는 쿠르트 씨의 이웃집 할머니의 신고로 출동했다. 몸무게가 40킬로그램도 안 돼 보이는 쇠약한 노인이 그르렁거리는 소리를 내면서 침대 모서리에 앉아 있었다. 왼쪽 입언저리에서 피가 흘렀고, 핏자국은 쓰레기가 썩고 있는 부엌의 개수대 앞까지 이어져 있었다. 집 안에서는 썩은 냄새가 진동했고, 커튼이 쳐진 채로 불은 꺼져 있었다.

"저 양반은 벌써 오래전부터 살고 싶어 하지 않았어요. 딸들은 외국에서 살고 있고, 간병인들은 저 양반이 집 안으로 들여보내질 않았다우."

층계참에 서 있던 이웃집 할머니가 지팡이에 기댄 채 가쁜 숨을 몰아쉬면서 설명했다. 마음 같아서는 그 할머니까지 병원으로 데려가고 싶었다.

노인은 집을 떠나려 하지 않았다. 하지만 병원 이송을 거부하기에는 몸이 너무 약해진 상태였다. 나는 응급차 안에서 노인의 코를 조심스럽게 닦은 뒤 산소주입기를 연결했다.

"우리 집 열쇠는……"

그것이 노인의 마지막 말이었다. 갑작스럽게 터져 나오는 힘없는 기침에 노인의 몸이 심하게 흔들렸다. 노인의 얼굴이 새파랗게 질리더니 입에서 한꺼번에 피가 쏟아져 나왔다. 노인은 결국 병원으로 이송되는 응급차 안에서 숨을 거두었다. 부검 결과 폐결핵이었다. 가난과 비참함의 질병.

간병 서비스 시설 직원들은 그의 집 안으로 들어가려고 시도하다가 세 번이나 퇴짜를 맞자 포기하고 주치의에게 연락했다. 주치의는 환자를 보지도 않은 채 병원에 입원하라고 권고했지만 노인은 그마저 거부했다. 주치의는 애매한 이유를 들어 사회심리 상담센터와 후견 법원을 통해 보호자를 세우는 일도 하지 않았다.

많은 노인들이 "더 이상 아무것도 원하지 않는다"라고 말한다. 그들의 분노는 말이 없다. 그들은 음식을 거부하고, 약을 화장실에 버리고, 공격적으로 변하거나 무관심해진다. 자신들을 배제한 세상에 마지막으로 호소하고 주장하는 수단으로 수동적인 저항을 택하는 것이다. 아직 그럴 힘이 남아 있는 노인들은 극단적인 방법을 선택한다. 약을 먹지 않고 모았다가 한꺼번에 삼키는 것이다. 몇몇은 성공하지만 대부분은 나중에 쓰러진 채로 발견된다. 그러면 중환자실로 실려 가고, 위세척과 인공호흡, 투석, 정신의약품 처방이 뒤따른다. 종착지는 노인정신병이다. 그는 좌절한 채 여생을 몽롱한 의식으로 살아가야 할 운명에 처한다.

그럼에도 우리는 이런 목숨까지 구하기 위해 갖은 노력을 다했기 때문에 누구도 비난해서는 안 된다고 말한다. 스스로 문명화된 사회의 일원임을 자처하는 우리 중환자실 의사들은 양심에 꺼릴 것이 없다면서 손을 씻는다.

간병이 시급했던 쿠르트 F씨의 경우에도 그의 건강을 책임져야 할 모든 사람이 양심에 거리낌이 없었다. 게다가 법원의 무죄판결까지 받았다.

응급차가 한 요양원에서 남자 환자를 병원으로 데려왔는데, 그는 베를린의 요양원이 아니라 극심한 기아에 시달리는 지역에서 온 사람처럼 보였다. 극도로 야위고 황폐해진 모습이 얼마나 비참했던지 그리 예민하지 않은 응급실 간호사와 남자 간호사 몇 명이 눈물까지 흘릴 정도였다.

예순네 살 된 깡마른 환자와 의사소통을 하기란 불가능했다. 이렇게 야윈 몸에도 근육이 있었나 싶을 지경이었다. 위쪽 골반뼈가 얼마나 뾰족하게 튀어나와 있던지 피부를 뚫고 나올 것처럼 위태로웠다. 그의 혀는 몇 년 동안 말라버린 강바닥 같았다. 심각한 수분 부족에다 입안을 청소하지 않아서 혓바닥이 갈라졌고, 설태가 잔뜩 끼었으며, 구강 점막에 궤양이 있었다. 왼쪽 손의 엄지와 검지 사이에 깊은 궤양이 있었는데 손가락 인대까지 드러나 있었다. 꼬리뼈 위로 손바닥 크기의 욕창이 있었고, 왼쪽 서혜부와 고환 주변에서는 주먹 만한 크기의 농양에서 고름이 흘러나오고 있었다. 혈압은 거의 측정되지 않았다. 검사 결과는 예상대로 온몸으로 퍼져나간 고환 농양에 의한 순환 장애였다.

쿠르트 F씨는 병원의 내과 병동으로 옮겨져 항생제 치료를 받고 충분한 수분을 공급받았지만 결국 며칠 후에 사망했다. 그를 보러 온 가족이나 친지, 친구는 전혀 없었다. 그를 돌보던 요양원 직원들이나 간병인, 또는 주치의 중에서 전화로 그의 상태를 문의하는 사람도 없었다. 아무도 그의 죽음을 아쉬워하지 않았다. 반대로 그의 건강을 책임지던 사람들은 그처럼 '까다로운' 환자를 마침내 병원에서 처리하게 되었다는 사실이 기쁜 듯했다. 그는 우리네 사회복지국가의 혜택을 받았지만, 병으로 인해 주변 사람들의 공동체에서 철저히 배척당했다.

쿠르트 F씨가 돌보기 어려운 환자였다는 점은 분명하다. 그는 다년간의 무분별한 음주로 발생한, '기질성 뇌증후군'의 일종인 일명 '코르사코프 증후군'을 앓고 있었다. 그로 인해 치료와 간병에 매우 비협조적이었다. 그러나 환자의 판단력이 현저히 제한된 상태였기에, 그런 태도를 이유로 환자를 '생명이 위험한 지경에 이르도록' 방치한다는 것은 말도 안 되는 일이었다. 이는 그를 치료한 의사들의 공통된 견해였다. 그의 죽음은 명백히 치료와 간병을 소홀히 한 결과였다. 그가 죽은 직후 병원에서는 부상을 입은 환자가 도움을 받지 못해서 결국 죽음에 이르렀다는 의구심이 컸던 까닭에 요양원과 주치의를 고소했다.

네 명의 검사가 '쿠르트 F 사건'을 검토하는 동안 거의 2년 반이라는 시간이 지나버렸다. 그러다가 2005년 가을 마침내 한 젊은 여검사가 사건을 맡았고, 2006년 1월에 여론의 비상한 관심 속에서 요양원 책임자와 간병인, 주치의에 대한 소송이 시작되었다. 며칠 동안 이어진 심리 끝에 판결이 내려졌다. 주치의 무죄, 요양원 간병 책임자 무죄였다. 관리 체계에서 가장 약한 고리인, 환자들의 주거 담당 여직원 하나만 20일치 벌금에 해당하는 40유로의 벌금형을 선고받았다. 쿠르트 F씨에게 충분한 수분을 공급하지 않았다는 이유로.

원래 병원 측에서 소송을 제기한 일차 목표는 쿠르트 F씨를 담당했던 이들의 개인적인 책임을 물으려는 게 아니었다. 그보다는 요양원 환자들의 간병 체계 전반에 내재한 구조적인 결함을 공론화하려 했다. 명백한 오심임에 분명한 그날의 판결은 아이들과 함께 우리 사회에서 가장 약하고 상처입기 쉬운 구성원들의 얼굴을 후려갈긴 것이나 다름없었다. 소송 결과에 결정적인 영향을 미치는 법의학자는 보호자들과 간병인들, 또는 의사의 책임을 명백히 증명할 수 없다는 결론을 내렸다. 그야말로 어처구니없는 결론이었다. 다만 결국 죽음으로 이어진 순환 장애를 초래한 농양의 경우 환자를 성실하게 보살폈다면 제때 발견해 치료할 수 있었다는 점에는 이론의 여지가 없었다. 따라서 법의학 소견과 거기에 토대를 둔 법원의 판결과는 달리 쿠르트 F씨의 죽음은 결코 불가피한 결과가 아니었다.

쿠르트 F씨처럼 방치되는 사태가 그리 흔하진 않지만 그렇다고 그런 죽음이 특수한 사례도 아니다. 노약자와 만성 질환자들이 보호자들과 간병인들에 의존해 살아가거나 여생을 요양원이나 양로원에서 보낼 때, 그들은 실제로 얼마나 제대로 보살핌을 받고 있는지를 감독하는 세상의 눈에서 멀리 벗어나 있다. 간병이 필요한 사람들과 늙고 가난한 이들이 오로지 사회적 고립으로 인한 황폐한 환경 때문에 응급실로 실려 오는 것은 아니다. 병원으로 실려 오는 응급 환자들의 실상을 보면, 외래 요양 및 입원 치료를 담당하는 시설들의 중대한 결함과 태만이 드러날 때가 많다.

말상대와 사회적 접촉 부족으로 인한 우울증, 영양 결핍, 오로지 조용히 있게 하는 것이 목적인 부적절한 정신의약품 투여, 고혈압제나 탈수제 과용, 또는 잘못된 처방으로 심지어 의식불명에 이르는 순환 장애, 음식을 삼킬 수 있는 상황에서도 실시하는 인공영양 공급, 능히 소변을 볼 수 있는데도 방광 카테터를 삽입해서 발생하는 요도염. 독일 병원에 입원하는 환자들 가운데 상당수가 이런 상황에 처해 있다. 병원 입장에서는 결코 달갑지 않은 사례들인데, 이들 중 적지 않은 환자들이 입원을 피할 수 있었을 것이다. 지금까지 간병 부족과 주치의의 소홀로 비롯된 불필요한 입원 치료비가 독일 병원의 전체 입원 치료비에서 차지하는 비율이 어느 정도인지를 조사한 연구는 한 번도 실시된 적이 없었다. 국민보건 시설의 재정이 점점 빠듯해지는 현실에서 질병금고들이 그 무엇보다 시급히 관심을 기울여야 할 문제가 아닐까?

"그 사람은 더 이상 살고 싶어 하지 않았어요!" "그 할머니는 항상 모든 것을 거부했어요." 간병인이나 요양원 책임자는 열악한 간병 상태나 거기서 비롯되었을 것으로 추정되는 병의 원인을 알고 싶어 하는 의사에게 그렇게 말한다. 하지만 그런 말은 진상을 은폐하려는 변명으로 들린다. 더 이상 살고 싶어 하지 않거나 모든 것을 거부하는 데는 여러 이유가 있을 수 있다. 물론 그런 진술이 환자의 진심일 수도 있다. 그렇다 해도 눈에 띄는 심리적 위축 속에서 심각한 질병이나 생명이 위태로운 상태가 드러난다면, 환자의 말을 흘려듣지 말고 그 원인을 조사해야 한다. 다시 말하면 보건위생국과 연계된 사회정신의학 상담 서비스를 제공해야 한다. 하지만 그런 예는 거의 찾아볼 수 없는 실정이고, 쿠르트 F씨의 경우에도 마찬가지였다.

요양원에서 지내던 이 환자의 질환과 죽음은 간병이 필요한 노인들의 비참한 실상을 뚜렷하게 드러냈다. 쿠르트 F씨 사건에 대한 법원 판결은 요양원이라는 시설이 자칭 문명화된 사회가 그 사회의 가장 약한 구성원들에게 제공하는 안전하고 든든한 공간이 결코 아니라는 사실을 다시 한 번 일깨웠다. 15년 동안 응급 의사로 일하면서 수많은 요양원들의 내부 상황을 보아온 필자의 경험에 비추어 몇몇 요양원은 점점 더 법적인 규제를 받지 않는 공간으로, 그야말로 공포의 산실로 전락하고 있다. 그것도 검사들과 판사들의 축복 속에서.

물론 질 좋은 간병 서비스를 제공하고 환자들의 요구를 만족시키는 요양원들도 적지 않다. 그러나 2007년 질병금고 의료 서비스 분야의 보고서에 따르면 다음과 같은 사실이 밝혀졌다. 요양원에서 간병이 필요한 세 명 중 한 명이 먹을 것과 마실 것을 충분히 제공받지 못할 뿐 아니라, 병상에 누워 지내는 요양원 환자 세 명 중 한 명이 일손 부족으로 계속 한자리에만 누워 지내는 실정이다. 간병이 필요한 사람 중 15퍼센트가 적절한 간병을 받지 못하고, 치매 환자의 30퍼센트 이상이 충분한 보살핌을 받지 못한다. 대부분 소극적인 간병을 받고 있으며, 잘 훈련된 간병인들의 수가 턱없이 부족하다.

이런 실상을 감안한다면 앞서 언급했던 쿠르트 F씨나 그와 유사한 사례들을 더 이상 예외로만 치부할 수는 없을 것이다. 또한 질병금고가 한결같이 주장하는 '간병 서비스 조직의 잘못'으로만 책임을 돌릴 수도 없다. 한쪽에는 완치 의학과 급성질환 치료 의학이 있고, 다른 쪽에는 완화의학과 만성질환, 노인 간병이 있다. 이 사이에서 발생하는 재정 분배의 뚜렷한 불균형이야말로 이런 사태의 주요 원인이라 할 수 있다. 이 불균형은 젊음에 대한 열광과 노인 없는 세상에 대한 숭배에 빠진 정치적 · 사회적 실상을 드러내는 표현이기도 하다. 노인들은 간병에 의존하지 않고 소비자로서 관심의 대상이 되는 동안에만 존경과 관심을 받는다. 반면 간병이 필요한 상태가 되면 즉시 비용을 야기하는 요인으로만 취급된다. 헌신적인 보살핌으로 노인들의 운명을 인간답게 돌보려 애쓰는 노인 간병인들도 비용 인자로만 취급될 따름이다.

요양원들은 대부분 죽음을 예감케 하는 장소로 비친다. 우선 건물부터가 상당히 낙후돼 있다. 복도를 밝히는 전등 안에는 파리들이 잔뜩 죽어 있고, 한쪽 구석에는 식물이 죄다 시들어버린 화분들이 놓여 있다. 건물 안에서는 소변과 다른 분비물 냄새와 섞인 강한 소독약 냄새가 난다. 요양원 거주자들이 사는 방들은 스파르타식으로 엄격하고 간소하게 꾸며져 있다. 지나치게 큰 텔레비전은 방의 가구들을 압도한다. 바퀴가 달리고 다리가 긴 침대 두 개가 놓여 있고, 플라스틱 책상 하나와 플라스틱 의자 두 개, 병영의 간이 옷장처럼 생긴 옷장 하나가 있다. 침받이통이 달린 세면대가 하나 있고, 두툼한 커튼 뒤 창문턱 위에는 조화 화분이 놓여 있다. 생기라고는 눈곱만큼도 없는 분위기를 이보다 더 완벽하게 재현할 수는 없을 것이다.

18.5제곱미터의 크기가 삶의 종착역으로 다가가고 있는 두 사람에게 할당된 공간이다. 그들이 무엇을 좋아하고 싫어하는지 아무도 묻지 않았고, 그런 공간을 서로 나누고 싶어 하는지조차 알려 하지 않았다. 그들은 여기서 말년을 보내고, 나누고, 여기서 죽어야 하는 사람들인데도 말이다.

그런 폐해는 단순히 육체적인 간병과 관심 부족을 넘어 훨씬 깊은 곳에까지 미친다. 바로 간병이 필요한 사람들을 무의식적으로 사회에서 배제하는 것으로, 이는 그들을 무시하고 차별하는 '요양원 수용자'라는 개념에서 잘 드러난다. 또 이미 오래전부터 우리의 헌법이 모든 인간에게 보장한 인간의 존엄과 인권에도 영향을 미친다.

요양원의 몇 가지 규정은 자기결정권을 존중하기보다는 안전을 핑계로 거주민들의 이동의 자유와 사회적 접촉을 현저히 제한한다. 이것만 보아도 인간의 존엄과 인권이 제대로 지켜지지 않는다는 점을 알 수 있다. 가령 몇몇 요양원에서는 자신의 방을 원하는 대로 꾸미고 싶어 하는 거주민들의 자유를 수많은 의무 조항을 들어 침해한다. 세 끼 식사는 정해진 시간에만 제공되고, 저녁 8시 이후에는 아무도 요양원 밖으로 나가면 안 된다. 효과적인 감독을 위해 타인에게 의존해야 하는 노인들의 사회적 죽음을 감수하는 것이다.

간병이 필요한 사람들을 침대에 묶거나 정신의약품을 투여해 진정시키는 행위는 인권을 침해한다. 그들이 스스로 음식을 먹기 어렵거나 불가능해졌을 때, 가족들에게 PEG 튜브를 통한 영양 공급에 동의할 것을 강요하는 요양원의 비공식 계약서도 인권 위반이다. 가족들이 거기에 서명하지 않으면 요양원에서는 환자 수용을 거부한다. 요양원 근무자들의 믿을 만한 보고에 따르면, 감독 기관인 질병금고의 의료 서비스 기관도 그런 조처를 최소한 반대하지는 않는다. 심지어 몇몇 요양원 직원들은 자연적인 음식물 섭취에 문제가 생겼을 때 환자 가족에게 PEG 튜브 시술 수용을 요구하라는, 의료 서비스 기관의 비공식 지시가 내려왔다고도 주장한다.

질병금고의 의료 서비스 기관은 2004년 독일의 간병 서비스 상태를 조사한 연구서에서 "다수의 연구 사례에서 적절한 수준의 간병이 행해졌다"라는 자기만족에 취한 이해할 수 없는 결론을 끌어내 간병 서비스의 실상을 간과하게 했다. 그러나 간병 서비스에서 심각한 결함을 발견한 독일사회복지협회와 2001년 연방의회의 주도로 설립된 독일인권연구소는 전혀 다른 결론에 도달했다.

독일인권연구소가 한 감정서에서 밝힌 조심스러운 예측에 따르면, 2003년 외래 환자나 입원 환자 가운데 간병이 필요한 상태로 인정된 97만 명 중에서 38만 4,000명이 충분한 영양과 수분을 공급받지 못했다. 44만 명은 욕창 예방 관리를 충분히 받지 못했고, 21만 2,000명은 대소변 실금 관리를 제대로 받지 못해서 고통을 겪었다. 또 40만 명은 본인의 동의와 위기 상황임을 증명하는 정당한 근거도 없이, 또는 법원의 허가도 없이 매일 자유를 제한하는 조치들을 강요당했다. 독일인권연구소는 이렇게 결론을 내렸다. "독일의 노인 간병에는…… 인권을 침해하는 구조적 결함이 존재한다. 그러한 결함이 간병이 필요한 사람들의 가장 기본적인 생활에 영향을 끼치고, 그로 인해 상당수 독일인의 삶이 심각한 피해를 입었기 때문이다. 우리는 누구에게나 차별 없고 인간의 품위에 맞는 기본적인 부양을 아직 전면적으로 보장하지 못하고 있다."

이런 불행한 추세에 대처하려면 개인이나 사회나 노년과 간병의 필요성, 생의 말기에 대한 자기 이해에서 깊은 사고의 전환이 요구된다. 요양원 제도는 20세기 사회복지 정책의 유물이다. 하지만 독일인의 20퍼센트만이 자발적으로 요양원에서 살고 싶어 하는 현실을 생각할 때 이제는 중단되어야 한다. 그 대안으로 전 세대를 아우르는 생활 원조 제도와 주거 형태를 장려하고 만들어내야 한다. 몇 년 전 독일 개혁주의 정신과 의사 클라우스 되르너가 지침이 될 만한 구상을 발전시켰다. 그는 요양원들이 "도저히 참을 수 없는 장소"로 변하고 있으며, 특히 급속도로 증가하는 치매 환자들의 관리를 감당하지 못할 것이라고 했다. 따라서 비용을 감안해서라도 주거 공동체와 이웃 간 상호부조 정신을 되살리고 장려할 필요가 있다고 말했다. 그 제도는 스칸디나비아 반도 국가들에서는 이미 오래전부터 모범적으로 시행되고 있지만, 독일에서는 이제 태동 단계에 있다.

되르너의 구상은 상상력이 넘치고 혁신적일 뿐 아니라 책임분담의 원칙을 따른다. "현재 24시간 간병이 필요한 주민 40만 명이 요양원에 수용되어 있다. 그 인원을 전체 주민 수로 나누면, 치매 노인 8명으로 구성된 외래 주거공동체 하나를 주민 1,600명이 담당하게 될 것이다. 그러면 문제를 구체적으로 경험하고 해결할 수 있다…… 몇 가지 입법 수단을 통해 젊은이와 노인이 거주하는 주거 공동체를 마련할 수 있고, 주택을 융통성 있게 개조하고, 간병 시설을 계획할 수 있을 것이다. 공적 자금을 지원받는 사람은 도움이 필요한 이들을 위한 집을 짓도록 해야 한다."

간병이 필요한 상황에 처하기 전까지는 노인들이 가능한 한 오랫동안 사회생활에 참여할 수 있도록 하는 방안을 시급히 마련해야 한다. 왜냐하면 사회 활동과 의미 있는 과제 수행이야말로 간병이 필요한 상태와 질병을 효율적으로 지연시킬 수 있기 때문이다. 정치인들은 노인 간병인들의 중요성이 점점 커지고 있는 실정에 맞게 간병인

직업에 대한 인식을 높이고 합당한 보수를 지급할 수 있도록 힘써야 한다. 나아가 건강 및 간병 관리에 들어가는 비용을 균형 있게 재편성해야 한다. 만성질환자와 간병이 필요한 사람들의 수가 점점 더 늘어나는 현실에 발맞추어 더 많은 자금을 준비해야 하고 갈수록 소수만이 혜택을 누리는 급성질환 의학에 들어가는 비용은 줄여야 한다.

국민보건 체계의 현황을 평가하기 위해 구성된 전문가 위원회는 2002년에 모든 의료비의 20퍼센트가 불필요한 진료에 지출되고 있다고 밝힌 바 있다. 따라서 국민보건 체계에 더 많은 비용을 투입할 게 아니라 필요에 따라 적절히 분배하는 데 힘써야 한다. 노동집약적인 간병 활동에 투입되는 비용으로 특히 일자리가 없는 수많은 젊은이들에게 간병 교육을 받을 기회를 제공함으로써 만족스럽고 의미 있는 삶의 전망을 열어줄 수도 있을 것이다.

그러나 중단기적으로도 간병이 필요한 요양원 거주자들의 상황을 개선할 수 있다. 제재 권한을 가진 독립적인 시민 요양원 방문 위원회 설립이 중요한 첫걸음이 될 것이다. 요양원 거주자들의 의료 관리도 시급히 재조직해야 한다. 개업의들에게 요양원 거주자들의 치료를 맡기려면 적절한 보수를 지급할 필요가 있다.

맨 먼저 고려해야 할 점은 요양원 간병의 필요에 맞춰 책임 있는 '상근 요양원 의사' 제도를 도입하는 것이다. 그러면 요양원 거주자들에게 부담이 되고 비용도 많이 드는 데다 의사의 결정과 무관하게 실행되었던 부적절한 입원을 피할 수 있다. 또 한편 치매 노인들의 경우 긴박한 징후가 있는데도 사회정신의학 상담 서비스와 연계해 병원으로 옮기는 조치를 취하지 않았던 사태 역시 방지할 수 있다. 그 밖에 기본적인 영양 및 수분 공급은 지속적이고 빈틈없이 감독해야 한다. 이동의 자유에 대한 제한 조치, 인공적인 영양 공급과 소변 유도 등과 관련한 진단 과정도 현재보다는 개선할 수 있을 것이다.

물론 이 모든 것은 요양원 책임자들이나 이익집단의 도구로 전락하지 않을 독립적인 의사들이 있어야 가능한 일이다. 즉, 간병이 필요한 사람을 돌보는 일을 책임 있는 과제이자 도전으로 이해하고, 이른바 더 매력적인 영역으로 간주되는 급성질환 의학에서 기회를 놓치거나 실패한 의사들만 발을 들여놓는 '마지막 초원'으로 생각하지 않는 의사들이 있어야 가능하다.

이미 오래전부터 모든 간병 부문의 심각한 인력 부족을 걱정하는 목소리가 흘러나왔다. 그리고 간병이 필요한 상황을 알리는 기록은 많은데 실제 간병 활동은 턱없이 부족한, 어처구니없는 불균형 또한 심각하다. 다른 한편, 요양원 환자를 병원으로 옮길 때 환자의 사전 의료지시서가 없거나 향후 치료에 매우 중요한 병의 진행 과정에 대한 기록이 부실한 경우도 많다.

"어떤 때는 일주일 내내 의사를 보지 못하는 날도 많아요."

식물상태에 있는 환자에게 PEG 튜브를 통해 영양액을 투입하던 젊은 간호사가 한마디 툭 던졌다. 이 간호사는 이날 밤 혼자서 스물네 명의 중환자를 담당하고 있었다. 간호사는 일차 순찰을 돌 때 자기 방 의자에 몸을 굽힌 채 죽은 것처럼 앉아 있던 노인이 정말 죽었는지 아니면 "조금이라도 손을 써볼 수 있는지" 확실치 않아서 구급차를 불렀다.

나는 그 노인의 죽음을 확인했다. 이 출동에 들어간 비용은 800유로였다. 내가 전기충격기를 어깨에 걸친 응급대원과 요양원을 나가려는 순간 간호사가 흥분한 목소리로 나를 불렀다.

"13호실에 있는 부인이 점액이 가득 차서 자꾸 숨이 막히고 있어요. 가래를 좀 빼주시겠어요? 제 흡입기는 고장이 나서요!"

1인실인 13호실에는 게르트루트 L 부인이 누워 있었다. 뺨이 움푹 들어가고 이마에는 땀이 맺혀 있고 입술 주변에 거품이 묻어 있었다. 혀는 날고기 같았고, 손목은 무명 붕대로 감아 침대 테두리에 고정되어 있었다. 이 부인은 수술이 불가능한 뇌출혈을 일으킨 뒤 의식을 잃은 상태였고, 8개월 전부터 이곳에서 간병을 받으며 서서히 죽어가고 있었다. 가래를 빼내는 동안 간호사가 옆에서 거들었다.

"이 부인이 내 어머니라면……"

나는 마지막으로 부인을 바라보면서 말을 끝맺었다.

"부인을 잠들게 할 것이오. 영원히."

간병이 필요한 너무나 많은 노약자들이 속수무책으로 방치된 비참한 상태를 보면 수치심과 분노가 치밀어 오른다. 매년 2,500억 유로 이상을 의료비로 지출하는 사회가 사회의 가장 약한 사람들을 구호 대상자로 전락시키고, 적지 않은 사람들에게 꼭 필요한 것을 제공하지 않고, 어떤 이들은 그야말로 고통스럽게 죽어가도록 방치하는 현실에 수치심을 느낀다. 적지 않은 젊은이들이 법적인 간병보험을 노부모에게 기울여야 할 관심과 보살핌을 회피하기 위한 알리바이로 여기거나 심지어 노부모를 통해 이득을 보려고 하는 작금의 세태도 수치스럽다.

오래전부터 환자를 돌보는 일보다 돈벌이에만 관심을 갖는 자기 조절 능력이 없는 의사들에게 나는 분노를 느낀다. 여전히 불필요한 진료나 엉터리 치료에는 막대한 비용을 지출하면서 정말로 포기할 수 없는 일에는 재정을 조달하지 않는 질병금고의 무능에 분노를 느낀다. 마지막으로 급속도로 고령화하는 사회에서 국가의 부양 필요성이 시급한 상황을 과소평가하고, 국민건강에서 공익 실현이라는 가장 중요한 과제를 제대로 이행하지 못하는 정치인들에게 분노한다.

2007년 1월 어느 소비연구협회에서 실시한 설문조사에서 독일 국민의 3분의 1이 간병이 필요한 상태가 되면 타인의 도움에 의지해 살기보다는 자살을 택하겠다고 대답했다. 설문에 응한 사람들이 그처럼 당혹스러운 해결책을 선택한 자세한 동기는 알 수 없었다. 그러나 우리 사회가 깊은 수치심을 느껴야 할 이 충격적인 설문조사 결과를, 간병이 필요한 사람들이 처한 현실에 대한 하나의 대답이자 국민들에게 앞으로 이 나라에서 나타날 부양의 지옥을 보여주는 것으로 여긴다면 지나친 해석일까?

처방된 고통, 통증 치료의 실패

"알칼로이드! 그 사람에게 병명을 말해주기 전에 알칼로이드를 주세요…… 정제 모르핀이 좋겠습니다! 앞으로 지속적으로 필요할 테니까 용량을 아끼지 마세요! 다음 회진 때는 K씨가 웃는 모습을 보고 싶습니다!"

나의 스승이자 친구인 D 교수가 몇 년 전에 했던 말이다. 알칼로이드는 식물체 속에 들어 있는 염기성 유기 화합물을 이르는 개념이며, 아편제라는 명칭으로 더 잘 알려져 있다. D 교수가 알칼로이드라는 말을 할 때 거기에는 안타까움이 스민 한숨과 행복에 가까운 안

도감이 뒤섞여 있었다. 당시 내과 중환자실 책임자였던 그는 알베르트 슈바이처의 숭배자는 아니었지만, 슈바이처가 했다고 전해지는 "나는 모르핀 없이는 의사이고 싶지 않다"라는 말을 그 어떤 의사보다 신봉했다. 고통 속에 있는 환자를 보거나, 환자를 고통 속에 내버려두는 조수를 발견할 때 그는 누구보다 분노했다. D 교수는 환자에게 충분한 진통제를 처방하지 않을 경우 이를 용서할 수 없는 일로, 심각한 진료 과실로 여겼다.

나는 막 D 교수와 회진을 끝내고 마지막 병실의 문을 닫았다. 우리는 방금 전 광고회사 직원으로 일하던 마흔다섯 살의 베르너 K씨의 침상에 서 있었다. 아직 젊어 보이는 그의 얼굴에는 불안과 두려움이 가득 차 있었다. 그는 눈을 크게 뜨고는 복부 CT 검사로 정확한 진단이 내려졌는지 알고 싶다고 말했다. D 교수는 바로 그 자리에서 병명을 알려주려 했지만, K씨의 얼굴에 역력히 드러나는 공황 상태를 확인한 뒤 즉시 생각을 바꿨다. D 교수는 나에게 지나가는 말로 "extra muros(벽 밖에서)"라고 말했다. 지금 상황에서는 베르너 K에게 병명을 알려줄 수 없고, 환자가 없는 자리에서 병을 설명하고 향후 치료 과정을 함께 의논하고 싶다는 뜻이었다.

베르너 K의 주치의는 원인을 알 수 없는 체중 감소와 지속되는 식욕 부진, 능률 저하 때문에 며칠 전 그에게 입원을 권유했다. 그의 병명은 어제 저녁에 확인되었다. 간과 림프절까지 침범하고 피부에 전이되기 시작한 위암이었다. 약간의 빈혈이 동반되었고 전체적으로 급격히 진행된 상태였다. 임상 증세는 무엇보다 음식물에 대한 거부감, 흥분, 불안감이었다. 통증은 지금까지는 참을 만한 상태였다.

D 교수와 내가 '벽 밖에서' 치료 과정에 대해 논의할 일은 그리 많지 않았다. 수술을 하기에는 종양이 너무 넓게 퍼져 있었고, 위암에는 제한적으로만 효과가 있는 화학요법을 포함해 임시방편의 치료만 가능한 상태였기 때문이다.

회진하는 동안 나는 베르너 K가 괴로워하는 모습을 지켜보았다. 그는 심각한 병에 걸렸다는 사실을 직감한 듯했다. 나는 D 교수와 짤막한 협의를 마친 뒤 간호사에게 즉시 모르핀 알약을 베르너 K에게 주라고 했다. 그와 대화를 나누기 위해 두 시간 후에 다시 찾아가자 약효가 퍼졌음을 알 수 있었다. 그는 안정을 찾았고 불안감은 사라진 상태였다. 나는 그의 침대 발치에 섰고, 우리는 서로를 바라보았다. 그의 시선을 똑바로 받고 있기가 무척 어려웠지만 이제는 진실을 외면할 수가 없었다. 하지만 나는 진실과 발을 맞추고 싶지는 않았고 희망을 전하고 싶었다. 그가 감당할 수 있는 진짜 희망을. 하지만 그것이 가능할까?

"병명이 뭔지 말씀하세요."

베르너 K가 무덤덤하게 말했다.

"위암인데 간까지 침범한 상태입니다. 그런 경우에는 수술이 아주 어렵습니다. 그래서 화학요법을 권하고 싶습니다. 그 밖에도 환자분에게 많은 것을 해드릴 수 있을 겁니다."

나도 무덤덤하게 말했다. 그러자 마음이 편해졌다.

"조금 전에 저한테 준 약은 뭡니까?"

"모르핀입니다."

"모르핀이오?"

그가 믿을 수 없다는 듯이 물었다. 그는 창문 쪽으로 시선을 돌렸다가 다시 천천히 내 쪽으로 향했다.

"기분이 좋더군요. 망원경을 거꾸로 들고 볼 때처럼 선생님이 멀리 있는 것처럼 보였는데 그래도 무척 선명했습니다. 위암이라고요. 저도 그런 생각은 했습니다. 제 아버님도 위암으로 돌아가셨거든요. 살아날 가능성이 얼마나 됩니까?"

"그건 환자분의 정신적 · 육체적 힘에 달려 있습니다. 그리고 화학요법이 얼마나 성공하느냐에도 달려 있고요."

나는 심호흡을 했다. 일단은 알칼로이드가 원했던 효과를 발휘했다. 이제 베르너의 질문을 기다렸지만 그는 아무 말도 하지 않았다.

의사의 도움을 찾는 사람은 치료될 수 있겠거니 믿거나 최소한 병과 함께 그럭저럭 살아갈 길이 있으리라 기대한다. 그러나 베르너 K에게 병과 함께 산다는 것은 머지않아 죽는다는 것을 뜻한다. 그 역시 그걸 예감했을까?

그의 가족은 며칠 동안 충격에 빠져 지냈다. 눈물과 절망으로 보냈고, 질문이 끊이지 않았다. 정말 방법이 없나요? 가능성이 전혀 없습니까? 그에 반해 베르너 K는 태연했고, 냉정하기까지 했다. 그래서 나는 혼란스러웠다. 나와 비슷한 또래의 젊은 남자가 죽을병에 걸려 있었다. 그런데 아무런 저항도, 원망도 하지 않는단 말인가? 아니면 며칠 후에 그런 반응을 보일까? 그는 머릿속으로 무슨 생각을 하고 있을까? 모르핀 때문이었을까? 모르핀이 통증과 불안을 잠재울 뿐만 아니라 환상까지 불러일으키는 물질인가? 복용한 사람에게 자기 자신까지 낯설게 만드는 강력한 약리학적 환상을 일으키는 걸까? 그를 실존적 착각에 빠지게 해서 결국에는 자신의 죽음까지 낯설게 만들고, 죽음을 하찮은 것으로 여기게 하고, 사물이 "망원경을 거꾸로 들고 볼 때처럼" 보이게 하는 걸까? 그리하여 다가오는 죽음을 견딜 만하게 해주는 것일까?

이러한 질문에 진정으로 만족할 만한 대답은 아직 없고 앞으로도 기대하기 어려울 것이다. 죽어가는 사람에 대한 실험과 그를 이용한 실험은 금지되어 있기 때문이다. 다만 모르핀이 꼭 필요한 통증 증후군 환자들의 진술이 힌트를 던져줄 수는 있을 것이다. 모르핀 처방을 받은 환자는 깊은 평온과 긴장 완화를 느낀다. 통증은 결코 완전히 사라지지 않는다. 다만 통증에 대한 독특한 무심함이 생긴다. 어떤 사람은 그것을 통증에 대한 '거리두기'라고 말하는데, "망원경을 거꾸로 들고 볼 때"와 비슷한 기분을 느끼는 것이 아닐까?

우리는 화학요법을 실시하기 위해 베르너 K를 종양학과가 있는 다른 병원으로 옮겼다. 그곳에 있는 동료 의사는 베르너 K가 여전히 침착하게 지내고는 있지만 모르핀 복용량을 높여야 했다고 알려주었다. 화학요법은 그의 생명을 14개월 동안이나 연장시켰다. 나는 환자의 주치의로부터 그가 가족들과 호스피스 봉사자의 보살핌 속에서 평온하게 죽었다는 소식을 들었다.

말기 환자, 특히 말기암으로 고통받는 환자의 치료에는 강력한 진통제를 결코 빼놓을 수 없다. 20세기 의학의 중요한 성과들 중 하나는 극소수의 예외를 제외하고 모든 통증을 효과적으로 치료하는 다양한 약품과 통증 치료제를 개발했다는 점이다. 다시 말해 통증을 완전히 없애지는 못했어도 적어도 견딜 만한 수준으로는 바꾸어 놓았다.

그렇기에 오늘날 임종이 가까운 독일의 만성 통증 환자들이 만족스러운 치료를 받지 못하고 있다는 의학 전문잡지들과 일반 언론 매체들의 보도는 더더욱 놀랍고 이해할 수가 없다.

다음의 자료와 수치가 증명하듯이 독일의 상황은 실제로 극적이다.

• 환자 네 명 중 한 명은 통증 때문에 의사를 찾는다.

• 믿을 만한 평가에 따르면 독일 전역에서 적어도 1,100만 명이 이른바 '주치의 수준'의 만성 통증으로 고생하고 있다. 다시 말해 주치의만으로는 그러한 통증을 효과적으로 치료하지 못한다는 뜻이다.

• 독일 국민 중 90만 명은 특수한 요법이 필요한 통증으로 고통받고 있다. 그런데 독일 병원들은 겨우 1,000여 명의 통증 치료

전문의를 확보하고 있다. 전문가협회는 통증 치료 시설 한 군데의 수용 능력을 최대 300명으로 추정하는데, 이는 전체 환자의 3분의 2가 적절한 치료를 받지 못하고 있음을 의미한다.

• 견딜 수 없는 통증으로 인한 자살이 3,000건에 이른다.

• 모든 만성통증 환자 중에서 겨우 35퍼센트만 지속적으로(적어도 1년 이상) 약물 치료를 받고 있다.

• 만성 통증 환자들이 적절한 도움을 받기까지 평균 12년이 걸렸다.

• 종양 환자들이 만족스러울 정도로 통증 치료를 받기까지 약 2년 동안 평균 다섯 명의 의사를 거쳐야 했다. 종양의 경우 대개 증상이 폭넓게 진행되어 죽음이 예견되는 시점에서야 통증이 시작되는데도 말이다.

• 요양원에서 기술한 통증 상태의 빈도는 49~83퍼센트나 된다.

• 독일은 선진국 가운데 강력한 진통제(아편제) 사용에서 여전히 최하위를 기록하고 있다.

• 모르핀을 이용해 통증 치료를 받는 종양 환자들 중에서 85퍼센트가 적절한 복용량을 제공받지 못하고 있다. 쉽게 말하면 약 19만 명의 종양 환자들이 충분한 보살핌을 받지 못하고 있다.

• 유럽에서 약 5만 명의 만성 통증 환자들을 대상으로 실시한 설문조사 결과 나타난 수치도 우려할 만하다.

• 질문에 응한 환자 중 20퍼센트가 "내 담당 의사는 통증이 문제

라고 생각하지 않는다"라고 대답했다.

• 22퍼센트는 "담당 의사가 한 번도 통증에 대해 묻지 않았다"라고 말했다.

• 28퍼센트는 "담당 의사가 내 통증을 어떻게 통제해야 할지 모른다"라고 말했다.

• 43퍼센트는 "담당 의사가 통증보다는 병의 치료가 우선이라고 생각한다"라고 말했다.

이처럼 당혹스러운 수치와 실상을 어떻게 설명할 수 있을까? 국민 1인당 건강 관련 비용 지출이 세계 2위인 나라에서 의사의 중요한 과제 중 하나인 통증 완화에 그토록 무신경한 이유는 무엇일까?

19세기 말에 과학적인 학문으로서 의학이 시작되기 전까지 수백 년 동안 치료에 실제로 도움을 주고 증상을 완화할 수 있는 수단이나 방법은 얼마 되지 않았다. 대부분 피를 뽑는 등 효과가 전혀 없는 치료법들이 있었고, 일명 '헤로이카Heroica'라 불리는, 강력하지만 위험이 따르는 치료법이나 약제를 쓰는 경우가 적지 않았다. 이는 폭넓게 시행되던 사혈처럼 환자들을 오히려 쇠약하게 만들거나 심지어 독으로 신체에 손상을 입혔다. 예컨대 18세기와 19세기에 특히 남부 독일에서 성행했던 비소를 이용해 열을 치료하는 방법을 들 수 있다.

아편과 아편에 포함된 주요 알칼로이드 성분인 모르핀은 이미 2,000년 전부터 중병 치료에 효과적이고 도움이 되었던 소수의 헤로이카에 속한다. 영웅적인 수단과 치료법을 의미하는 헤로이카는 강력한 효력을 발휘한 치료제였으며, 이를 처방하고 투입하려는 의사는 어느 정도 모험심이 있어야 했다. 아편과 아편의 주요 성분인 모르핀은 지속적으로 작용할뿐더러 불안과 통증을 없애는 확실한 효과가 있었기 때문에 수백 년 동안 일종의 만병통치약으로 여겨졌다.

모르핀의 처방과 교부는 20세기 초에 이르러서야 점차 법적인 규제를 받게 되었는데, 부적절하게 사용했을 때 의존성이 점점 더 뚜렷하게 드러났기 때문이다. 의사들은 단순한 기침에서 심리적 혼란, 현기증, 종양에 의한 통증에 이르기까지 수많은 증상에 모르핀을 처방했다. 모르핀은 단순히 통증뿐만 아니라 여러 증세를 극복하는 데도 탁월한 효과를 보였다. 그래서 해당 증세가 사라지자 원인이 된 질병 자체가 성공적으로 치료된 것으로 여겼으며, 모르핀의 의존성이 제대로 인식되지 못했거나 과소평가되었다.

물론 모르핀은 이미 오래전에 만병통치약의 위상을 잃어버렸다. 그럼에도 새로 개발된 강력한 진통제의 효력은 여전히 모르핀에 비교되고 있다. 많은 의사들이 통증 치료에서 모르핀을 기준으로 여기고 있으며, 21세기에 들어선 지금도 통증과 불안을 해소하는 효과에서 모르핀을 뛰어넘는 약제는 없다.

그럼에도 불구하고 모르핀 처방과 모르핀을 이용한 치료에는 끊임없이 의구심과 유언비어, 오해가 따라다닌다. 통증 치료와 관련해 의학 수업과 전문의 수련 과정에서 발생하는 심각한 교육 공백, 통증 치료에 경험이 풍부한 일반의의 부족, 다양한 의료 분과의 협력 작업 부재, 통증 치료 전문의에 대한 부적절한 대우 등으로 오늘날에도 독일의 수많은 통증 환자들이 제대로 보살핌을 받지 못하고 있다.

지난 100여 년 전부터 아편제를 이용한 치료에 대해 널리 퍼진 의구심과 유언비어들은 '아편공포증'이라는 개념으로 요약할 수 있다. 일반적으로 아편공포증은 의사 입장에서는 심한 통증에 아편제를 처방하기를 꺼리는 것, 환자 입장에서는 처방된 약제를 받아들이기를 거부하는 태도를 의미한다. 그러나 후자의 경우는 드물다.

아편공포증이 생겨난 한 가지 요인으로는 아편과 모르핀이 남용되면서 1920년대부터 퇴폐주의, 아웃사이더 기질, 죽음에의 추구라는 이미지가 따라다닌 것을 꼽을 수 있다. 당시 유명한 무희였던 아니타 베르버나 소설가 클라우스 만이 대표적인 인물로 꼽히는데, 두 사람 모두 일찍 죽었고, 모르핀 중독자로 비극적인 유명세를 얻었다. 사람들은 그 무렵부터 모르핀과 그와 유사한 물질을 공공연히 마약으로 적대시하게 되었다. 그리하여 통증을 누그러뜨리고 긴장을 완화하는 약제의 탁월한 효과가 간과되거나 평가절하되고 말았다. 의사들의 인식도 예외가 아니었다. 남용, 범죄 행위, 중독성 등이 치명적으로 결합해 세상에 드러났고, 그것이 시대정신에 깊이 뿌리박혀 합리적인 마약 정책의 수립을 가로막았다. 여전히 진상을 정확히 모르는 대중은 마약인 모르핀(헤로인도 마찬가지다)에 한번 빠지는 사람은 다시는 거기서 헤어날 수 없다고 생각한다. 모르핀을 복용한 사람은 도덕적으로 타락하고, 사회적으로 고립되며, 복용량을 점점 늘리게 되고, 비참한 상황에 빠져 결국 때 이른 비참한 최후를 맞는다고 믿는다.

그렇다면 통증 환자들은 왜 전형적인 마약 중독자가 휩쓸려 들어가는 악순환에 빠지지 않을까? 아편제에 적응한 통증 환자들은 왜 건강한 사람들과 똑같이 안전하게 자동차를 운전할 수 있을까? 그들은 왜 범죄를 저지르거나 중독에 빠지지 않을까?

올바로 처방된 아편제는 중추신경계에 작용해 통증을 느낄 수 없게 하고 깊은 안정감과 편안함을 선사한다. 복용량을 충분히 높이면 외과 수술이 가능할 정도로 통증에 대한 거리두기가 뚜렷이 나타난다. 그러나 복용량에 따라 호흡 곤란이 발생할 수 있기 때문에 그런 경우 제한적으로 임상에 투입된다. 따라서 통증 환자에게 치료 목적으로 제공되는 아편제는 통증을 충분히 완화할 수 있고, 의식의 명료함과 호흡에 해를 끼치지 않을 정도의 양이 투여된다.

아편제 효과는 복용량, 복용 방법(입으로, 정맥 주사로)과 함께 수요자나 환자의 환경이 결정적인 영향을 미친다. 위중한 병에 걸려 의사의 처방에 따른 치료의 일환으로 오로지 통증 완화를 위해 아편제를 복용하는 환자들은 심리적으로 거기에 의존하지 않는다. 다시 말해 중독에 빠지는 일이 없다. 물론 통증 환자들에게서도 육체적 의존이라는 의미에서 아편제에 내성이 생기는 경우가 드물지 않다. 이는 특정한 중추신경 조절 작용 때문에 발생하는 현상이며 이 경우 복용량을 늘려야만 한다. 그렇다고 육체적으로나 사회적으로 비참해지거나 마약 범죄에 빠지는 모르핀 또는 헤로인 중독자들처럼 고통스럽게 마약을 요구하는 현상은 전혀 나타나지 않는다. 단순히 아편제를 복용하기만 해서는 결코 전형적인 중독자가 되지 않고, 다음 세 가지 경우에 비로소 중독을 야기하게 된다.

- 가장 빠르게 중추신경계로 흘려보내기 위해 많은 양을 정맥 주사로 투입하는 경우(환각 상태).
- 심적인 스트레스 상황에서 벗어나거나 도취 상태에 빠지기 위해 복용하는 경우.
- 황량하고 절망적인 사회 환경 속에서 복용하는 경우.

수많은 학문적 연구 결과를 통해 우리는 아편제를 복용하는 통증 환자들이 중독에 빠질 위험이 전혀 없다는 사실을 확인할 수 있다. 이미 1980년 미국에서 실시된 인상적인 연구에서는 이 문제와 관련해 명확한 결과를 제공했다. 서로 다른 기간에 아편제 치료를 받았던 통증 환자 1만 1,882명 중에서 단 네 명에게서만 중독 반응이 나타났는데, 이는 치료를 받은 전체 환자의 0.03퍼센트에 해당하는 수치였다.

심리 테스트와 현대의 구체적인 방법을 통해, 아편제가 통증을 무디게 하는 것은 사실이지만 사람들의 염려처럼 주의력이나 집중력까지 떨어뜨리지는 않는다는 사실도 확인되었다. 가령 함부르크의 의학자 부르크하르트 브롬을 주축으로 한 연구 팀은 자기장으로 뇌의 활동을 추적 · 검사하는 뇌자도Magnetoencephalography 측정을 이용해 뇌의 림프 조직에서 '정서적 · 반감적' 통증 인자, 즉 고통은 모르핀에 의해 상당히 약화되지만 '이성적 · 판별적' 인자는 진짜 진정제를 복용했을 때와 달리 거의 변하지 않는다는 사실을 밝혀냈다.

마흔여덟 살의 아네테 H 부인이 우리 병원의 일반 내과를 찾아왔을 때는 이미 수개월 동안 여러 병원과 의사들을 찾아다닌 뒤였다. 그녀가 가져온 진단서에는 온갖 병명이 적혀 있었는데, 그중 몇 가지만 꼽자면 '골다공증' '폐경기 증세' '심신 상관 복합통증' 등이었다. 의사들은 H 부인에게 파라체타몰, 아스피린, 노발긴 등의 진통제와 여러 정신성약품, 단파 치료와 테이핑 요법을 처방했다. 그러나 치료는 성공하지 못했고 통증은 그대로 남았다. H 부인은 자비를 들여 침술 치료를 받았다. 그러나 자동차 정비소에서 시간제로 일하는 여사무원이자 미장이 일을 하는 남자의 아내로서, 또 두 아이의 엄마로서 그 비용을 감당하기란 결코 쉬운 일이 아니었다.

H 부인은 매일 동네 병원들과 정형외과를 찾았다가 의사들로부터 '신체형 장애'라는 진단을 받는 수많은 환자들 중 한 명이었다. 이 질환의 대표적인 증세로는 통증, 갑작스러운 공포감, 섭식 장애, 소화 장애, 삶에 대한 불만족, 자기 존중감 부족 등인데, 실패에 대한

두려움이나 사회적 고립이 이런 식으로 드러나는 경우가 많다. 나아가 의사들이 너무 성급하게 진단을 내리고 별로 심각하게 생각하지 않는 질환이기도 하다. H 부인은 여러 번 신체 검사와 검진을 받았고, 과다 월경으로 약간의 빈혈 증세를 보였다. 그러나 주치의가 신경과 전문의까지 동원해 검사를 했는데도 병명을 정확히 진단하지 못했다. 결국 더는 통증을 견디기 어려워진 H 부인이 스스로 우리 병원 응급실을 찾아왔다.

처음 검사할 때 눈에 띄었던 점은 근육 이상으로 인한 요통이나 디스크(척추 원반 탈출증) 환자에게는 이례적으로 등뼈와 목뼈에서도 통증을 느낀다는 점이었다. 게다가 몸무게도 많이 줄어든 상태였고, 특정 혈액 수치가 뚜렷하게 높아서 질환이 뼈에 침범했는지 의구심을 가질 만했다. 병의 진단을 위해 유방 촬영, 가슴과 복부 CT촬영, 위내시경과 장내시경 검사, 두개골 섬광 조영술이 차례로 이어졌다. 종합적인 검사 결과 근원을 알 수 없는 종양이 뼈에까지 전이된 상태로 판명되었다.

나는 섬광 조영술 결과로 병명이 확실하게 드러난 날 저녁 H 부인의 남편에게 병명과 함께 그보다 더 중요한 병의 불행한 예후를 알려주었다. 회복이 불가능하고, 가망이 없고, 죽음이 임박한 상황이라고. 작업용 장화 바람으로 일터에서 곧장 병원으로 달려온 H씨는 귀 뒤에 담배 한 개비를 꽂은 채 머리에는 두툼한 털모자를 썼고, 손에는 시멘트가 묻어 있었다.

그는 눈물이 그렁그렁한 눈으로 물었다.

"의사 선생님, 저와 제 아내는 지금까지 죽도록 고생만 하면서 살았습니다. 전이라고 하셨는데…… 그 말은 암이 번졌을 때 쓰는 말 아닙니까? 그게 정말입니까?"

나는 이토록 깊은 절망을 느껴본 적이 없었다. 타인의 고통을 이처럼 가깝게 느껴본 적이 없었다. 내 눈에서도 눈물이 흐르는 것을 느꼈다.

"의사 선생님, 제 아내의 고통을 덜어주십시오. 하지만 아내에게는 아무 말도 하지 말아주세요. 부탁드립니다. 아이들 때문에요. 우리에겐 아내가 있어야 합니다."

나는 그에게 두 가지 모두 약속했다.

H 부인은 조용하고 눈에 띄지 않는 여성으로 힘들고 어려운 일들을 묵묵히 견디는 법을 배워야 했다. 암의 통증에도 평정심을 잃지 않았다. 아픔을 호소하는 일이 거의 없었고, 그럴 때에도 자제하는 기색이 역력했다. 하지만 통증이 그녀를 어떻게 변화시키는지 나는 알고 있었다. 그녀의 몸짓과 행동에서 민첩함이 사라져버렸고, 입을 굳게 다물고 있었으며, 시선은 어딘가 의지할 곳과 평안을 찾고 있었다. 그러면서 말없이 모든 것을 견디고 있었다.

우리는 산부인과 의사들과 협의한 뒤 H 부인에게 암의 성장을 막는 항호르몬제 타목시펜과 하루에 여러 차례 정제 모르핀을 처방했다. 우리가 기대했던 효과가 나타났다. 물론 처음 며칠 동안 H 부인은 구토에 시달렸는데, 이는 아편제를 처음 복용했을 때 자주 나타나는 부작용이었다. 그러나 구토감은 곧 사라졌고, 병세는 위중했으나 얼굴에서는 통증으로 가라앉았던 생기가 다시 돌았다. 표정은 한결 부드러워졌고, 무엇보다 다른 환자들과도 이야기를 나누게 되었다는 점이 눈에 띄었다.

어느 날 H 부인이 나를 찾아왔다.

"참 오랜만에 통증을 느끼지 않게 되었어요, 선생님. 다만 잠을 자고 싶은 욕구가 평상시보다 더 강해진 것 같아요."

죽음의 기색이 역력한 부인이 웃으면서 말했다. 비록 잠시나마 고통스러운 현실을 잊을 수 있었던 것이다.

"다행입니다. 저도 부인처럼 기쁩니다."

지금까지 H 부인과 나는 병명에 대해서는 말하지 않았고, 나는 그녀의 태연함을 결코 방해하고 싶지 않았다. 하지만 H 부인은 내게 자신의 죽음에 대해 이야기하자는 신호를 보낸 게 아닐까?

"H 부인, 지금이든 내일이든 저한테 묻고 싶은 말이 있으면 언제든 말씀하세요."

나는 망설이면서 말했다. 그러나 H 부인이 단순히 상투적인 말로 받아들이지 않도록 신경을 썼다.

H 부인은 내게 아무것도 묻지 않았고 나도 아무 말도 하지 않았다. 나는 14일 후 H 부인의 상태가 안정되는 것을 보고 퇴원시켰다. 암 전문 개업의가 이후의 치료를 맡았고, 나는 이따금 H 부인의 남

편과 통화했다. 아주 무거운 마음으로 부인의 수명이 몇 년이 아닌 몇 개월이 될 거라고 설명했다. 그럼에도 H 부인은 수개월 동안 직장까지 다시 다닐 수 있었으며, 남편은 무척 놀라고 기뻐했다. 부인은 그동안 매일 똑같은 양의 모르핀을 복용했고, 어린 딸들을 자동차에 태워 상점에도 갈 수 있었다.

그러나 10개월 뒤 H 부인은 응급차에 실려 다시 우리 병원으로 들어와야 했다. 남편이 곁에 있었다. 그는 침착하지만 절망적으로 아내의 손을 잡고 있었다. 그의 얼굴에서 이제는 끝이라는 것을 느끼고 있음을 알 수 있었다. 몇 주 전부터 아주 서서히 호흡 곤란 증세가 나타났고, 앉은 상태로만 간신히 잠을 잘 수 있었다고 했다. 응급대원이 코를 통해 충분한 양의 산소를 공급해주었지만 H 부인은 힘들게 숨을 헐떡이면서 들것에 누워 있었다. 혼란 상태에 빠진 채 땀을 흘리고 있었다. 종양이 온몸으로 급속히 번졌음을 암시하는 증세임이 분명했다. 폐 CT촬영 결과 더는 의심의 여지가 없었다. 암세포가 폐로 전이된 것이다. 양쪽 폐의 림프관을 따라 수많은 종양 덩어리들이 퍼져 있었고, 그로 인해 숨을 쉬기가 점점 어려워진 것이다. 동시에 실시한 두개골 CT촬영 결과 뇌에도 전이된 상태임을 확인했다.

나는 즉시 D 교수와 의논했다. 우리는 더 이상 진단이 필요하지 않다는 점에 동의했고, H 부인을 중환자실로 옮기거나 인공호흡을 하지 않기로 했다. H 부인은 너무나 좋지 않은 상태에서 죽어가고 있었다. 위중한 병에서는 통증이 가장 견디기 어려운 해악이라고 생각한다면 착각이다. 숨을 쉬려고 발버둥 치면서 질식할 것만 같은 상태에 빠질 때 죽음에 대한 극심한 두려움과 착란을 수반할 수 있기 때문이다. 죽어가는 상태 중에서도 응급 상황인 것이다. 나는 사용할 수 있는 모든 수단을 동원해 그 끔찍한 상태를 중단시키려 애썼다. 우선 충분한 양의 모르핀과 진정제를 정맥 주사로 즉시 주입해 H 부인을 의식 없이 깊은 잠에 빠지게 했다.

아편제와 진정제를 입으로 복용하게 해서 부인의 증세를 완화시키려 했다면 처음부터 실패했을 것이다. 게다가 몇 주 전부터 모르핀 복용량이 상당히 많아진 상태였다. 따라서 '완화적 진정'과 비슷한 공격적인 방법이 불가피했고, 나는 첫 번째 주사로 이미 조치를 취했다.

임종 과정에서 완화적 진정이란 마취 상태처럼 잠들게 하는 것을 포함해 의식을 몽롱하게 함으로써 고통을 완화시키는 것을 의미한다. 이는 호흡 곤란과 통증, 착란 같은 증세가 기존 치료에 전혀, 또는 충분히 반응을 보이지 않을 때 정당화되거나 추천하는 방법이다.

나는 남편과 상의한 뒤 부인이 실제로는 마취 상태인 이 잠에서 더 이상 깨어나지 못하게 했다. H 부인이 죽음의 고통을 체험하지 않을 만큼의 모르핀과 진정제를 주사한 것이다. 그런 다음 H 부인을 내병동의 환한 1인실로 옮기게 했다. H 부인은 그로부터 36시간 뒤 남편에게 손을 맡긴 채 숨을 거두었다.

내가 의사로 살아오는 동안 처음으로 마취제의 진가를 발견한 순간이었다. 고통과 통증을 진정시킬(마취시킬) 수 없는 의료 행위가 무슨 소용이란 말인가? 마취제가 없었다면 H 부인은 얼마나 끔찍한 고통을 겪어야 했을까? 암환자나 경색 환자, 지뢰 희생자나 화상 환자, 매몰된 사람이든 질식 환자든 전 세계에서 고통받고 있는 수많은 사람들은 또 어떻게 될까?

왜 모르핀과 그와 유사한 물질을 '마취제'와 '환각제'로 일방적으로 낙인찍었을까? 그 이유는 (약제에 포함된 의존성 때문이라기보다) 특히 미국에서 20세기 초에 확산된 이 약제에 대한 악마화에서 찾을 수 있다. 악마화는 마약을 복용하면 '뇌의 도덕적 파괴'를 초래한다는 생각에서 비롯되었다.

그 결과 미국이 중심이 된 국제연합의 주도로 1912년부터 아편제의 매매와 거래를 국제협약을 통해 규제하고 통제하게 되었다. 그러한 규제의 목표는 아편제와 그와 유사한 물질의 교부를 의학적 용도로 제한하는 것이었다. 대부분의 나라에서는 1920년과 1925년, 1931년에 체결된 제네바 국제아편협약을 국내법에 적용하는 업무를 담당하는 아편제 관료기구가 창설되었다. 독일은 1920년 이후 마취제 거래와 마취제의 의사 처방과 교부를 엄격히 규제하는 여러 법률(제1, 2차 아편법)을 공포했다.

물론 오늘날에는 아편제 관료기구(독일연방 아편관리국)가 그 의미를 상실했고, 오피오이드(아편과 비슷한 작용을 하는 합성 진통 마취제—옮긴이) 처방에 대한 장벽도 지난 수십 년 동안 낮아진 게 사실이다.

그러나 의사들은 여전히 마취제 관리법에 대한 별도 지식을 습득해야 하고, 특수 규정들을 지켜야 하며, 통증 환자들을 만족스럽게 치료하기 위해서는 번거로울 정도로 많은 시간과 노력을 기울여야 한다. 가령 응급 상황을 제외하면 특수한 경우에만 오피오이드를 처방할 수 있는데, 여기에는 별도의 안전장치가 필요할 뿐 아니라 처방전 기록 보존 의무도 지켜야 한다. 게다가 정해진 최대 처방량을 준수해야 한다. 많은 의사들이 그러한 규정을 의료 행위의 자유에 대한 간섭이자 제한으로 받아들인다. 그로 인해 오늘날까지도 통증 치료에서 오피오이드를 처방할 때 치료 효과보다는 악용 가능성과 의존 가능성을 먼저 고려하는 결과를 낳았다. 이는 다시 통증 환자에 대한 치료의 질에 상당한 영향을 미친다. 병원에서는 '마취제 목록'이나 심지어 '유독약품 목록'으로 불리는 문서를 작성하는데, 마취제 처방 규정에 따라 약제가 처방된 상황과 환자의 이름을 일일이 기록해 증거를 남겨야 한다.

마취제 처방전 및 유독약품 목록 작성, 최대 처방량 준수 등의 규제에도 불구하고 아편제 관리기구는 통제해야 할 물질의 남용을 막지 못했고, 분명 앞으로도 막을 수 없을 것이다. 원하는 효과는 얻지 못하고 대신 원치 않는 부작용만 나타났는데, 바로 의사 처방의 문턱이 높아진 것이다. 그로 인해 수많은 환자들은 여전히 고통스러운 통증에 시달리고 있다.

특히 노인병 환자들에 대한 진통제 처방이 부족해 (젊은 환자들에 비해) 더욱더 고통스러운 상황이 나타난다. 때로 노인들 스스로 그러한 처지를 감내하고 마는 경우도 많다. 가령 그들은 의사들이나 가족들에게 이렇게 말한다. "내가 불평을 하면 되나……" 체념을 표현하는 이 말에는 노년에는 통증이 따르게 마련이라는 뜻이 담겨 있다. 의사들이나 간병인들도 똑같은 편견을 내보이는데, 그들은 노인들의 말에 안타까워하면서 이렇게 대답한다. "그야 이제는 스무 살 청년이 아니니까요." 그런데 통증으로 괴로워하는 노인에게 질병으로 인한 의사소통 장애가 있는 경우 상황은 완전히 비극이 된다. 이는 난청 환자나 치매 환자, 또는 뇌졸중 이후 말을 하지 못하게 된 환자들에게서 자주 관찰할 수 있다. 그 밖에도 통증을 단지 노년의 당연한 현상만이 아니라 '인간 조건'에 속하는 것, 견뎌야 할 그 무엇, 심지어 인간을 정화시키는 시련으로 여기는 기독교적 인간상에 근거한 태도도 마취제의 처방에 일정한 역할을 하는 듯하다. 하지만 이 사실을 증명하기란 매우 어렵다.

반면에 마취제 처방에 대한 또 다른 의심은 분명히 반박할 수 있다. 이미 5년 전 과학적으로 근거가 없다는 사실이 밝혀졌음에도 불구하고 의사들이나 법률가들은 끈질기게 그런 의문을 제기한다. 임종이 가까운 환자에게 오피오이드를 적절히 처방하는 것을 '간접적 안락사'라고 할 수는 없다. 간접적 안락사는 고통이나 통증의 완화(가령 많은 양의 오피오이드 처방)를 위해 시도하는 의료 조치로, 의도하지 않았던 생명 단축을 감수하는 경우에 사용된다. 생명 연장보다는 고통을 덜어주는 것이 도덕적으로 더 중요하기 때문이다. 이런 조건에서 발생하는 생명 단축이 말기 환자들에게 사용하는 아편제 작용 때문이라는 지금까지의 학설은 결코 입증되지 않았다.

영국의 완화의학자 나이젤 사이크스와 앤드루 손스는 2003년에 완화 치료를 위해 3,000명 이상의 말기 환자들을 대상으로 실시한 17개 연구 자료를 분석했고, 정확한 양의 오피오이드를 처방했을 때 생명을 단축시키는 작용은 거의 나타나지 않는다는 사실을 증명할 수 있었다. 오히려 반대 결과가 나타났다. 여기서 정확한 양이란 약제의 처방량을 어떤 증세의 성공적인 통제를 목표로 정했다는 말이다. 다시 말하면 통증이나 다른 증세를 없애는 데 꼭 필요한 양만큼 아편제를 처방했다는 뜻이다. 이런 상황에서 통증으로 괴로워하던 사람이 약제의 도움으로 통증 완화를 경험한다면, 생명이 단축되기보다는 조금이라도 더 오래 살게 된다는 점에 쉽게 공감할 수 있을 것이다.

지금까지 살펴본 사례들과 역사적 · 약리학적 설명으로 알 수 있듯이, 독일의 수많은 환자들, 특히 중환자들이 통증 치료를 제대로 받지 못하는 까닭은 학문적 인식 부족이나 방법론적 무능 때문이 아니다. 그보다는 기존 인식을 충분히 활용하고 실천하지 못해 기존 요법으로 통증을 다스리는 데 계속 실패한 탓이다. 통증 치료로 환자들에게 중독과 약품 의존을 초래할지도 모른다고 믿는 너무나 많은 의사들의 역사적으로 형성된 두려움, 여전히 부당한 장애물을 쌓고 있는 아편제 관리국, 의학 수업과 전문의 수련 과정의 교육 공백, 통증 치료에 대한 개업의들의 무관심, 통증 치료에 대한 보험 수가와 예산 반영 부족. 이러한 요인들로 독일의 수많은 통증 환자들이 제대로 치료받지 못하고 있는 실정이다. 치료 가능성이 충분하고 치료받을 권리가 있는데도 말이다.

독일통증연구협회가 2007년에 독자적인 윤리헌장을 만든 이유도 이러한 상황 때문이었을 것이다. 윤리헌장은 의료진과 의료협회, 의료보험 당국과 연금보험 당국, 정치권의 책임자들에게 선진 사회의 품위에 걸맞지 않은 상태를 신속히 종식시키라는 촉구로 끝맺는다. 완화적 통증요법이 불충분해서 많은 중환자들과 죽어가는 사람들이 의사의 도움을 받는 자살이나 적극적인 안락사 같은 극단적인 해결책을 찾을 수밖에 없는 현실은 선진 사회의 품위와는 너무나 어울리지 않는다. 이 두 가지 해결책에 대해서는 근본적으로 의학계뿐만 아니라 사회 전체의 토론이 필요하다. 그에 앞서 의사들과 비용을 부담하는 주체들은 중병으로 고통받는 환자들이 불충분한 통증 치료 때문에 완화의학의 한계를 뛰어넘는 다른 해결책을 찾도록 해서는 결코 안 된다.

때가 되면 우리가 전화하겠습니다!

병원들의 냉정한 실태

어느 '불평꾼'의 편지

환자들이 병원 진료에 불평을 털어놓는 것은 새삼스러운 일이 아니다. 하지만 불과 얼마 전까지만 해도 법률에 호소하여 배상을 요구하는 불평은 매우 드물었기에 병원 운영에 특별히 방해가 되지는 않았다. 그러나 오늘날에는 환자들이 의사들에게 저항하고 불만을 주저 없이 토로하는 일이 점점 더 많아졌다. 그들은 손해배상을 포함하는 치료 과실이나 의료상의 과실에만 불만을 터뜨리는 것이 아니다. 때로는 의사나 간호사들의 잘못된 태도에 불만을 표한다. 가령 감정이입이 부족하거나 환자를 존중하는 태도가 보이지 않아서, 또는 단순히 불친절한 태도에 불쾌감을 느껴 민원을 제기하기도 한다. 20세기 전에는 생각지도 못한 일이었지만, 병원들이 점점 더 새로운 서비스로 환자를 유치하려고 경쟁하는 시대인지라 이처럼 새롭고 '반항적인' 환자의 태도에 의사와 병원은 몹시 불안하다. 이러한 불만 신고서의 종류와 제출 빈도는 병원의 진료 수준과 명성을 반영하는 무시할 수 없는 척도다. 진료 수준과 명성은 한 병원의 최대 가동 능력에 영향을 미치고 오늘날 병원의 존립을 보장하는 경제적 성공을 좌우한다.

그 결과 모든 불만신고서는 매우 진지하게 받아들여진다. 불만신고서는 병원의 서비스 관리부로 보내지는데, 모든 신고서가 마치 날달걀처럼 조심스럽게 취급된다고 해도 결코 과장이 아니다. 신고서 내용은 해당 부서의 관계자들이 성실히 조사하고, 때로는 법률가에게 제출하며, 적절한 기간 내에 책임 있는 담당 의사가 명확한 답변서를 보낸다.

환자들의 민원 중에는 사실에 부합하지 않거나 공감할 수 없는 주장, 정당화될 수 없는 요구들도 있다. 하지만 그중 상당 부분이 진료 분야의 실제 결함들을 지적하고 있어 전적으로 타당하다. 가령 응급실의 부당한 대기 시간, 진료 과정의 소외, 각종 시술에 대한 설명 부족 등을 꼽을 수 있다. 검사실 앞에 말없이 우두커니 서 있게 된다거나 진통제나 다른 도움이 필요해서 쉼 없이 간호사들을 불러야 하는 경우도 있다. 상담하거나 검사할 때 신중한 태도가 부족하다고 질타하는 사람도 있다. 환자들의 이런 불만은 병원 시스템을 반영하는 거울이 되었다. 우선 인력 부족과 그에 따른 과중한 업무에서 비롯된 잘못된 운영 실태를 반영하며, 불만을 야기한 당사자들에게는 이러한 사실을 알게 해준다. 요컨대 환자의 기대와 그에게 실제로 제공되는 것 사이의 균열이 점점 더 커지고 있다. 환자나 가족이 그러한 균열을 깊은 모욕으로 받아들여 배상을 요구하는 것은 당연하다.

구체적인 의료 과실이 아닌 한 거의 모든 민원인은 병원의 관심 부족에 불만을 토로한다. 위중한 병을 앓고 있거나 임종이 가까운 사람은 누구나 거기에 의존할 수밖에 없으니 말이다.

다음에 소개할 불만신고서는 여든살 말기 암 환자의 일흔여덟 살 아내가 병원 경영진에게 보낸 것이다. 노부인은 간결하게 자신의 무력감과 병원에서 일어난 일들을 꼼꼼히 적었고, 무엇보다 한 인간의 품위 있는 죽음을 위해 싸우려는 기본 입장을 보여준다. 환자 가족의 입장에서 병원 운영의 무정함을 고발한 믿을 만한 글이며, 동시에 우리를 부끄럽게 하는 기록이다.

친애하는 S씨,

남편은 2006년 7월 11일 새벽 2시경에 소방대의 응급 구조대를 통해 NN병원 응급실로 실려 갔습니다. 남편은 그날 밤 피를 토했습니다. 폐암이 식도까지 침범했기 때문에 열흘 전에 다른 병원에서 식도에 스텐트를 삽입한 상태였습니다. 원래는 남편을 데리고 그 병원으로 가려고 했지만, 소방대 사람들이 거리도 별로 멀지 않은데 그쪽으로 가기를 거부했습니다.

병원에 도착하니 응급실에서는 먼저 다른 환자들을 돌보고 있었습니다. 예를 들면 치통 환자를요. 병의 경중에 따라서가 아니라 도착한 순서대로 환자를 보살피고 있었지요. 나는 남편과 떨어졌고, 남편은 응급실 복도에 세워져 있었습니다. 나는 한 시간이 지나서야 남편이 있는 곳으로 불려갔습니다. 아직 너무 바빠서 아무 조치도 취하지 못했다면서 좀 더 기다려야 한다고 하더군요. 남편은 통증이 심했습니다. 우리는 냉방이 너무 강한 (얼음처럼 차가운) 검사실에 앉아 있었습니다. 당직 여의사와 남자 간호사가 자기들한테는 그런 상태가 좋다고 하더군요.

남편을 검사하기에 앞서 여의사는 어쩌면 스텐트를 삽입한 병원으로 남편을 옮길지도 모른다고 말했습니다. 하지만 남편은 당장 도움이 필요했고, 그사이 소중한 시간이 많이 흘렀습니다. 우리는 이 병원에 그대로 있고 싶었습니다. 한 간호사가 이곳에 훌륭한 암 병동이 있다고 했기 때문이었죠. 여의사는 청진기로 남편의 상태를 점검하더니 남편이 통증을 견딜 수 없어 하자 노발긴 알약을 주었습니다. 남편은 그 진통제를 뱉어냈습니다. 삼킬 수가 없는 상태였으니까요 (스텐트를 삽입했다고 하지 않았던가요!). 게다가 남편은 이미 오피오이드계 진통제의 일종인 옥시게식을 복용하고 있었는데, 그보다 약한 진통제인 노발긴으로 어떻게 하겠다는 건가요? 그러자 여의사는 나중에 병실로 옮기면 혈관 주사를 통해 진통제를 주사하겠다고 했습니다. 그런 다음 혈액을 채취했습니다. 우리는 그제야 냉방장치로 인한 추위를 막을 담요를 받았습니다.

종양 병동에는 빈 병실이 하나도 없었습니다. 그래서 남편은 우선 심장 병동으로 옮겨야 했습니다. 그때가 새벽 5시였습니다. 우리는 병동으로 가기 전에 혈액 수치가 나올 때까지 그렇게 오래 기다려야 했습니다. 병동의 간호사는 그 상황을 제대로 이해하지 못하더군요. 혈액 수치는 전화로도 전달할 수 있다고 말하면서요.

다음 날 오후 나는 남편의 상태에 대해서 과장 의사, 병동 담당 의사와 상담했습니다. 두 차례 (충격적인) 상담 모두 복도에서 했는데, 과장 의사는 무릎을 약간 구부리고 벽에 기댄 채 남편이 오래 살지 못할 거라고 말했습니다. 남편은 아무것도 먹지 못하고 마시지도 못했습니다. 혈관 주사를 통해 영양액을 공급받을 때까지 아주 오래 걸렸습니다. 남편에게 정맥 확보를 위한 시술이 필요하다는 등의 대화 역시 항상 복도에서 나누었습니다. 나는 병원에서 매일 남편을 씻겼고, 아들도 면도를 해주려고 찾아왔습니다.

다시 엑스레이 촬영과 위내시경 검사가 진행되었습니다. 그 검사실도 무척 추웠고, 남편은 예방 접종에도 불구하고 폐렴에 걸렸습니다. 나는 이번에도 복도에서 의사들에게 남편이 편안히 쉬지 못한다고 말했지만, 의사들은 아무 대답도 하지 않았습니다. 목요일 10시에 있었던 회진에는 나도 마침 그 자리에 있었습니다. 주임 의사는 발에 생긴 수포에 바르는 약과 폐렴을 치료할 항생제를 처방했습니다. 남편은 견딜 수 없는 통증에 시달렸습니다. 2004년 10월부터 통증 환자이기도 했으니까요. 그래서 모르핀 주사를 맞았지만 통증을 멈출 수는 없었습니다.

나는 그사이에도 줄기차게 간호사들에게 달려가야 했습니다. 남편이 지옥 같은 고통에 시달리면서도 그저 참고만 있어야 했기 때문입니다. 병실 간호사는 이렇게 대답했습니다. "순서대로 이루어질 거예요, G 부인…… 의사 선생님들이 곧 오실 겁니다…… 아직 다른 병실에 계셔요…… 그 약은 의사 선생님들만 내줄 수 있어요……" 그렇게 시간이 흘러서 오후 2시가 되었습니다. 여의사가 병실로 들어와 먼저 한 환자에게 화학요법을 실시하더니 남편은 그다음 순서로 봐주겠다고 했습니다. 남편이 얼마나 고통스러워하는지 보고 있었으면서도 말이지요. 다른 약을 복용한 지 15분 정도 지나자 남편은 비로소 조금 좋아졌다고 말할 수 있었습니다. 사람이 그처럼 고통스러워하는데도 그냥 내버려두는 것은 부끄럽고 비인간적인 일입니다. 고통받는 사람이 아무도 없어야 한다고 말은 하지만 당신네 병원에서는 고통을 받지 않을 수가 없더군요.

의사가 처방한 항생제는 몇 시간이 지나도 나오지 않았습니다. 나는 의사의 집무실로 찾아갔고 내가 방해가 된다는 사실을 바로 알아차렸습니다. 그래서 문틈으로 항생제는 언제 줄 거냐고 물었습니다.

그러자 안에서 담당 의사가 남편이 계속 통증을 느끼면 모르핀 주사를 한 번 더 놔주겠다고 대답했습니다. 내가 알기로 그 두 가지는 전혀 상관이 없는데 말입니다.

나는 오후 3시에 집 근처 약국으로 갔습니다. 대마초 성분이 함유된 드로나비놀을 가져오기 위해서였지요. 거기서도 나는 그 약을 얻기 위해 맹수처럼 싸워야 했습니다. 하지만 그 일은 당신네 병원과는 아무 상관이 없으니 더 이상 말하지 않겠습니다. 나는 그날 저녁 7시 20분경에 다시 병동으로 돌아왔습니다. 그때 거기서 일어난 일은 정말이지 비인간적이고, 모욕적이고, 인간을 경멸하는 행위였습니다. 쉽게 말해서 사람이 죽어가고 있는데, 보호자가 없는 환자가 아직 살아 있는데도 이미 죽은 것이나 마찬가지였던 겁니다. 나는 7월 13일 오후 근무조에게 그런 일을 겪었습니다. 밖에 있는 사람들은 아무도 믿을 수 없을 겁니다. 간호사는 열차 매표구처럼 생긴 유리판 뒤쪽에 앉아 있었습니다. 그런데 남편이 오후에 있었던 병실에서 보이지 않았습니다. 나는 간호사에게 남편을 왜 다른 곳으로 옮겼느냐고 물었습니다. 그러자 간호사는 크고 힘찬 목소리로 대답했습니다. "G 부인, 이제 곧 끝이에요!" 나는 남편이 어디 있느냐고 다시 물었습니다. 간호사가 병실 번호를 잘못 알려주었지만 나는 남편이 있는 곳을 찾았습니다. 남편은 2인실 병실에 누워 있었고, 칸막이 뒤에 역시 중환자인 한 남자가 누워 있었습니다. 남편은 더 이상 말을 할 수 없었고, 모르핀이 한 방울씩 흘러들어가고 있었습니다. 남편의 베개 커버가 젖어 있어서 새 커버를 달라고 하자 간호사는 곧 오겠다고 대답했습니다. 나는 그런 대답을 알고 있었습니다. 시간이 좀 걸린다는 뜻이었지요. 그사이 우리 가족들이 도착했고, 그제야 남편의 침대를 깨끗하게 갈아줄 수 있었습니다.

이제 남편의 침대 옆에서 토론이 시작되었습니다. 한 간호사가 말하기를 환자가 별도 주문을 하면 특별 보험을 들어야 한다는 것입니다. 별도로 제공되는 수건들 때문에 말입니다. 외부 온도가 30도면 당연히 모든 환자들이 땀을 흘리는데, 그것이 일반적인 일이라고 하더군요. 나는 간호사에게 그러면 우리가 알아서 하겠다고 거듭 말했습니다. 우리는 남편의 땀을 씻어주고 시원하게 해주었습니다. 그러자 남자 간호사가 "이제 그만 두세요!"라고 말했습니다. 내가 왜냐고 묻자 그는 "당신은 이제 집으로 가야 하니까요!"라고 대답했습니다. 나는 그에게 가족들의 임종 간호에 대해 들어본 적이 없느냐고 물었습니다. 그러자 그는 "때가 되면 우리가 전화하겠습니다"라고 대답했습니다. 나는 화가 나서 말했습니다. "일이 다 끝난 다음에 전화하고 싶은 거죠? 당신은 남편을 다른 병실로 옮길 때부터 나한테 전화를 했어야죠!"

나는 간호사에게 다른 병원에서는 물이나 차, 커피라도 한 잔 주었을 거라고 말했습니다. 그러자 간호사가 그러더군요. "우리가 환자의 가족들한테까지 시중을 들어야 한다면 우린 대체 어디로 가야 하는데요?"(유감스럽지만 이 사람의 이름은 모릅니다.) 우리 가족들은 아주 조용히 있었습니다. 그런데도 병실에 있는 다른 환자 때문에 모두 집으로 가야 했습니다. 당신네 병원에 1인실이 없어서 그런 것인데, 그게 우리 잘못인가요? 남편과 함께 있던 환자를 남편이 전에 있었던 병실로 옮길 수도 있었을 겁니다. 나는 지금 오후 근무조에 속했던 모두에게 불만을 제기합니다. 세 명 모두 불친절했고 비인간적이었습니다. 간호가 힘든 직업이라는 것은 알지만 그런 식으로 해서는 안 됩니다. 병원에 있는 당신네 직원들은 잘못된 자리에 있는 것입니다. 적어도 오후 근무조였던 그 세 사람은 말입니다.

야간 근무조에게서는 정반대 상황을 경험했습니다. 스리랑카에서 온 남자 간호사는 붙임성 있고 무엇이든 도와주려고 하는 아주 좋은 사람이었습니다. 사람들은 간호사라면 그 사람 같을 거라고 생각할 겁니다. 실제로 특히 종교단체에서 운영하는 병원에는 그런 간호사들이 아직 있습니다. 스리랑카인 간호사는 암 병동에 있는 중환자 서른 명을 혼자서 돌보면서 다른 일들까지 처리해야 했습니다. 그는 내가 끝까지 병실에 있는 것을 기쁘게 생각했습니다. 남편은 새벽 3시 39분에 숨을 거두었습니다. 남편이 살아 있던 마지막 9시간 동안 의사가 찾아왔던 적은 한 번도 없었습니다. 그날 당직이었던 여의사는 남편의 죽음을 확인한 뒤에 형식적인 절차는 다음 날 장의실에서 처리해야 한다고 말했습니다. 임종실은 없는데 장의실이 있다니 정말 이지 기가 찰 노릇입니다!

무엇보다 기막힌 사람들은 병원 수위들이었습니다. 나는 새벽 5시에 병원을 나섰습니다. 문 앞에 대기 중인 택시가 한 대도 없었기 때문에 수위에게 택시 좀 불러달라고 부탁했습니다. 그랬더니 밖에 나가 있으면 택시가 곧 올 거라고 말했습니다. 10분 뒤 다시 안으로 들어가 밖에서 마냥 기다릴 수만은 없으니 택시를 불러달라고 다시 한 번 부탁했습니다. 비용도 지불하겠다고 했습니다. 그러자 "당신이 알아서 택시를 부르세요!"라는 대답이 돌아왔습니다. 나는 우리가 도대체 어느 나라에 살고 있느냐고 나 자신에게 물었습니다. 오늘날 어디서나 서비스를 말하지만 당신네 병원에서는 그것을 체험할 수가 없었습니다. 옛말에 친절을 베푸는 데는 돈이 들지 않는다고 하지 않았던가요? 어쩌면 내가 찾아간 시점이 적절하지 않았는지도 모르겠습니다. 수위가 두 명 있었는데, 교대를 하는 중이었는지 할 말이 많아 보였으니까요. 어쨌든 결국엔 택시를 불러주긴 했습니다.

중요한 것은 사람이 그처럼 비인간적으로 죽어서는 안 된다는 사실입니다. 가족들이 곁에 없으면 간호사들은 죽어가는 사람의 상태조차 살펴보지 않았습니다.

나는 당신이 병원을 생각해서라도 내 편지를 진지하게 받아들이고 즉시 답장을 해주기를 바랍니다. 그러지 않으면 여론에 호소하는 수밖에 없을 테니까요.

경의를 표하며,

E. G.

G 부인의 불만신고서는 병원 내에서 상당한 파장을 일으켰다. 그러나 신고서에 적힌 내용에 대한 토론은 건성으로, 피상적으로만 실시되었다. 병원 경영진의 지시로 관련 분야의 담당자들인 종양학과 과장, 응급실 책임자, 간호사실 책임자가 한자리에 모이는 회의가 소집되었다. 대부분 병원의 전동 장치에 들어간 모래알쯤으로 받아들이던 일반적인 불만신고서들과는 달리 G 부인의 편지는 의료와 간호 행위의 핵심을 짚었다. 좀 더 정확히 말하자면 환자들의 간병에서 수요와 공급의 괴리가 얼마나 크게 벌어졌는가 하는 문제였다. 회의에 모인 사람들은 어느 환자의 아내 때문에 이 자리에서 공개적으로 비난받았고, 참석자들은 이 부인이 병원 시스템에 관한 문제를 제기했다는 사실을 직시할 수밖에 없었다.

종양학과장은 회의를 시작하자마자 해당 직원들을 대신해 자신이 모든 책임을 지겠다고 말했다. 거기에는 종양학과 내부 생활에 대한 불편한 토론과 질문을 미연에 방지하려는 의도가 깔려 있었을 것이다. 병원 연합 본부에서 나온 담당자는 응급실 책임자에게 '맨체스터 실험 시스템'에 대해 들어본 적이 없느냐고 물었다. 이는 시급히 치료해야 할 환자와 그렇지 않은 환자를 구분해서 시급한 환자를 먼저 치료하는 시스템이었다. 간호사실 책임자는 종양학과에 근무하는 간호사들의 과중한 업무를 비판하는 글을 인용했고, 서비스 품질 관리인은 의사들과 간호진의 상담 태도에서 문제가 있다고 지적했으며, 환자 대변인은 병원 위층에 있는 병실들의 불충분한 냉난방 시설에 대한 불만을 지적했다. 병원장은 무척 화를 냈다. 그는 회의가 끝날 무렵 진지한 표정으로 주위를 둘러보더니 책임자들에게 당장 "필요한 조치와 대책을 세우고, 앞으로 이런 불만신고서가 반복되는 일이 절대 없도록" 하라고 요구했다. 황색 신문들이 그런 사건들을 찾아 열을 올리는 판에 이런 일이 반복되면 병원 이미지에 어떤 영향을 줄지 예측할 수 없다는 것이었다. 그러면서 결국에는 "우리 모두와 여러분과 직원들"에게 영향을 미칠 병원의 경제적인 문제가 어떻게 될지 상상하기도 싫다고 했다.

이 자리에 참석한 사람들 중에서 G 부인이 제기한 불만의 원인을 진정으로 밝히는 데 관심이 있는 사람은 아무도 없었다. 그렇게도 자주 부르짖는 환자들의 안녕은 결코 자기비판의 중심에 놓이지 못했고, 그보다는 직원들의 이해관계와 병원의 안녕이 우선이었다.

병원에서는 G 부인에게 표현에 세심하게 신경을 쓴 사과 편지를 썼고 개선을 약속했다. 몇 주 후 G 부인과 편지는 잊혀졌다. 나중에 종양학과의 나이 든 간호사 한 명이 여의사에게 그 일을 한 번 더 거론한 적은 있었다. "아, 그 G 부인 말씀하시는 거군요. 남편이 여기서 죽은…… 우리를 아침부터 저녁까지 하루 종일 들볶은 불평꾼이었잖아요……."

병원에서 일어나는, 막을 수 있는 죽음

모든 독일인의 4분의 3은 병원에서 죽는다. 그들이 왜, 어떤 병으로 죽었는지는 대부분 분명히 설명할 수 있다. 대개는 병의 진행 과정이 뚜렷하고 진단도 알려져 있다. 가령 오래전부터 진행된 뇌졸중 환자나 분명히 진단된 질병의 말기 환자들을 생각할 수 있다. 그런 환자들의 죽음에는 가족이나 의사들이 크게 놀라지 않는다. 그러나 뜻밖에 찾아오는 죽음도 드물지 않다. 가령 심근경색 환자가 갑작스레 심장사하는 경우다. 대부분 예기치 못했던 숙명적인 병의 진행 때문이지 의료진의 소홀함 때문에 발생하는 일은 아니다. 그럼에도 독일 병원에서 발생하는 피할 수 있는 사망 건수도 분명 적지 않 다. 믿을 만한 통계에 따르면 매년 1만 7,000건이 발생한다. 불충분한 병원 시설과 그런 시설을 운영하는 사람들에게 내맡겨져 목숨을 잃는 것이다.

그렇다면 병원에서 발생하는, 피할 수 있는 사망이란 어떤 것일까? 이는 한편으로 환자 관리의 부적절한 체계에서 발생한다. 가령 앞서 자주 언급한 입원 환자에 대한 간호 인력 부족을 꼽을 수 있다. 서른 명이 입원해 있는 병동에서 야간에 근무하는 간호사가 한 명이냐 두 명이냐에 따라 환자 관리의 수준이 현저히 달라진다. 오늘날에는 한 명이 근무하는 경우가 많아서 어떤 면에서는 실로 '위험한 간병'이나 다름없다. 외과 병동의 경우에도 몇 안 되는 의사들이 '모두 수술 중'인 관계로 오후 늦게까지 병동을 비웠느냐, 아니면 입원 환자들의 진료를 담당하는 의사가 자리를 지키고 있었느냐에 따라 중대한 결과를 초래할 수도 있다.

다른 한편으로 젊은 의사들의 교육 부족으로 발생하는 사망 역시 막을 수 있는 사망에 속한다. 그런 죽음은 병원 응급실에서, 또는 젊은 의사들이 야간근무를 하는 동안 교육이나 경험에 비추어 감당하기 어려운 과제가 맡겨졌을 때 빈번하게 발생한다. 의사의 부주의나 불성실로 인한 사망도 여기에 포함된다. 다음 사례는 그러한 점을 적나라하게 보여준다.

크리스티안 H는 가슴과 등, 어깨 부위의 원인 모를 통증 때문에 14일 전부터 한 정형외과 의사에게 치료를 받았다. 그런데 의사는 정확한 병력을 조사하거나 환자를 철저히 검사하지도 않았고, 내과 의사에게 보내 치료받도록 하지도 않았다. 그 대신 엑스레이로 (나이에 따른 정상적인 변화를 보인) 척추를 촬영한 다음 흉추에 대해 "쓸데없는 말만 늘어놓았다". 게다가 물리치료와 진통제를 처방했다. 그러나 크리스티안 H에게는 전혀 도움이 되지 않았고, 통증이 끊이질 않았다. 때로는 느닷없이 찾아오는 통증에 땀을 뻘뻘 흘렸고, 창문을 열어젖히고 싶은 마음뿐이었다.

크리스티안 H와 여자 친구는 초저녁 무렵 응급실에서 한 내과 수련의를 만났다. 의사는 그의 증세를 상세히 묻더니 면밀하게 검사했다. 혈액을 채취하고 심전도를 측정했다. 그러나 이제 갓 2년차 수련 과정에 있던 젊은 의사는 모든 검사를 끝내고도 진단을 내리지 못했다. 심전도 측정 결과 왼쪽 심장이 느리게 뛰는 '좌각 차단'을 보여 흉부 질환을 배제할 수 없는 상태였다. 젊은 의사는 '불명확한 가슴 통증'이라는 소견을 적었다. 그런 다음 크리스티안 H에게 입원 수속을 밟게 했다. 다음 날 내과 병동에서 그의 증세를 계속 살펴보기 위해서였다. 크리스티안 H는 응급실에서 벌써 강한 진통제 주사를 맞았다. 의사는 야간근무를 하는 간호사에게 4시간 안에 채혈을 한 번 더 하고 심전도를 측정하라고 지시했다. 크리스티안 H는 1인실에 입원했고, 그가 제대로 보살핌을 받고 있다고 생각한 여자 친구는 안심하고 집으로 돌아갔다.

간호사는 침대 머리맡에 물병을 놓으면서 호출벨 다루는 방법을 일러주었다.

"무슨 일이 생기면 지체 없이 저를 부르세요. 네 시간 후에는 채혈을 위해서 환자분을 깨울 테니 양해해주시고요."

그런 다음 간호사는 병실 문을 닫고 간호사실 쪽으로 걸어 갔다.

새벽 2시경 간호사는 의사가 지시한 검사를 하기 위해서 크리스티안 H의 병실로 들어갔다가 소스라치게 놀랐다. 흐릿한 야간 조명 아래에서도 그가 죽었다는 사실을 단번에 알아차렸기 때문이다. 간호사는 병실 밖으로 뛰어나와 의사에게 급히 사실을 알렸다. 의사는 소생술 장비를 들고 즉시 달려왔지만 크리스티안 H는 죽어 있었다. 이미 사후경직이 진행된 상태였다.

크리스티안 H는 무슨 병으로, 왜 죽었을까? 부검 결과 사인은 심근경색으로 밝혀졌는데, 일반적으로 협심증이라고 불리는 등과 가슴 통증의 징후를 정형외과 의사가 잘못 해석했던 것이다. 물론 그 의사는 사실을 받아들이기가 쉽지 않을 것이다. 응급실에서 만난 내과 수련의는 적어도 크리스티안 H의 통증이 척추에서 비롯되었을 거라는 점에 의문을 제기했지만 환자의 전체 증세를, 특히 심전도를 제대로 해석하기에는 경험이 부족했다. 심전도에 나타나는 좌각 차단은 특히 젊은 사람들의 경우 언제나 병의 징후다. 또한 결코 드물지 않은 심전도 변화에 가슴과 등의 통증이 동반할 때는 항상 심근경색을 의심해야 한다는 점이 중요하다. 따라서 환자를 절대 혼자 두어서는 안 되고, 상태를 감독하고 최대한 빨리 진단을 내리기 위해 중환자실의 경험 있는 의사들과 간호사들에게 맡겨야 한다.

"그렇지만 응급 상황에 대비하고 있는 과장 의사나 경험이 많은 다른 의사를 부를 수도 있지 않았을까요?" 몇몇 독자들은 이렇게 말할 것이다. 내 생각도 그렇다. 문제는 바로 여기에 있다. 젊은 의사는 혼자 내려야 할 결정과 그러지 말아야 할 결정을 구분하지 못한다는 것이다. 따라서 그런 경우에는 응급 상황에 대비하는 의료진의 가치는 제한적일 수밖에 없다. 그들을 호출하는 의사가 상황을 정확히 인식하고 비판적인 통찰력으로 경험 있는 동료에게 도움을 구하는 용기를 발휘해야 하기 때문이다.

이 경우는 다행스럽게, 또는 애석하게도 법적인 분쟁으로 이어지지 않았다. 다음 날 병원을 찾은 환자의 여자 친구가 별다른 문제를 제기하지 않았기 때문이다. 그러나 크리스티안 H가 응급실에 도착한 직후 중환자실이나 24시간 감독 병동으로 바로 옮겨졌다면 죽지 않았을 것이다. 만일 미국에서 이런 일이 발생했다면 의사와 병원은 고소를 당했을 것이다. 병원은 엄청난 금액의 배상금을 지불하고, 의사는 면허취소 처분을 받았을 가능성이 높다.

이 터무니없는 사건의 핵심은 경험이 일천한 젊은 의사가 범한 과실이 아니다. 그보다는 병원 측과, 환자 관리를 조직하고 젊은 의사들의 교육을 책임져야 할 책임 있는 의사들이 제 역할을 하지 못했다는 데 있다. 크리스티안 H의 죽음은 결국 그들의 책임이다. 그들이 주어진 과제를 제대로 감당할 능력이 없는 젊은 의사에게 야간근무를 맡겼기 때문이다. 그런데 병원과 의사들은 자신들의 잘못된 행동에 대해 침묵함으로써 이중으로 책임을 회피했다. 의사들의 말을 쉽게 믿어버린 환자의 여자 친구도 그들을 도왔다. 그들은 환자만 속인 것이 아니라 그들 자신도 속였다. 치명적인 결과를 초래한 중대한 과실을 병원 내부에서 공개적으로 다루지 않았고, 실수를 통해 배우고 장차 유사한 사건이 재발하지 않도록 하는 계기를 마련하지도 않았다.

또 다른 사례는 병원 책임자들이 얼마나 자기기만에 사로잡혀 있는지를 잘 보여주는데, 입원 환자를 치료하는 과정에서 이름이 매우 유사한 두 가지 약품을 혼동해서 발생한 사건이었다. 처방 실수는 병원 의사뿐만 아니라 환자가 퇴원한 후 계속 환자를 관리했던 주치의도 발견하지 못했다. 오히려 도저히 납득할 수 없는 잘못된 처방을 계속 내렸다. 환자의 상태가 눈에 띄게 나빠지자 주치의는 결국 그를 다시 병원으로 보냈다. 환자는 병원에서 숨을 거두었고, 그 이유는 분명 잘못된 약을 처방한 탓이었다. 환자는 비자연적인 원인으로 죽었고, 그러한 원인들을 조사해 밝혔어야 했다. 그러나 검시증명서에는 사인이 '자연사'로 기록되었다. 가족들은 죽음의 진실에 대해 아무 말도 듣지 못했다. 몇몇 병원 관계자들만 알게 된 이 사례를 두고 한 주임 의사는 대수롭지 않다는 듯이 이렇게 덧붙였다. "모든 일이 그렇게 잘못된 것만은 아닙니다. 우리는 아주 좋은 책임보험에 들어 있으니까요."

날로 증가하는 경제성 문제도 의사와 환자의 관계, 환자 관리의 근본적이고 전문적인 윤리적 원칙들을 압박해 들어간다. 오늘날 어떤 병원도 그런 압박에서 자유롭지 못하다. 20년 전만 해도 과잉 공급과 낭비라며 환자 관리를 비판했지만, 오늘날에는 흑자 경영 요구로 병원의 환자 관리 전반에 인력 부족 등의 문제가 두드러진다. 이런 실정이라 우려할 만한 위험 요인도 엿보인다. 경영학의 비용 계산 도입과 그 결과로 나타난 포괄수가제(diagnosis related groups: 진료의 내용과 입원 기간에 상관없이 환자의 질병군에 따라 미리 정해진 일정액의 진료비를 의료 기관에 지불하는 의료 제도—옮긴이)의 확립은 수많은 병원들, 특히 대도시 병원들이 환자들과 그들을 병원으로 보내는 의사들을 확보하기 위해 치열하게 경쟁하는 결과를 불러왔다. 아무리 기술이 발달해도 결국 사람 손에 의지할 수밖에 없는 노동집약적인 과제는 환자의 수가 점점 증가하는 현실에서 언제나 부족한 의료진과 간호 인력만으로 절대 감당할 수 없다. 따라서 환자 관리의 안전과 질적 수준이 언젠가는 뒤처질 것이다. 조금 과장해서, 그러나 핵심을 정확히 꼬집어 말하자면 오늘날 독일의 많은 병원이 생존을 위해 절망적인 싸움을 벌이고 있는 상황이다. 그런 현실에서 환자들의 목숨이 희생당하는 경우도 적지 않다.

수년 전부터 총 진료비, 환자 건수, 입원 일수 등 이른바 '환자구성지표Case-mix-Index'와 다른 지표들, 그리고 많은 시간이 걸리는 (그러한 지표와 관련된) 문서 작성은 병원의 일상적인 임상 활동과 대외 이미지에서 중요한 의미를 갖게 되었다. 그리하여 병원 본연의 업무인 환자 진료에 부담을 줄 뿐만 아니라 진료를 의료진과 간호 인력의 부차적인 과제로 만들고 있다. 오늘날 뛰어난 주임 의사는 환자의 만족도를 높이는 의사가 아니라 최대한 병원 수익을 높여주는 의사다.

시장경제의 논리에 종속된 환자 관리 시스템은 결함과 과실, 피할 수 있는 사망 사건들을 사소한 일로 치부하거나 은폐해버린다. 그리하여 병원의 실제 능력과 의료 서비스의 질에 대해 그릇된 이미지를 심어준다.

어느 금요일 오후 4시 무렵, 쉰세 살의 독신남 귀도 S가 심각한 감염 증세로 응급실을 찾았다. 담당 의사 L은 고열, 위치를 정확히 짚을 수 없는 등과 옆구리 통증, 가슴과 목 부분의 붉은 반점 등의 증세와 알코올성 질환을 치료받았던 환자의 병력을 토대로 진단을 내려야 했다. L은 환자의 몸을 꼼꼼히 검사했다. 다량의 채혈을 지시했고, 감염의 원인균을 밝히기 위해 연구실에 혈액 배양 검사를 의뢰했다. 이어서 폐 엑스레이 촬영과 복부 초음파 검사를 실시했다. 거기다 신경과 전문의와 복부 수술 전문의까지 끌어들였다. 그럼에도 불구하고 감염의 진원지를 밝히기란 불가능했다. 환자의 순환 상태는 안정적이어서 중환자실로 옮길 필요는 없을 듯했다. L은 그에게 수액을 투여하고 항생제를 처방했으며, 혈전증 예방 치료를 시작했다. 마지막으로 진통제를 처방한 뒤에 다음 날 더 정확한 진단을 내리기 위해 한 병동으로 환자를 옮기게 했다.

오늘날에는 병원의 최대 수용 인원에 맞춰 병실을 모두 채우기 위해 이른바 '손님 배정'을 시행한다. 가령 심장과에 빈 병실이 없어서 심장병 환자를 비뇨기과 병동으로 옮기는 식이다. 다른 과 병동에 입원한 이러한 '위성 환자'들은 의사들과 간호사들 사이에서 달갑지 않는 존재들이다. 고도로 조직화된 임상 치료 과정과 관리 과정을 방해하기 때문이다. 두 병동이 동시에 환자를 담당해야 하는 관계로 이러한 환자들에게는 더 많은 경비가 들어간다. 또한 환자에 대한 정보가 부족하고 병동 사이에서 전달 실수가 일어날 가능성도 매우 높다. 다른 과 병동의 간호진은 종종 이런 위성 환자들 때문에 과도한 업무 부담을 느끼고, 자신들이 담당자가 아니라고 생각한다. 이 환자들은 해당 병동의 의사들에게서도 2차적으로 진료를 받게 되는데, 의사들도 자기 병동 환자들을 우선해서 치료해야 할 책임을 느끼기 때문이다. 그 결과 위성 환자는 신속히 치료를 받을 수 없게 된다. 특히 환자에게 발생한 합병증과 응급 상황이 뒤늦게 인지되고 전달되어 통제하기 어려운 상황이 되었을 때는 환자의 안전이 심각한 위험에 직면한다.

내과병동에는 남은 병실이 없었기 때문에 L 의사는 귀도 S를 우선 비뇨기과 병동에 입원시킬 수밖에 없었다. 그때가 금요일 저녁 9시였다. 그것도 L 의사가 비뇨기과 병동의 H 간호사에게 애걸하다시피 부탁하고, 다른 병동에도 남은 자리가 전혀 없다는 사실을 몇 번이고 확인한 뒤에야 간신히 성사시킨 일이었다. L 의사가 처방한 약과 수액, 또 다른 검사 기록과 다음 날 예정된 검사들이 기록된 진료기록부에는 '원인 미상의 고열'이라는 진단이 적혀 있었다. 귀도 S는 첨부된 진료기록부와 함께 병동에 도착해 2인실로 옮겨졌다. 병실에는 막 전립선 수술을 받은 여든세 살의 환자가 누워 있었다. 귀도 S는 불안한 밤을 보냈다. 구토를 한 번 했고, 화장실에 가다가 탈진했다.

다음 날 오전 10시경 비뇨기과 환자들을 회진하던 R 의사는 침대에 누워 있던 귀도 S를 지나치면서 상태가 별로 좋아 보이지 않는다고 말했다. 그러면서 당신은 다른 과 의사들 담당이고, 의사들도 이런 사실을 알고 있다고 덧붙였다. 3시간이 지났다. 정오 무렵 귀도 S는 다시 등 통증을 호소하면서 H 간호사를 불렀다. H 간호사는 다시 한 번 해당 병동에 환자의 상태를 알렸다. 어제 저녁부터 그를 보러 온 의사가 전혀 없었기 때문이다. 연락을 받은 내과 병동 간호사는 안타깝지만 토요일 오후라 담당 의사가 N씨 한 명뿐인데, 지금 막 어느 환자에게 소생술을 하고 있어서 시간이 다소 걸릴 거라고 전했다. 게다가 N 의사는 벌써 64시간을 근무했기 때문에 이미 오래전에 퇴근했어야 하는 상황이라고 덧붙였다. 그래서 귀도 S의 치료에 관한 모든 일을 오늘 대기근무 중인 D 의사에게 위임한다고 했다.

비뇨기과 H 간호사는 즉시 D 의사에게 연락했다. 하지만 그는 막 중환자실로 다른 환자를 옮겨야 하기 때문에 당장 갈 수 없다고 했다. 그러면서 응급 상황이냐고 물었다. H 간호사는 정확히 말할 수는 없지만 환자가 통증을 느끼고 있고, 혈압은 90에서 60이며, 열이 계속 39도를 넘는다고 대답했다. 벌써 16시간째 비뇨기과에 손님 환자로 입원해 있는데, 의사가 한 번도 찾아오지 않았다고 말했다. D 의사는 이해할 수 없는 일이라며 흥분했다. 그러면서도 자신이 다른 과 의사들이 내버려둔 일을 대신 처리하는 사람은 아니라고 덧붙였다. D 의사는 환자가 통증을 호소한다면 노발긴 30방울을 주고 수액도 갈아주라고 지시했다. 그래도 별 소용이 없으면 모르핀 10밀리그램을 피하에 주사하라고 일렀다. 그러면서 시간이 나면 들르겠다고 말했다.

H 간호사는 D 의사의 지시를 충실히 이행했고, 환자의 상태는 일시적으로 좋아졌다. 그러나 D 의사는 나타나지 않았다. H 간호사는 심각하게 환자를 염려하기 시작했고, 저녁 7시경에 매우 이례적인

과정을 밟기로 결심했다. 병원 밖에서 비상호출에 대기 중인 과장 의사 B에게 전화를 한 것이다. H 간호사는 점점 통증에 시달리는 고열 환자가 거의 24시간 전부터 비뇨기과 병동에 있는데, 아직 의사의 진료를 전혀 받지 못했다고 말했다. 그러자 과장 의사는 그렇게 사소한 일로 영화관에 있는 자신을 방해했다며 화를 냈고, 당직 의사인 D에게 알려 임무를 제대로 수행하도록 재촉하라고 했다. 그러고는 전화를 끊어버렸다.

H 간호사는 다시 한 번 D 의사에게 전화했다. 하지만 그는 바빠서 도저히 짬을 낼 수가 없다고 했다. 지금도 막 급성 천식 환자를 돌보고 있는 중이라고. 분명히 귀도 S를 보러 갈 테니 염려하지 말라면서 그에게 모르핀 10밀리그램을 한 번 더 주사하라고 했다.

그사이 저녁 10시 30분이 되었고, H 간호사는 야간 근무조인 B 간호사에게 자신의 업무를 넘겨주었다. 그러면서 D 의사가 벌써 몇 시간 전부터 귀도 S를 보러 오기로 약속했는데 긴급한 일들 때문에 아직 오지 못했다는 사실을 알려주었다. 아울러 귀도 S를 몸을 일으킨 상태로 있게 했고, 그가 점점 불안해하고 혼란 상태에 빠진 듯해 침대 옆에 안전 바를 세워두었다는 점도 덧붙여 말했다.

그 시각 귀도 S는 이미 오래전부터 죽음과 싸우고 있었고, 자정에서 새벽 3시경에 숨을 거두었다는 사실을 아무도 알지 못했다. 야간 근무조인 B 간호사는 병동을 순회하다가 코를 골며 자고 있는 전립선 수술 환자 옆 침대에서 죽어 있는 귀도 S를 발견했다. B 간호사는 병실을 나오다가 복도에서 D 의사와 거의 부딪힐 뻔했다.

"어쩔 수 없었습니다. 더 일찍은 도저히 올 수 없었어요. 계속 전화가 걸려왔고, 지금까지 10분도 그냥 앉아 있질 못했습니다."

"그런 말씀 하실 필요는 없어요. 곧 환자의 서류를 처리할 수 있을 거예요."

B 간호사가 무덤덤하게 말했다.

"그 환자는 호출 벨도 더 이상 울리지 않았어요."

B 간호사는 죽은 사람의 진료기록부와 신분증, 사망증명서를 D 의사에게 건네주었다.

"진단서에 원인 불명의 고열성 감염에 의한 심부전이라고 적어야 할까요? 아니면 B 간호사 생각은 어떻습니까?"

D 의사가 당황해하면서 물었다.

이 환자가 어떤 병으로 죽었는지는 밝혀지지 않았다. 중증장애인으로 요양원에서 지내고 있는 여든둘 된 어머니가 부검에 동의하지 않았기 때문이다. 병원 측에서는 환영할 만한 일이었다. 병원은 귀도 S의 죽음을 둘러싼 상황과 그가 의사의 진료 없이 24시간 이상 방치되지 않았다면 살았을지도 모른다는 문제에 대해서는 침묵했다. 힘없고 늙은 어머니 외에는 그의 죽음과 관련해 책임자들에게 불편한 문제를 제기하고 따질 만한 사람은 아무도 없었고, 따라서 그의 죽음은 곧 잊혀졌다.

분노를 자아내는 귀도 S에 대한 치료(엄밀하게 말하면 치료 불이행)의

책임은 일차적으로는 의사나 간호사 개인에게 있지 않다. 그보다는 병원에서 점점 더 빈번하게 나타나는 환자 관리의 구조적인 결함에서 원인을 찾아야 한다. 심각한 인력 부족, 정신적 · 육체적으로 탈진 상태에 이를 정도로 과도한 업무, 지속적인 교육과 재교육의 부족, 상급자들의 인정과 존중 결여 등을 원인으로 꼽을 수 있다. 이러한 요인들로 인해 의료 기관에 근무하는 상당수 의사들과 간호진은 관심이 동반된 수준 높은 환자 관리를 포기했고 의욕을 잃어버렸다. 그리하여 많은 이들이 말없는 체념에 빠져 있다. 또 한편 자신들의 직업을 진정으로 가치 있게 여기기보다는 그저 참고 견딜 뿐이다.

저는
아들을 사랑하지만
아들이 제 소유는 아닙니다.

알렉산더 N의 기나긴 죽음

그의 심장은 건강한 사람처럼 힘차고 규칙적으로 뛰었고, 흉곽은 호흡의 리듬에 따라 오르내렸다. 얼굴색은 붉은빛을 띠고 손은 따뜻했으며, 피부는 매끄럽고 머리카락은 숱이 많았다. 위와 장은 공급된 양분을 소화했고, 췌장은 혈당을 조절했으며, 신장도 믿음직스럽게 제 할 일을 다했다. 그는 때때로 기침을 했다. 그러면 저절로 몸을 일으켰고, 얼굴은 일순 새파래졌으며, 입가에는 거품이 묻었다. 때때로 하품을 하거나 입맛을 다시기도 했다. 눈에서 눈물이 흐를 때가 적지 않았고, 종종 깊은 한숨을 내쉬기도 했다. 알렉산더 N이 살아 있다는 표시들은 명백하고 다양했다. 그러나 알렉산더의 손은 그를 헌신적으로 간호하는 어머니를 잡지 못했다. 그는 한 번도 어머니의 눈을 찾지 않았고, 단 한마디도 하지 못했다. 그러니 어머니가 부드럽게 말을 걸어도 대답할 수 없었다. 그는 결코 웃지 않았고, 자신의 불행에 대해 두려움이나 놀라움을 드러내지도 않았다. 자기도 모르게 불행 속에 갇혀 있었기 때문이다.

알렉산더 N은 스물두 살이었고, 거의 4년 동안 식물상태에 있었다. 식물상태란 사고나 질환으로 발생한 심각한 뇌손상으로 인간의 두 가지 존재 양태인 의식이 없는 상태와 깨어 있는 상태가 유일무이하고도 낯선 방식으로 맞물려 있는 불행한 상태를 이른다. 어쨌든 그 이상 절망적일 수 없는 인간의 실존 상태다.

독일에서는 1만 명 이상이 식물상태로 살아가고 있다. 극소수를 제외하고는 그런 상태로 계속 살아가도록 두는 것이 환자의 뜻에 부합하는지조차 알 수 없다. 알렉산더 N은 어쩌다 이런 상황에 빠지게 되었을까? 그는 왜 자신이 분명히 원치 않았는데도 불구하고 그 상태로 계속 살아가야 할 운명에 처했을까?

알렉산더 N은 지금은 이혼해서 살고 있는 부부의 외아들로 베를린에서 태어났다. 그는 부모가, 특히 어머니들이 누구나 바라는 아들이었다. 키 크고, 체격 좋고, 낙천적이고, 사람들과 만나는 것을 좋아하고, 잘 웃고, 운동을 좋아했다. 술과 담배는 좋아하지 않았고, 머리도 똑똑했다. 그는 미래에 대한 희망으로 가득 찬 학생이었고, 대학에서는 기계공학을 공부할 계획이었다.

2002년 10월 어느 날 밤, 알렉산더는 친구들과의 파티가 끝난 뒤 집으로 돌아가는 길에 술취한 운전자의 차에 치여 중상을 입었다. 그에게는 아무런 잘못이 없었다. 응급차는 심한 머리 부상과 뇌출혈, 종아리 골절을 당하고 폐가 으스러진 그를 대학병원 신경외과로 이송했다. 알렉산더는 즉시 수술을 받았다. 수술 후 뇌압이 오랫동안 급상승했는데 이는 추가 뇌손상이나 다름없었다. 며칠 동안 뇌압을 떨어뜨리는 특별 시술을 해야 했고, 알렉산더는 인공호흡에 의지한 채 인위적인 혼수상태로 중환자실에서 몇 주를 보냈다.

세상에 두려울 것이 없는 앞날이 창창한 스무 살 청년은 자신의 죽음을 진지하게 생각하지 않는다. 하물며 그런 사태에 대비해 '사전의료지시서'를 작성해두었겠는가. 그러나 알렉산더는 가까운 지인이 오토바이 사고를 당해 오랫동안 중환자실에서 치료를 받은 뒤 심각한 후유증을 안고 살아남은 과정을 곁에서 지켜본 바 있었다. 알렉산더는 지인의 운명에 깊은 충격을 받았고, 어머니와 여동생들에게 몇 번이고 그 사건에 대해 말했다.

"거의 움직이지 못하는 상태로 더 이상 삶에 참여해 즐길 수도 없고 항상 다른 사람에게 의지해 살아야 한다면 그건 지옥이나 다름없어요. 나는 무슨 일이 있어도 그렇게 살고 싶지는 않아요. 엄마는 내 뜻대로 해주실 거죠?"

알렉산더는 텔레비전 프로그램에서 하반신이 마비된, 〈슈퍼맨〉의

주연배우 크리스토퍼 리브를 본 적이 있었다. 그때 여동생에게 아주 진지하게 말했다.

"나라면 자살했을 거야."

대학병원에 입원해 있던 알렉산더가 퇴원할 무렵 가족들, 특히 어머니는 치료를 계속하는 것이 무슨 의미가 있을지 심각하게 고민하기 시작했다. 어머니는 중환자실에 누워 있는 아들의 침대 곁에서 밤낮을 보냈다. 의식 회복의 사소한 징후라도 찾아볼 수 있기를 간절히 염원하면서. 때로 누워 있는 아들을 찬찬히 굽어볼 때면 아들이 자신의 시선에 응답하는 것처럼 보일 때가 있었다. 그러나 아들의 시선은 어머니의 눈이 아니라 어딘가 허공을 보고 있었다. 한번은 절망적인 심정으로 아들을 바라보다가 평정을 잃고 소리를 지른 적도 있었다.

"알렉스! 눈을 떠! 제발 부탁이다! 어떻게 엄마를 여기 이렇게 혼자 둘 수 있니!"

어머니와 가족들의 마음속에 이제는 치료를 중단하고 알렉산더를 죽게 하는 편이 낫지 않을까 하는 생각이 서서히 자리를 잡기 시작했다. 어머니는 의사들과 상의하고 싶었다. 그들은 처음에 애를 많이 썼고 어머니에게도 더없이 친절했다. 그러나 의사들과 어머니 사이에는 이상하게 서로 대화할 기회가 없었다. 의사들은 점점 그녀를 피했고, 상담을 자꾸 뒤로 미루기만 했다. 과장 의사는 지나가면서 "N 부인, 다음 주에 제 상담 시간에 찾아오세요"라고 말했다.

알렉산더의 어머니는 의사가 계속 퇴짜를 놓는 것 같은 기분이 들었다고 했다. 처음에는 그저 당혹스러운 마음뿐이었는데 같은 일이 반복되자 나중에는 상처를 받았다. 완전히 혼자 내버려진 기분이었다. 그런 기분을 스스로도 인정하고 싶지 않았다. 분노가 치밀었다. 앞으로 알렉산더가 어떤 치료를 받게 될지 의사들은 제대로 설명해 주지도 않았다. 중환자실의 과장 의사라는 사람이 어떻게 환자 가족의 관심사를 이토록 사소하게 취급할 수 있단 말인가? 아들은 얼마나 오랫동안 계속 고통을 당해야 할까, 도대체 어떤 가능성이 있을까, 이런 문제가 나중에 생각해도 되는 것이란 말인가? 알렉산더의 어머니는 아들을 돌보던 간호사들과의 대화를 통해 의사들이 자신을 피하고 있다는 사실을 서서히 깨달았다. 의사들이 알렉산더를 놓아주고 싶어 하지 않는다는 사실을.

알렉산더의 수술이 끝나고 4주가 지나서야 마침내 중환자실 복도에서 알렉산더의 아버지와 두 여동생도 참석한 가운데 어머니는 과장 의사와 대화를 나눌 수 있었다.

"우리는 알렉산더를 위해서 무엇이든 다해보기를 바랍니다. 그렇다고 삶에서 아무것도 누리지 못하는 상태로 목숨만 연장하는 것은 원치 않습니다. 그것은 아들의 의사에 어긋나는 일입니다. 알렉산더는 나와 아버지, 친구에게 여러 번 분명히 말했습니다. 그런 상황에서는 절대로 살고 싶지 않다고요."

알렉산더의 어머니는 가슴이 떨렸다. 팔짱을 낀 채 듣고 있던 과장 의사가 고개를 저었다. "N 부인이 진작부터 그런 말씀을 하실 거라고 생각하고 있었습니다. 하지만 아드님에게는 어쩌면 1퍼센트의 기회가 남아 있을지 모릅니다. 저는 의사로서 그런 가능성을 빼앗고 싶지는 않습니다."

과장 의사는 그렇게 말하고는 실례한다면서 자리를 떴다. N 부인은 자식을 책임진 사랑하는 어머니가 아니라, 선생님에게 훈계를 듣는 여학생이 된 듯한 기분이 들었다.

"거기서는 인간성과 연민이 아니라 힘이 우선이었어."

N 부인은 나중에 가장 친한 친구에게 그렇게 말했다.

"그 사람이 나한테 말한 내용이 아니라 태도에 나는 경악했고 할 말을 잊어버렸어."

2002년 11월 말 알렉산더 N은 신경 질환 전문병원에서 재활 치료를 시작했다. 대학병원에서 치료를 담당할 의사에게 보낸 이송 자료에는 결정적인 문장들이 적혀 있었다. "환자는 현재 식물상태임. 눈을 뜨고 있지만 시선을 고정하지 못하고, 소통 능력이 전혀 없으며, 어떤 요구에도 응하지 못함. 사지 경련성 근육 긴장 상태가 높음."

이런 소견은 최악의 사태를 우려하게 했다. 알렉산더 N이 다시 의식을 찾을 수는 없었다. 5주가 지난 시점에서는 거의 불가능한 일이었다. 손상된 뇌가 회복하기에는 너무 늦어버린 것이다.

그럼에도 불구하고 병원에서는 최첨단 재활 치료법을 이용해 그의 상태를 개선하기 위해 모든 시도를 했다. 집중적인 신경심리학 치료, 언어 치료, 작업 치료, 신경 활동을 자극하는 주사, 경련 치료를 위한 특수 석고 붕대 이용 등이었다. 어머니와 가족, 친구들의 지속적인 관심과 지원 속에서 이런 조치가 취해졌지만 아무런 진전이 없었다.

이 병원에서도 알렉산더에게 지속적인 영양과 수분 공급을 보장하는 방법에 관한 문제가 제기되었을 때 담당 의사들은 치료 중단 가능성을 아예 무시했다. 지금까지 알렉산더는 코에 연결하는 가느다란 튜브를 통해 영양을 공급받았는데, 의사들은 이를 복벽을 통해 위에 바로 연결하는 PEG 튜브로 대체하려 했다. 그러자면 법적으로 알렉산더의 보호자인 어머니의 동의가 필요했다. N 부인은 인공적인 영양 공급은 아들의 뜻이 아니기 때문에 동의할 수 없다고 했다. 그러자 의사들은 "N 부인, 정말로 아들을 굶어 죽게 하고 싶으세요?"라고 되물었다. N부인은 그런 질문에 답할 준비가 되어 있지 않았다. 반박할 논거도 힘도 없었다. 또다시 훈계와 질책을 받는 기분이 들었다. 그녀는 체념했지만, 지금 일어나는 일들은 아들의 의사에는 결코 부합하지 않는 것이라고 확신했다.

몇 개월 동안 온갖 재활 치료를 마친 후 '심한 외상 후 뇌손상에 의한 식물상태. 뇌부종에 의한 뇌탈출'이라는 진단이 내려졌다. 그 밖에도 여러 부수적인 진단이 덧붙여졌다. 신경학적 · 신경심리학적 감정서의 최종 소견에는 다음과 같이 적혀 있었다. "흡수량 증가와 제대로 작동하는 흡수 반사작용을 제외하고는 입원할 때의 소견과 달라진 바 전혀 없음. 환자의 전체 증세는 인지 기능의 심각한 손상과 최악의 뇌 기능 부전으로 진단됨." 교통사고 이후 9개월 만에 내려진 이 진단은 충격적이었다. 알렉산더 N이 다시 의식을 찾고 주변과 소통할 가능성이 희박하다는 의학적인 판단을 내린 것이다.

알렉산더 N의 종착지는 한 요양원이었다. N 부인은 절망과 무력감 속에서 거의 무감각한 상태로 나날을 보냈다. 그러나 다시 마음을 추스르고 일어나 계속 싸웠다. 그녀는 매일 아들을 찾아갔다. 그녀가 바라는 것은 아들이 편하게 죽을 수 있도록 해주는 것뿐이었다.

N 부인은 요양원 원장과의 상담을 요구했다.

"나는 내 아들이 본인의 의사에 따라 여기서 죽을 수 있도록 해주고 싶습니다. 앞으로 시도되는 모든 치료에는 내 동의가 필요합니다."

요양원 원장은 아무 대답 없이 N 부인의 요구를 퇴짜 놓았다. 그런 다음 후견재판소에 연락해 "어머니가 과도한 부담에 시달리고 있다는 인상을 주니 보호자에 대한 감독"을 신청했다. 그렇게 말은 하지 않았지만 요양원의 의도는 그런 식으로 "골치 아픈 일만 벌이는" 어머니에게서 보호자 신분을 박탈하려는 것이었다. 하지만 법원은 이를 거부했다. 알렉산더의 간병을 스스로 감당하려고 결심한 N 부인은 일단 한숨을 돌렸다. N 부인은 아들을 집으로 데려가 집에서 눈을 감게 하고 싶었다. 그 방법이 무엇이고 시기가 언제든 아들이 죽을 수 있도록 돕겠다고 결심했다. 그것이 사랑하는 아들을 위해서 할 수 있는 마지막 일이었다.

요양원에서 알렉산더에게 다시 감염 치료를 시작하려 들자 N 부인은 아들을 어느 병원으로 옮겼다.

그녀는 그 병원에서 다시 용기를 냈다. 아들을 퇴원시키기 직전에 과장 의사를 만나 모든 가능성이 소진되었고 자신은 한계에 이르렀으니 제발 도와달라고 간청했다. 심장과 전문의이자 중환자 전문의인 D 의사는 알렉산더의 운명에 진심으로 관심을 보이고, 아들을 이제 그만 놓아주고 싶어 하는 N 부인의 바람을 이해하고 인정해준 첫 의사였다. D 의사는 그녀를 도와주겠다고 약속했다. 그는 먼저 알렉산더의 주치의에게 연락해 알렉산더에게는 감염 치료가 아무 의미가 없다는 점을 납득시키려고 애썼다. 그러나 주치의는 법적인 책임을 지고 싶어 하지 않았다. 결국 알렉산더는 다시 요양원으로 옮겨졌고, 거기서 의사의 지시에 따라 항생제 치료를 받았다. N 부인은 어찌해야 좋을지 몰랐다.

며칠 후 D 의사가 내게 전화를 걸었다. 우리는 몇 년 전부터 가깝게 지내는 사이였고 의학의 세계에서 제기되는 문제에 대한 관점이 거의 일치했다. 우리는 특히 식물상태에 있는 환자들이 구두로, 또는 서면으로 반대 의사를 분명히 밝혔는데도 비윤리적이라 할 수 있는 불분명한 의료 행위를 통해 그들의 생명을 연장시키는 행위에 반대했다. D 의사는 내가 수년 전부터 특히 임종의학을 다루고 있고, 그에 관해 공개적으로 여러 차례 의견을 발표한 적이 있다는 사실을 알았다. 그래서 자연스럽게 N 부인을 나와 연결해주겠다고 생각한 것이다.

"N 부인이 자네한테 전화해도 괜찮겠나?"

"그야 물론이지."

그사이에 N 부인은 '비상 제동을 걸었다'. 절망 속에서 요양원과의 계약을 해지하고 아들을 집으로 데려온 것이다. 그러나 매일 몇 시간씩 외래 간병 팀의 지원을 받고는 있었지만 요양원의 전문성과 보조 수단 없이 알렉산더를 간병하는 데는 많은 시간과 노력이 필요했고 힘에 부쳤다. N 부인은 잠을 거의 잘 수 없었다. 게다가 갑작스러운 경련과 식물상태의 환자에게 번번히 나타나는 합병증 때문에 또다시 아들을 입원시켜야 했다. 이번에도 의사들은 N 부인에게 알렉산더가 가망 없는 상태에 있음을 확인해주었다. "어쩔 수 없는 상황입니다!" 그런 다음 N 부인과 알렉산더를 홀로 내버려두었다.

알렉산더를 다시 집으로 데려온 지 몇 주 뒤 N 부인은 결국 나한테 전화를 했다. 우리는 며칠 뒤 알렉산더의 침상 앞에서 처음 만났다. 우리는 말없이 서로 마주보고 서 있었다. N 부인은 마치 당장이라도 부서지고 말 것을 만지듯이 부드럽게 아들의 손을 잡았다. 그러고는 그에게 무슨 말인가를 했다. 나는 그녀가 온전히 아들과 한몸이 되어 있음을 느낄 수 있었다.

N 부인과 나는 처음 만나는 순간 동맹자가 되었다. 그녀는 강하지만 다감하고 주저하는 듯하나 단호한 여성이었고 아들에 대한 자신의 소망이 옳다는 점을 확신하고 있었다. 자식을 떠나보내야 하는 문제에서 망설이지 않을 어머니가 어디 있단 말인가? 하지만 그녀는

어머니 역할은 부차적으로 받아들였고, 무엇보다 아들의 뜻을 실행하는 것을 의무로 삼았다. 바로 그것이 N 부인이 지금까지 보인 실로 이례적인 행동의 본질이었고 이는 높이 평가해 마땅한 일이었다. 우리가 처음 만나던 날 그녀는 "저는 아들을 사랑하지만 아들이 제 소유는 아닙니다"라고 말했고, 그 말에 나는 깊이 감동했다. 나는 N 부인의 편에서 최선을 다하겠다고 결심했다.

나는 아내와 자식들, 손자들의 헌신적인 간병을 받았던 식물상태의 환자들을 떠올렸다. 그러나 그들이 환자들을 바라보던 시선은 N 부인이 아들을 바라보는 시선과는 전혀 달랐다.

가령 의사의 아내였던 T 부인은 6년 전 소생술을 받은 뒤 식물상태에 빠진 남편을 돌보는 일을 자신의 사명으로 여겼다.

"그 사람이 내 삶에 의미를 주었어요. 나에겐 그가 필요해요."

또 산악 사고를 당한 뒤 더 이상 깨어나지 못한 딸을 둔 K씨도 있다. 그는 이렇게 말했다.

"사고 직후 중환자실에 있었을 때라면 딸아이를 떠나보낼 수 있었을 것이고, 어쩌면 제 딸도 그것을 원했을지 모릅니다. 하지만 3년 반 동안 딸아이를 위해 모든 것을 다했는데, 이제 와서 딸을 떠나보낼 수는 없습니다. 그러면 지금까지 해온 모든 일들이 허사가 될 테니까요."

이런 경우에는 누가 누구를 위해 존재하는 걸까? 식물상태의 환자가 폐렴 때문에 병원에 입원해 항생제와 산소를 공급받는다면 누가 치료를 받는 걸까? 환자일까? 아니면 간호하는 가족일까?

나는 1980년대 말에 우리 병원의 중환자실에서 여러 차례 치료를 받았던 발터 R도 떠올렸다. 그는 권총 자살을 시도했다가 7년 동안 식물상태로 누워 있었던 서른여섯 살의 환자였다. 그의 아버지는 24시간 근무하는 간병인들의 도움을 받으며 집에서 아들을 돌보았는데, 간병인들의 말에 따르면 거의 '공격적인 헌신' 속에서 아들을 보살폈다. 간병인들을 여러 차례 바꾸었다. 아버지가 볼 때 흡족한 적이 한 번도 없었기 때문이다. 한 간병인은 이렇게 말했다.

"그의 아들을 면도시킨 뒤에 수염이 아주 조금이라도 남아 있거나 이마 위에 놓인 땀수건이 충분히 차지 않으면 요양 보험사에 민원을 제기하겠다고 위협했어요. 우리는 견디지 못하고 결국 그만두겠다고 했어요."

발터 R은 아무것도 삼키지 못하기 때문에 몇 년 전부터 PEG 튜브로 영양을 공급받는 상태였다. 그럼에도 불구하고 구토와, 위의 내용물이 폐로 들어가는 사태가 거듭 일어났고, 그로 인해 양쪽 폐에서 심각한 염증이 생겼다. 그의 아버지는 밤낮으로 아들의 병상을 지켰다. 의사와 간호사들의 모든 조치를 철저히 통제했고 지치지 않고 환자의 모든 기록에 대한 검열을 요구했다. 또 어떤 상황에서도 가능한 모든 의학적 조치를 취해달라고 요구했다. 그에 반해 아들의 비극적인 생존 조건과 기계에 의한 인공호흡 가능성, 소생술 등에 대한 대화는 한 번도 나누려 들지 않았다. 그는 치료 한계를 언급하는 것조차 단호히 거부했다.

우리 병원의 중환자실에 근무하는 모든 간호사와 의사들이 볼 때 아버지의 요구에 따른 치료 행위는 아무런 위엄 없이 그저 우리 일을 하는 것이나 마찬가지였다. 발터 R을 간호하거나 치료했던 모든 사람은 사실 아버지에게는 아들의 안위가 아니라 자신의 내적인 평화가 더 절박하지 않았나 하는 인상을 받았다. 아들의 희생을 대가로 얻는 평화 말이다.

HIV(인간 면역 결핍 바이러스)에 감염된 헤로인 중독자 페터 T도 생각난다. 그는 가족이 없었고, 마약 때문에 발생한 농양과 혈전증, 심장내막염 등으로 벌써 수없이 입원한 전력이 있었다.

"병원 앞 주차장에 어떤 남자가 쓰러져 있어요. 빨리 나와보세요!"

병원을 찾은 한 방문객이 응급실에 급히 알렸다. 우리는 소생술 장비와 들것을 챙겨 밖으로 나갔다. 페터 T는 엄청나게 피를 흘리면서 미동도 없이 누워 있었고, 바지는 무릎에 걸쳐져 있었다. 핏덩어리로 뒤덮인 오른쪽 허벅지에는 굵은 주삿바늘이 꽂혀 있었다. 틀림없이 헤로인을 주사하려다 정맥 대신에 동맥을 찌른 것이다. 동맥류 파열로(잦은 주사로 인해 생기는 동맥 내벽의 손상) 엄청난 양의 피를 쏟은 것으로 보였다. 페터 T는 창백했고 숨을 쉬지 않았다. 맥박이 뛰지 않았고 혈압도 너무 낮았다. 우리는 즉시 소생을 위한 모든 조치를 취했다. 지혈, 심장마사지, 인공호흡, 전기충격, 침제 투여, 약물에 의한 심장 순환 안정화 등등. 주차되어 있는 자동차들 사이에서 그를 소생시키기 위한 모든 조치를 취했고 결국 그의 경동맥에서 맥을 잡을 수 있었다. 우선은 그걸로 충분했다. 하지만 그의 동공은 경직돼 있었고, 이는 결코 좋은 징조가 아니었다. 우리는 그를 중환자실로 옮겼다.

인공호흡으로 소생시킨 환자를 깨어 있게 하고 의식을 되찾게 해주는 특수 요법은 없다. 다만 호흡, 혈압, 맥박, 혈당, 혈중 염도 같은 주요 신체 기능 및 상태를 안정시키고, 위의 스트레스성 궤양과 감염, 여러 합병증을 막으려고 노력할 뿐이다. 그런 다음에는 기다리는 수밖에 없다. 페터 T의 경우에도 마찬가지였다. 식물상태에 있는 환자에게서 전형적으로 볼 수 있듯이 며칠이 지나자 그의 자가 호흡이 돌아왔다. 그러나 의식과 지각, 소통 능력은 완전히 상실한 상태였다. 여러 번에 걸친 철저한 신경학적 검사 결과는 언제나 동일했다. '저산소성 뇌손상에 의한 식물상태'였다.

몇 년 뒤 나는 페터 T를 다시 만났다. 식물상태였던 그는 5년 전부터 한 요양원에서 지내고 있었는데, 야간 당직 간호사가 숨이 가빠 그르렁거리는 그를 보고 응급차를 부른 것이다. 나는 일요일 새벽 4시, 페터 T가 다른 두 명의 식물 환자와 함께 사용하는 병실의 흐릿한 조명 아래서 그의 침대 옆에 섰다. 진단은 침분비 기능 장애였다. 의식이 없는 환자들에게서 자주 나타나는 호흡 합병증으로, 기침을 해서 분비물을 내보내지 못하기 때문에 발생한다. 관을 삽입해서 분비물을 뽑아내야 했고, 간호사가 옆에서 도와주었다. 나는 그의 폐에서 0.5리터가량의 끈적거리는 분비물을 뽑아내면서 간호사에게 물었다.

"사람이 죽어도 될 만큼 아플 때가 언제라고 생각하십니까?"

간호사가 놀란 얼굴로 나를 바라보았다.

"그래도 이 사람은 아직 살아 있어요. 물론 더 이상 아무것도 알아듣거나 느끼지 못하지만요. 하지만 이 사람이 없으면 저는 일자리를 잃게 되겠죠."

식물상태에 빠진 환자들 간병은 일자리 창출을 위한 조치였을까?

알렉산더와 그의 어머니가 지난 3년 반 동안 겪어야 했던 일들을 보았을 때, 알렉산더의 죽음을 돕기 위해서는 경우에 따라 소송까지 감안한 명확하고 철저히 계산된 전략을 세워야 한다는 사실이 분명해졌다. N 부인과 나는 현재 알렉산더를 간호하거나 치료하고 있을 뿐 아니라 어떤 방식으로든 관련이 있는 모든 사람에게 우리 계획을 필히 솔직하고 설득력 있게 설명해야만 한다고 생각했다.

그중에는 유보적인 태도를 보이지만 심정적으로는 공감하는 주치의가 있고, 알렉산더를 매일 16시간 동안 돌보는 간병 서비스센터의 간병인들도 있었다. 그들의 사무실 창에는 "우리는 인간의 존엄과 자기결정권을 존중한다"라는 글귀가 적혀 있었다. 또 가족들과 친구들, 이웃들이 있었다. 그들은 모두 한 청년의 운명을 잘 알고 있었다. 그는 베를린 남부에 위치한 아파트 4층에서 거의 4년 동안 식물상태로 살아가면서 인공적으로 영양을 공급받았고 간병 보험의 표준에 따라 모범적으로 간병을 받고 있었다. 그런데 이제 인공적인 영양 공급을 중단하고 그가 죽게 해야 할까? 이를 위해서는 사전 준비와 함께 설득 작업이 필요했다.

첫 번째 단계는 '지속식물상태'라는 진단을 다시 한 번 확인하고 확실히 하는 것이었다. 식물상태에 놓인 환자들 중에 실제로는 식물상태가 아니라 다른 중증 신경 장애에 시달리고 있는 경우가 있다. 그러한 장애가 의식이 전혀 또는 거의 없는 상태와 소통 능력 상실을 수반해 식물상태와 혼동을 일으킬 수 있기 때문이다. 몇몇 연구 결과가 증명하듯이 심각한 결과를 초래하는 그러한 오진은 혼수상태를 진단할 능력과 경험이 부족한 의사들이 너무 성급하게 진단하는 데서 비롯된다.

경험이 풍부하고 권위 있는 신경과 전문의가 알렉산더를 다시 한 번 철저히 검사했고 식물상태라는 진단이 의심의 여지없이 분명하다는 사실을 확인했다. 그와 병행해서 임종의학과 관련된 문제에 경험이 많은 변호사이자 공증인인 전문가를 만났고, 이후에 매우 유익하고 신뢰에 찬 공동 작업을 진행했다. 우리의 첫 번째 작업은 알렉산더가 사고를 당하기 전에 친구들과 가족들에게 자신이 불치병에 걸렸거나 회복 불가능한 심각한 장애를 안게 되었을 때 생명 연장 조치에 반대한다고 했던 말들을 서면으로 공증하는 것이었다.

그 다음 단계에서 N 부인과 나는 지금까지 알렉산더를 보살폈던 간병 팀, 주치의, 그리고 인도주의협회 대표와의 만남을 주선하기로 결심했다. 주치의의 병원에서 함께 모여 인공영양 중단으로 알렉산더에게 죽음을 허락하는 문제를 솔직히 토론하기 위해서였다. 그 즉시 회의 시간이 정해졌다. 나는 기존의 학문적인 인식을 토대로 식물상태의 문제점을 의학적인 측면에서 상세히 설명했다. 식물인간 환자들이 주변의 특정한 자극, 가령 통증을 지각할 수 있지 않느냐를 둘러싼 논쟁적인 관점들도 빼놓지 않았다. 나는 법적인 측면도 설명했다. 특히 현재의 법적인 상황에 따르면, 환자 본인과 보호자의 뜻, 치료하는 의사의 권유가 일치할 때는 인공영양 중단을 결정하는 데 법적인 심사가 필요하지 않다는 점을 알려주었다.

그런 다음 장시간에 걸쳐 활발하게 의견을 교환했고, 마지막에는 모든 참여자들에게 알렉산더의 상태에 대한 견해를 말해달라고 부탁했다. 또 지금 상태에서 알렉산더의 죽음을 도와준다는 생각을 할 수 있는지, 만일 그렇다면 그를 돌보는 사람으로서 진심으로 이런 조치에 찬성하는지 알려달라고 말했다. N 부인과 나는, 알렉산더를 죽게 하는 데 단지 말뿐이 아니라 윤리적으로도 확신하는 사람들과 함께 하자고 의견을 모았기 때문이다.

모든 참석자가 하나같이 찬성을 표명했다. 알렉산더를 이미 오랫동안 돌보아온 주치의와 간호사들은 지난 몇 년 동안 주변의 삶에 참여하지 못하고 타인들과 소통할 수 없을 뿐 아니라 전적으로 남에게 의존해서 살아갈 수밖에 없는 젊은이의 죽음이 이제야 가능해졌다는 사실에 안도감을 표하기도 했다. 나는 이 자리에 참석한 사람들 가운데 알렉산더의 '생명의 가치'를 언급하는 사람이 아무도 없다는 사실에 약간의 놀라움과 만족감을 느꼈다. 생명의 가치를 논한다면서 결국에는 알렉산더에게서 그것을 빼앗아 그의 죽음을 정당화할 것이기 때문이다. 다시 한 번 간곡히 설명하자면 나는 여기서 한 생명의 가치를 평가하거나 안락사를 거론하려는 게 아니다. 그보다는 식물인간 환자들에게 실행되는 온갖 조치들과 간병이 그들의 뜻에 부합하는지, 그들에게 (행복과 만족감을 주는 삶에 대한 참여라는 의미에서) 어떤 식으로든 도움을 줄 수 있는지를 논의하려는 것이다. 왜냐하면 환자의 분명한 뜻에 걸맞은 환자의 행복만이 의사의 치료와 개입을 정당화하기 때문이다.

인공영양으로 유지되는 알렉산더의 상태가 교통사고 이후 4년이 지난 지금 호전될지, 심지어 의식이 깨어날 수 있을지에 대해서는 모두들 부정하거나 깊이 의심했다. 반대로 참석자들 중 몇 명은 알렉산더의 의사를 거스르면서까지 그의 죽음을 막는 것은 인간의 존엄을 해치는 비자연적인 일이라고 분명히 밝혔다. 회복할 가능성이 전혀 없거나 심한 손상을 입어 최소한의 기능만 유지되는 생명은 떠날 수 있도록 해야 한다는 것이다. 특히 환자 본인이 그러기를 원한 경우에 이에 반하는 모든 행위는 월권이라고 했다.

그런데 24시간도 채 지나지 않아서 예기치 않은 일이 일어났다. N 부인 집의 전화벨이 울렸다. 전화를 건 사람은 자신을 지방법원 지원의 T 판사라고 소개했고(나중에 사실로 확인되었다), 고발장을 받았다고 했다. 인공영양을 중단해 아들을 죽이려 한다며 누군가 N 부인을 고발했다는 것이다. 그러면서 그것이 사실이냐고 물었다.

N 부인은 할 말을 잃었다. 어떤 식으로 반응해야 좋을지 몰랐다. 이 남자는 대체 뭘 원하는 걸까? 알렉산더에 대해서는 누구한테 들었을까? 어떻게 판사가 알렉산더의 일을 알게 되었을까?

"당신 누구세요? 어디서 전화하시는 거예요? 내가 다시 전화할 수 있도록 전화번호를 주세요."

그러나 전화한 사람은 N 부인의 질문에 대답하지 않았다.

"내 질문에 대답만 하세요. 여기 적혀 있는 내용이 맞습니까, 아닙니까?"

"어디에 뭐가 적혀 있다는 거예요?"

"여기, 조금 전에 받은 팩스에 적혀 있습니다."

"무슨 팩스 말이에요? 나는 법을 위반하는 일은 하지 않습니다. 당신에게 다른 설명을 하기 전에 우선 제 아들의 변호사와 의사부터 만나 상의하겠어요."

"N 부인, 당신은 뭔가 숨기려 하는군요!"

T 판사라는 사람은 그렇게 말하고 전화를 끊었다.

이틀 후 장을 보고 있던 N 부인은 휴대폰으로 전화를 받았다. 이번에는 S라는 남자였는데, T 판사를 대신해 자신이 알렉산더의 새로운 보호자로 정해졌다고 말했다. 그러면서 지금 N 부인의 집에 있는 알렉산더를 요양원으로 옮기는 중이라고 했다. N 부인은 당장 집으로 향했다. 집 앞에는 병원 차량이 세워져 있었다. 그녀는 집안에서 판사의 대리인과 사회심리 상담센터에서 나온 의사, 그리고 이날 알렉산더의 간병을 담당하고 있던 간병인을 만났다. 알렉산더를 적십자사에서 나온 두 명의 응급대원이 막 들것으로 옮겼다.

"아무 질문도 받지 않겠습니다. 지금 모든 일이 법대로 진행되고 있으니까요."

새 보호자가 N 부인에게 말했다. N 부인은 완전히 넋이 나간 사람처럼 자신이 돌보고 보호하던 아들이 요양원으로 옮겨지는 것을 그냥 지켜보아야만 했다. 급히 전화로 연락한 알렉산더의 변호사도 그것을 막을 수는 없었다.

나는 어떡하든 판사와 만나보려고 시도했지만 실패했다. 판사는 알렉산더의 변호사가 우편으로 보낸 친구들과 가족들의 증인 진술을 무시했고, 위험이 임박해 있다고 확신했다. N 부인이 오래전부터 아들의 살해를 계획했고, 그 일이 목전에 다가왔다는 판단을 내린 것이다.

이 시점에서 이미 한 가지 사실이 분명해졌다. 의학적으로 가망 없는 병을 결정하는 문제에서 의료진뿐만 아니라 놀랍게도 판사들 역시 무지와 독단을 드러낸다는 것이다. 2004년에 발표된 '임종의 의학적 결정과 조치에 대한 독일 후견 판사들의 입장'에 대한 연구에서는 충격적인 사실이 밝혀졌다. 30퍼센트 이상의 독일 후견 판사들이 법적 상황을 오판하고 있을 뿐 아니라 그들 중 10퍼센트 이상은 연방최고재판소의 판결을 모르고 있었던 것이다. T 판사도 두 경우 모두에 해당했다. 그의 무지는 알렉산더와 N 부인에게 비극적인 결과를 불러왔다. 알렉산더는 계속 인공적으로 영양을 공급받았고, 어머니와 떨어져 보살핌을 받지 못하게 되었다. 이런 상황에서 N 부인이 아들을 방문할 권리까지 금지되지 않은 점이 놀라울 따름이었다.

거의 납치나 다름없이 알렉산더가 요양원으로 옮겨진 직후 변호사는 지방법원에 T 판사의 위법적이고 어처구니없는 결정에 대한 이의신청을 제기했다. 그러나 그 신청이 받아들여지기까지 N 부인의 악몽은 몇 개월이나 지속되었다. 그녀는 매일 판사가 지정한 곳에서 알렉산더를 방문했고, 가슴이 찢어지는 것 같았다. 요양원 직원들은 그녀를 불신했고, 알렉산더의 상황을 완전히 오인해 식물인간 환자 병동에서 알렉산더의 상태가 즉시 호전될 거라는 낙관적인 말들을 쏟아냈다. N 부인은 다시 한 번 깊은 절망의 시간을 보내야 했다. 알렉산더의 손을 잡으면 알렉산더는 때때로 그녀의 손을 꽉 잡지 않았던가? 아니었다. 알렉산더는 튜브도 꽉 잡을 때가 있다는 것을 그녀는 잘 알고 있었다. 그저 반사작용일 뿐이라는 사실을. 알렉산더를 굽어볼 때면 알렉산더도 그녀를 바라볼 때가 있지 않았던가? 그녀로서는 지금도 가장 바라는 일이지만 이 역시 아니었다. 아들의 침대에서 물러나 살펴보면, 아들은 그저 멍하니 앞을 응시하고 있을 뿐이었다.

이 병동의 병실 문들은 항상 열려 있었다. 복도에서는 음악이 울려 퍼졌고, 방마다 텔레비전이 켜져 있었다. 광고와 뉴스와 복권 추첨 방송들이었다. 운동 치료를 하는 체조 교사들은 수년 전부터 혼수 상태에 빠져 있는 환자들의 사지를 끈질기게 잡아당겼고, 언어 치료사들은 죽은 듯이 살아 있는 환자들에게서 어떤 소리라도 끌어내기 위해 모든 조치를 취했다. 간호사들은 정확히 계산된 고칼로리의 유동식을 커다란 주사로, 또는 복부에 설치된 PEG 튜브를 통해 제공했다. 그러나 아무 소용이 없었다. 환자들은 아무런 반응도 보이지 않았다. 그런데 이곳 근무자들은 그 진실을 받아들이지 않았고 받아들이고 싶어 하지도 않았다. 그들이 하는 일의 의미를 빼앗는 것이기 때문이다. 환자들뿐만 아니라 그들을 돌보는 사람들도 낯선 세계에 살고 있었다. 고집스러운 희망과 초현실적인 소통의 세계, 어린아이처럼 기적을 믿는 세계에 살고 있었다.

몇 주가 지나고 다시 몇 달이 흘렀다. N 부인은 이 '외계'에 있는 아들을 매일 방문했다. 정신적으로나 육체적으로 거의 한계에 이르렀지만 끝까지 버텨냈다. "알렉산더가 살아 있는 한 나도 살아야지요." 언젠가 N 부인은 그렇게 말했다.

변호사가 제기한 이의신청은 거의 9개월 만에 마침내 받아들여졌고, N 부인은 다시 아들의 보호자가 되었다. 판결문은 아주 간단했다. "지방법원 지원의 판단과 달리 체재지 결정과 치료 권리와 관련하여 N 부인은 계속 아들의 보호자로서 필요한 권리를 갖는다."

T 판사와는 한 번도 이야기할 기회가 없었다. 그러니 그가 자신의 행동을 설명하거나 N 부인에게 사과를 한다는 것은 생각도 못할 일

이었다. 지방법원 지원은 알렉산더 N의 사건에 대해 짤막한 설명조차 내놓지 않았다. 지원의 상급 기관인 지방법원이 내린 그 간결한 설명도 뭔가 섬뜩한 면이 있었다.

N 부인은 그날로 아들을 집으로 데려왔다. 우리는 다시 그의 침대 옆에 섰다. 눈물이 흐르고 마음은 지친 상태였지만 조금은 자부심을 느꼈다. 우리는 알렉산더의 죽음을 위한 우리의 싸움이 헛되지 않았다는 것을 느꼈다. 이제 그의 뜻을 따르지 못하게 가로막던 장애물은 제거되었다.

우리는 임종 간호의 틀안에서 알렉산더를 24시간 동안 보살펴줄 용의가 있는 간병 팀과 접촉했다. 알렉산더의 친구들과 가족들이 모인 가운데 집안에서 몇 시간 동안 대화를 나누었고 몇 개월 전과 마찬가지로 그의 죽음과 관련된 온갖 문제와 우려가 거론되었다. 영양 공급이 중단되면 알렉산더가 배고픔을 느끼거나 다른 고통을 받게 될까? 영양이 공급되지 않으면 신체적으로 달라질까? 해골처럼 비쩍 마르게 될까? 그의 죽음은 얼마나 오래 걸릴까? 지금보다 더 많은 진정제가 필요하게 될까?

알렉산더는 고통을 느끼지 않을 것이다. 의학이 식물상태에 대해 밝힌 바에 따르면 그는 고통을 느낄 수가 없다. 배고픔을 느끼지도 않을 것이다. 배고픔도 통증과 마찬가지로 대뇌 중추신경들이 온전해야 느낄 수 있다. 몰라볼 정도로 몸이 마르지도 않을 것이다. 반대로 알렉산더는 다시 예전 모습과 비슷해질 것이다. 어깨와 복부, 엉덩이의 피하지방이 빠지고, 고칼로리의 유동식과 너무 많은 수분 공급으로 부었던 몸이 조금은 탄력을 되찾을 것이다. 그의 죽음은 몇 주 정도 걸릴 것이다. 마지막으로 그는 폐렴이나 요도염에 걸릴 것이고, 조용히 평화롭게 죽을 것이다.

알렉산더에게는 진정제와 진통제를 줄 것이다. 진단이 선부르지 않았고 여러 번 확인되었을 경우 식물인간 환자는 고통을 느끼지 않는다는 것이 정설이다. 하지만 엄밀한 의미에서 정확히 알 수 없기 때문에 진정제와 진통제를 투여하는 것이다. 우리는 다만 식물상태에 있는 한 인간이 자신의 주변 사람들 및 세계와 더 이상 소통할 수 없다는 사실만을 확실히 알 뿐이다.

알렉산더에게 제공될 진정제로 우리는 그의 죽음과 함께하고 있다는 인상을 받을 것이다. 알렉산더는 우리가 그의 죽음을 견딜 수 있는 상태로 죽음을 맞을 것이다.

사흘 후 나는 음식물과 수분의 양을 조금씩 줄이기 시작했다. 알렉산더는 PEG 튜브를 통해 근육 경련을 완화시키고 경련성 발작을 예방하는 약을 공급받았다. 동시에 강한 진통제와 두 가지 진정제가 들어간 침제를 처음에는 소량 공급받았다. 이를 통해 그가 '깨어 있는 시기'는 줄어든다. 알렉산더는 거의 기침을 하지 않았고, 턱의 경직 상태도 풀렸다. 다만 아주 드물게 목구멍과 기관에서 분비물을 뽑아내야 했다. 며칠이 지나자 그는 안정되고 긴장이 풀린 수면 상태에 놓였다. 나는 매일 알렉산더 곁을 지켰다.

좁은 의미에서 알렉산더의 죽음은 이제 시작되었다. 알렉산더를 돌보고 방문하는 모든 사람은 깊은 감동을 느낄 수 있었다. 때로 알렉산더가 어린 시절을 보냈고, 공부했고, 이제 죽음을 맞을 방에는 엄숙하고 경건한 분위기가 흘렀다. 자신들이 함께하는 이 죽음이 아주 이례적인 죽음이라는 사실을 모두가 느끼고 있었다. 그들이 앞으로 살아갈 삶에 깊은 흔적을 남길 사건이라는 것을.

알렉산더는 매우 성실하게 보살핌을 받았다. 우리는 더 조심스럽게 자리를 바꾸어주었고, 그의 피부에도 더 세심하게 크림을 발라주었다.

오늘은 여동생이 그를 방문했고, N 부인의 친한 친구도 함께 있었다. 두 사람은 알렉산더의 침대맡에 앉아 알렉산더가 가장 좋아하던 음악을 들었다. 야간 근무조의 간호사가 거즈로 알렉산더의 입안 점막을 조심스럽게 적셔주었다. N 부인이 음료수와 간식을 가져왔고, 나는 새로운 수액을 준비했다.

나는 옳은 일을 하고 있다고 확신하는가? 나는 의사 윤리와 우리 법질서에 의해 정해진 경계를 뛰어넘는 것은 아닐까? 나는 확신을 굳히기 위해 몇 번이고 나 자신과 다른 사람들에게 물었다. 알렉산더는 젊고 아직 삶을 경험하지 못한 젊은이였다. 하지만 그는 친구들과 가족들에게 매우 단호하게 말한 바 있다. 자신이 지속적으로 의식이 없는 상태에서 완전히 타인에 의존해 연명해야 하고, 세상에 더 이상 참여할 수 없게 된다면 더 이상 살고 싶지 않다고. 이것이 알렉산더의 뜻이었고 그 진정성은 조금도 의심할 수 없었다. 그렇기에 그 뜻은 정당할 뿐 아니라 진지하게 받아들여지고 존중받아 마땅하다.

자신의 죽음과 관련해 알렉산더의 뜻이 그처럼 확실하다면 누구도 이를 무시해서는 안된다. 반대로 N 부인은 아들의 법적인 보호자로서 단순히 아들의 뜻을 무시하지 않아야 할 뿐 아니라 이를 실행할 책임이 있다.

내가 알렉산더라면 어떤 결정을 내릴까? 나는 몇 번이고 식물상태가 의미하는 바를 떠올려보려고 애썼다. 나는 어떤 경우에도 완전한 의식불명 상태로 지각과 소통 능력도 없이 계속 살고 싶지는 않다. 몇몇 윤리학자들과 신경학자들이 식물인간 환자의 인공영양을 정당화하기 위해 주장하는 것처럼, 그들의 손상된 뇌 속에도 '의식의 섬'이 있다는 사실을 결코 배제할 수 없다면 어떻게 할까? 이 학자들은 당연히 생명 연장을 중단하는 조치를 금해야 한다고 주장할 것이다. 그러나 죽음을 허용해야 한다는 나의 바람은 그런 가정을 통해 더 강화될 뿐이다. 내 입장에서는 식물상태의 인간에게 자기 자신과 세상에 대한 의식의 조각이 아직 남아 있느냐 아니냐는 결정적인 문제가 아니다. 중요한 것은 그가 주변 사람들과의 소통에서 완전히 단절되었고 마치 사회에서 추방당한 것이나 다름없는 상태에 놓여 있다는 사실이다. 한때 형벌의 하나였던 추방은 사형 선고나 마찬가지였고, 어떤 사람에게는 심지어 사형보다 더 견디기 힘든 형벌이었다. 형장으로 가는 예수를 자기 집 앞에서 쉬지 못하게 하고 욕설을 한 죄로 영원히 유랑하게 된 유대인 아하스베르와 평생 죽지도 못하고 바다를 떠돌며 방황하는 네덜란드인의 전설은 사람들의 마음속에 깊이 뿌리박힌 사회적 고립과 추방에 대한 두려움을 상징적으로 보여준다.

환자가 그런 상태를 의식하느냐 못 하느냐에 차이가 있을까? 신경학에서는 식물상태에서 고통을 느낄 가능성은 없다고 말한다. 그렇다고 극도로 비인간적인 상태에서 계속 살아가도록 강요하는 것이 옳은 일일까? 의사와 판사, 가족들이 그런 상태를 유지하려는 것은 인간의 존엄을 해치는 일이 아닐까?

"알렉산더가 앞으로 얼마나 더 고통을 받아야 할까요?"

N 부인으로서는 때로 이제 살날이 얼마 남지 않았기 때문에 아들이 내적으로 저항하는 것은 아닐까 생각할 수도 있을 것이다.

"벌써 3주 이상을 죽어가고 있어요. 박사님, 제발 무슨 일이든 해보세요."

나는 N 부인을 안아주었다. 우리는 몇 주 전만 해도 통통 부어 있었지만 이제는 날씬해진 청년을 바라보았다.

"아드님은 곧 해낼 겁니다. 아주 좋아 보이지 않습니까?"

나는 N 부인에게 말했다. 부인은 고개를 끄덕이면서 소리 없이 울었다. 알렉산더는 아주 조용히 누워 있었다. 피부는 촉촉하게 반짝였고, 이마에는 땀이 맺혀 있었다.

N 부인과 나는 처음부터 무언의 약속을 했다. 우리는 알렉산더의 죽음이 온전히 그의 일이 되게 하고 싶었다. 그의 고통을 덜어주기 위해서 모든 일을 하고 싶었다. 하지만 그의 죽음을 지휘하는 사람은 알렉산더 자신이어야지 우리여서는 안 된다. 그의 죽음이 끝날 것 같지 않아 몹시 힘들게 느껴지는 지금 이 순간도 마찬가지였다.

나는 매일 그의 체온을 쟀다. 39.2도였다. 의심의 여지가 없었다. 벌써 며칠 전부터 예상해온 감염이 나타난 것이다. 이 감염은 죽음의 직접적인 원인이 될 것이다. N 부인과 그녀의 친구, 알렉산더의 여동생, 간호하는 이들, 그리고 나 자신도 마음이 홀가분해졌다. 나는 알렉산더가 고통을 받지 않았다고 확신한다.

인공영양을 중단한 지 4주 5일이 지난 어느 일요일 오후, 알렉산더의 호흡이 점차 잦아들었다. 알렉산더는 어머니의 품에서 죽음을 맞이했다.

자기가 없는 사람

식물상태

알렉산더 N의 죽음에 관한 보고에서 인상적으로 보았듯이, 모든 질병과 고통 중에서도 '지속식물상태'는 인간이 빠질 수 있는 가장 비참한 상태로 여겨진다. 이 상태는 독일어권에서는 불행히도 '개안성 혼수상태'라는 말로도 불린다. 이 상태를 비참하다고 말하는 이유는 모든 뇌손상 중에서도 가장 심한 손상에 의학이 전혀 손을 쓰지 못하기 때문만은 아니다. 나아가 이 문제는 지난 수십 년 동안 의사와 법률가, 윤리학자, 철학자, 교회 지도자, 의료경제학자, 무엇보다 일반 대중들 사이에서 격렬한 논쟁을 불러일으켰다. 이 상태의 본질은 무엇이고, 이 환자들은 어떤 삶의 질을 누릴 수 있는지, 만일 이들을 죽게 하려고 인공영양 같은 연명 조치를 중단한다면 그 시점은 언제가 되어야 하는지를 둘러싸고 격렬한 논쟁이 벌어졌다. 그런 이유로 이 장에서는 지속식물상태와 그것의 치료와 평가에 대한 설명에 특별히 주의를 기울이려 한다.

어느 나라 언론에서든 개안성 혼수상태에 대한 논쟁은 늘상 치열하게 벌어진다. 독일에서도 점점 '근본주의적인 생명 보호자들'과 '안락사 지지자들'이 서로를 비인간적이라고 비난하는 상황이다. 미국에서도 종교전쟁과 유사한 격렬한 논쟁이 벌어진다.

그런데 이런 추세와는 별개로 언론에서는 개안성 혼수상태 문제를 전문 지식이 결여된 상태에서 흥미 위주로 다루고 있다. 전체적으로 학문적인 인식과는 거리가 멀고, 이데올로기에 사로잡혀 있으며, 대개 기적적인 치유에 대한 보도들이 지면을 채운다. 다시 말하면 몇 년 동안 개안성 혼수상태에 있다가 어느 날 갑자기 '죽은 자들 사이에서 부활해' 마치 예전 상태가 그저 악몽이었다는 듯이 다시 생각하고, 느끼고, 말하고, 소통할 수 있게 된 사람들의 운명을 흥미 위주로 떠들썩하게 보도하는 것이다. 그런 언론 보도는 비상한 것과 선정적인 것을 추구하는 언론과 대중의 욕망이 불행하게 맞아떨어진 사례다. 그들은 중병에 걸린 환자들의 충격적인 운명을 대중이 진지하게 이해할 수 없도록 가로막는다.

어떤 사람들은 식물상태에 있는 환자들을 터무니없이 '채소'로 여기거나 '인간 식물'로 간주한다. 사람들은 흔히 개안성 혼수상태라는 말을 겨우 몇 주 동안 그런 상태로 있었던 환자들에게 쉽게 사용한다. 그러나 신경학협회의 지침에 따르면 최소 6개월 이상 지속적으로 식물상태에 있을 경우에만 개안성 혼수상태라고 말할 수 있다. 누구는 그런 혼수상태에 빠진 여성 환자가 남편이 근처에 오면 기뻐한다고도 말한다. 그럴 수도 있다. 하지만 그런 환자는 개념 규정에 따르면 개안성 혼수상태 환자가 아니다. 1년 동안 개안성 혼수상태에 있다가 회복하는 환자의 비율이 1,000분의 1 정도임이 학문적으로 검증되었는데도 한 신문은 아무 설명 없이 의사의 말을 인용해 혼수상태에 있던 환자 열 명 중 여섯 명이 '가벼운 장애'를 안은 채 소생한다고 주장했다.

일반 대중이 느끼는 당혹감과 오해는 다음과 같은 사실을 통해 더욱 증폭된다. 후견 판사들은 대부분 1심 재판부에서 식물상태에 있는 환자의 연명 조치 중단을 허용할지 말지를 다룬다. 그런데 판결 과정에서 이들이 중요한 의학 지식에 충격적일 정도로 무지하다는 점이 드러났다. 또한 이들 중 상당수는 2009년 9월 1일 이른바 '사전 의료 행위 지침에 관한 법률'의 효력이 발생할 때까지 독일 연방 최고재판소의 판결을 전혀 몰랐거나 무시했다. 식물상태에 있는 환자의 연명 조치 중단과 관련한 하급심 판결은 서로 일치하지 않고 자의적이었다. 그리하여 사전 의료 행위 지시서의 범위와 구속력에 대한 법률 제정을 요구하는 목소리가 높아졌다. 환자가 자기 의사를 분명히 밝힌 경우에 한해서는 일치된 판결을 내릴 수 있기 때문이다.

식물상태의 원인

이제부터는 개안성 혼수상태라는 개념을 언급하지 않으려 한다. 깨어 있는 상태와 혼수상태가 결합돼 있어서 의학을 모르는 일반 대중들이 오해할 우려가 있기 때문이다. 그 대신 '식물상태'라는 정확한 명칭을 사용하려 한다.

식물상태의 원인은 중추신경계 손상이나 질환이며, 크게 세 그룹으로 분류될 수 있다. 먼저 식물상태를 유발하는 가장 빈번한 원인은 급성 뇌손상이다. 사고나 폭력에 의한 부상으로 손상이 생길 수 있으며, 또 한편 심장 순환 정지(심실세동, 질식)로 인한 급성 산소 부족 상태, 저혈당, 일산화탄소나 다른 물질에 의한 중독, 뇌출혈, 뇌졸중, 또는 뇌의 염증이 원인이 되어 손상이 생긴다.

그 밖에도 중추신경계의 퇴행성 질환들, 가령 알츠하이머, 파킨슨병, 크로이츠펠트야콥병, 나아가 유아기부터 나타나는 뇌 질환을 포함한 선천성 대사 질환들이 진전되어 사실상 식물상태로 넘어갈 수 있다.

또한 선천적인 중추신경계 이상과 기형도 종종 식물상태를 수반한다. 가령 무뇌증처럼 대뇌가 없이 태어나는 선천성 기형을 예로 들 수 있다.

의식 없이 깨어 있는 사람

의식은 깨어 있음과 의식(자기와 주변에 대한 지각)을 포함하는 다의적인 개념이다. 심각한 뇌손상을 겪은 후 눈은 떴지만 자신과 주변에 대한 지각의 징후가 전혀 없는 식물상태를 규정할 때, 깨어있음과 의식의 차이는 결정적으로 중요하다.

식물상태에 있는 환자는 때로는 잠을 자고, 때로는 깨어 있는 것처럼 보이는데, 이는 규칙적으로 눈을 뜨고 감는 행위로 나타난다. 그러나 아주 면밀한 검사로도 의식이 있다거나 뚜렷한 목표를 추구하는 행동의 징후를 입증하지는 못했다. 특히 환자가 자신의 몸이나 주변을 인지하고 다른 사람과 소통하거나 계획적으로 행동할 수 있다는 근거가 전혀 없다. 식물상태 환자들은 대부분 자발적으로 호흡할 뿐 아니라 혈액순환도 안정적이다. 식물상태는 심한 뇌손상 이후 의식을 되찾는 과정에서 과도기에 나타날 수 있지만, 경우에 따라서는 죽을 때까지 수십 년 동안 지속될 수도 있다.

따라서 깨어 있음과 의식에 대해 심층적으로 설명할 필요가 있다.

깨어 있음은 눈을 뜨고 있고 어느 정도 운동 자극이 있는 상태를 나타낸다. 그에 반해 잠은 눈을 감고 운동을 쉬고 있는 상태다. 보통 깨어 있음은 의식적인 지각과 결합되어 있지만 식물상태에서는 깨어 있음과 의식이 따로 떨어져 있다. 깨어 있음을 조절하는 뇌의 영역이 상부 뇌줄기와 간뇌의 대부분을 차지하는 시상에 놓여 있기 때문인데, 그것은 의식적인 지각을 조절하는 뇌 부위와는 전혀 다른 곳이다. 깨어 있음과 깨어날 수 있음은 우리 뇌가 행하는 자발적이고 식물적인 기능이다.

그에 반해 의식은 각양각색의 경험과 체험을 하는 능력을 포함한다. 보통 인간은 자신의 주변과 몸을 의식한다. 하지만 의식에는 우리의 기억, 생각, 감정, 의도까지 포함된다. 의식의 기능에 대한 우리의 이해는 비록 불완전하지만, 의식의 존재에는 뇌의 양쪽 반구에 위치한 특정한 구조가 매우 중요하다. 의식은 통일적이고 나눌 수 없는 활동이 아니다. 뇌손상은 의식의 일부, 가령 기억력에 손상을 줄 수 있지만 그 경우에도 다른 부분은 온전할 수 있다. 뇌의 외피에서 이루어지는 과정을 포함한 적지 않은 과정들이 우리도 모르게 그렇게 이루어진다.

의식의 존재를 검사할 수 있는 임상 징후나 시험 방법은 없다. 그보다는 환자의 다양한 행동에서 그가 자아와 주변을 인식하고 있는지, 자신의 의도를 보여주거나 소통할 수 있는지를 추론해야 한다. 그와 관련해서 우리의 방법에 오류가 있을지도 모르기 때문에 의식의 일부가 남아 있을 가능성을 완전히 배제할 수는 없다. 그것은 식물상태의 환자에게는 고통의 지각을 포함해 지극히 단순한 의식이 일부 남아 있을 수도 있다는 뜻이다. 물론 지금까지의 학문적 연구 결과들에 따르면 불가능한 일이다.

식물상태가 4주 이상 계속되면 지속하는 식물상태라고 말할 수 있으며, 1년 이상 계속되면 지속식물상태라고 말한다. 지속식물상태는 한 가지 진단일 뿐 아니라 나아가 의식이 돌아오지 않을 거라는 예측도 포함한 개념이다. 이러한 예측은 결코 절대적이지 않지만 경험에 비추어 들어맞을 가능성은 매우 높다.

식물상태 진단 기준

전 세계적으로 수준 높은 신경학협회와 연구 팀들, 가령 미국 신경학협회와 영국 왕립내과의사협회, 독일 신경학협회 등은 어떤 환자를 식물상태라고 진단하기에 앞서 충족해야 할 기준들을 철저히 연구해 확정했다.

먼저 식물상태를 거론하기 전에 일정한 조건들이 충족되어야 한다. 뇌손상의 원인이 최대한 정확히 규명되어야 한다. 뇌손상은 퇴행성 과정, 물질대사 질환, 감염이나 기형에 근거한 급성 질환의 결과일 수 있다. 거기에 진정제와 마취제, 또는 신경 근육의 전달에 영향을 주는 약제나 그와 비슷한 성질의 물질이 작용하고 있다면, 그것부터 철저히 배제해야 한다. 물론 약제나 마약도 흔히 저산소성 손상인 급성 뇌손상의 원인이 될 수 있다. 그러나 그러한 약물이 지속적으로 효과를 보일 수 없다는 점을 분명히 확인해야 한다. 약물의 효력이 모두 없어진 뒤에 확인하든 실험을 통해 확인하든 그래야 한다. 마찬가지로 물질대사 장애를 식물상태의 원인으로 오판할 가능성도 배제해야 한다. 비록 당 대사 같은 물질대사 이상이 식물상태가 진행되는 동안 나타날 수는 있지만 말이다. 마지막으로 확실한 방법을 통해 출혈이나 종양처럼 치료가 가능한 구조적 뇌질환은 없는지를 확인해야 한다.

식물상태를 진단하기 위한 핵심 기준은 환자가 자기 자신이나 주변을 지각하지 못한다는 사실을 명백히 입증하는 것이다. 식물상태에서는 시각적 · 청각적 · 촉각적 자극을 비롯한 각종 자극(더위, 추위, 통증)에 대한 뚜렷한 반응을 보일 수 없고 의도한 답도 할 수 없다. 말을 알아듣는다는 단서도 의미를 부여할 수 있는 표현력이 있다는 단서도 전혀 없다. 다만 잠을 자고 깨는 리듬에 따라 규칙적으로 눈을 뜨고 감는 것을 관찰할 수 있다. 또한 뇌줄기와 간뇌의 기능이 충분히 보존되어 자발적인 호흡과 순환 기능도 안정적으로 유지된다. 이런 점에서 식물상태 진단은 언제나 임상적으로 내려야 한다는 결론을 끌어낼 수 있다. 다시 말하면 개별 검사와 기술적인 방법에 의해서가 아니라 모든 증세와 검사 결과들을 관찰하고 평가함으로써 진단을 내려야 한다는 뜻이다.

식물상태를 진단하는 영상을 비롯한 기술적 방법들

다양한 첨단장비와 화학적 검사를 통해 식물상태의 진단과 해당 상태의 불가역성(지속식물상태)이 더 확고해지거나 무력화될 수 있다. 뇌의 컴퓨터단층촬영으로 뇌손상의 범위를 한눈에 볼 수 있다. 가령 뇌세포에서 나온 혈액에 있는 효소인 신경 특이 에놀라아제는 뇌손상 이후 수치가 조기에 급상승하기 때문에 식물상태에 있는 환자의 예후 규정에 매우 중요하다. 이른바 체성감각 유발전위 Somatosensory evoked potential, SSEP 검사 결과도 상당히 중요하다. 신체 내 감각기관에 일정한 자극을 주어도 4주가 지나도록 전기적 반응이 전혀 나타나지 않으면 의식이 돌아올 가능성은 거의 없다.

최근 10여 년 사이 신경 기능에 관련된 영상 기술은 뇌의 구조와 기능 연구에서 아주 중요해졌다. 이러한 영상 기술로 뇌 기능을 측정하고 뇌 속에서 일어나는 현상들을 볼 수 있게 되었다. 신경 활동의 상이한 상관관계들이 직접적으로는 뇌파Electroencephalography, EEG 검사와 뇌자도 검사를 통해 측정된다. 또 간접적으로는 기능성 자기공명단층촬영functional Magnetic Resonance Tomography, fMRT이나 양전자단층촬영Positron Emission Tomography, PET 같은 방법으로 혈액순환과 물질대사가 측정된다.

새로운 연구를 통해 우리는 이러한 방법이 지속식물상태의 진단, 특히 식물상태와 최소의식상태Minimal Conscious State, MCS의 진단에 상당히 중요한 역할을 한다는 사실을 알 수 있다.

식물상태의 임상적인 현상

임상 차원에서 식물상태가 나타나는 모습은 일정한 한계 내에서 차이를 보일 수 있다. 이는 전형적인 임상 형태와 비전형적인 임상 형태로 구분된다. 나아가 식물상태와 결합할 수 없는 임상 형태를 기술하는 것도 중요하다. 이는 다른 종류의 신경학적 손상에 기인한 것이다.

식물상태 환자들은 앞서 언급했던 잠을 자고 깨는 리듬 외에도 다양하고 자발적인 움직임을 보인다. 씹기, 이갈기, 딸꾹질, 눈동자 굴리기, 뚜렷한 방향이 없는 사지의 움직임을 비롯해 표정 변화, 불분명한 소리, 신음, 별다른 이유 없는 눈물을 관찰할 수 있다. 때로 특징적인 반사 행동을 보이기도 하는데, 동공 반사나 각막 반사 같은 뇌줄기 반사작용이 종종 관찰된다. 소음과 열기 같은 다양한 자극도 호흡 횟수 증가, 찌푸림, 사지 움직임을 포함해 전신에 퍼지는 흥분 상태를 불러일으킬 수 있다. 움켜잡는 반사작용도 남아 있는 경우가 많다.

이러한 운동성 활동은 잘 모르는 관찰자들에게는 의식적이고 목표 지향적인 행동이라는 인상을 불러일으킬 수 있다. 그러나 식물상태 환자들에 대한 철저하고 면밀한 조사와 검사 결과, 그들은 의식적인 지각이나 목표 지향적인 행동을 할 수 없으며, 습득하는 능력은 물론이고 통증을 느끼거나 고통을 경험하는 능력도 전혀 없다는 사실이 드러났다. 식물상태 환자들은 우는 게 아니라 눈물이 저절로 흘러내리는 것이다. 환자의 의식과는 무관한 이런 '풍부한 표현들'을 보면, 의사와 간호인들조차 의심하거나 갈등에 빠져 증상을 올바로 해석하지 못하곤 한다. 그러니 식물상태의 특징을 제대로 알지 못하는 일반인들이나 특히 환자의 가족들은 두말할 필요도 없을 것이다.

식물상태 환자는 아주 잠시나마 움직이는 물체를 눈으로 쫓고 응시하거나 시각적 위협에 반응할 수 없다. 환자들은 때로 아무 연관이 없는 단어를 되풀이하는 식으로 단편적 행동을 보일 수가 있다. 식물상태의 모든 기준을 충족시킨 환자들에게서 관찰되는 이러한 행동은 시상 피질계thalamo-cortical system의 일부가 아닌 고립된 뇌피질 영역이 미세하게 살아 있다는 표시다. 시상 피질계의 온전함과 무결함은 의식의 존재에 절대적으로 필요한 조건이다.

그에 반해 구분하는 지각 능력, 목표 지향적인 행동, 소통 가능성을 식물상태의 임상적 외형에서 찾을 수는 없다. 가령 친척이나 친구의 방문에 미소 짓기, 어떤 물체를 잡으려는 시도, 적절한 언어 사용은 뇌 구조의 기능이 온전하다는 사실을 암시하며 의식이 돌아오고 있다는 표시다. 신경이 심하게 손상된 환자들에게서 간혹 볼 수 있듯이 이러한 과정도 극히 제한된 한계 내에서는 일어날 수 있다.

식물상태와 다른 신경학적 손상 및 질환의 구별

몇 가지 심각한 신경적 결함과 질환은 식물상태와 구분해야 한다. 여기에는 최소의식상태, 치매성 질환을 포함해 의식이 있는 채로 평생 심각한 장애를 수반하는 상태, 감금증후군locked in syndrome, 무동무언증akinetic mutism, 단순 혼수상태, 그리고 마지막으로 뇌사가 포함된다.

최소의식상태에 있는 환자는 심각한 인식 능력 손상에도 불구하고 자기 자신과 주변에 대한 지각이 분명히 남아 있다. 다음에 열거하는 여러 가지 행동 방식을 지속적으로, 또는 다양한 시간대에 보인다는 사실이 증명되어야 한다. 단순한 요구에 응하기, 구두로 또는 표정으로 좋고 싫음을 알리기, 알아듣게 말하기, 목표에 맞게 행동하기, 반사작용이 아닌 주변의 자극에 반응하기.

더 높은 인식 차원으로 넘어가는 과도기에 최소의식상태를 벗어나는 것은 안정적이고 항구적인 의사소통이 가능한 상태로 복귀한다는 뜻이다.

식물상태에서 회복한 환자들은 최소의식상태로 진입할 수 있다. 이 상태는 회복 과정에서 과도기 아니면 종착지가 될 수도 있다.

대부분 심한 신체 장애를 수반하는 중증 정신장애 환자들은 종종 주변과 소통하는 능력이 상당히 제한되어 있다. 하지만 가까운 사람들은 그들이 의식이 있고 경험할 수 있으며 주변 사람들과 소통할 수 있다는 사실을 분명히 알 수 있다. 이런 사람들은 식물상태로 분류할 수 없으며, 분류해서도 안 된다.

만성적인 혼란 상태, 기억력 상실, 인격 변화, 모든 지적 능력의 상실을 수반하는 중증 치매도 식물상태와 구분되어야 한다. 다만 알츠하이머병이나 혈관 질환으로 유발된 치매가 계속 진전되면 사실상

식물상태와 비슷해질 수 있다.

의식과 지각은 온전하지만 운동계의 완전하고 지속적인 마비로 인해 언어 기능과 운동 기능이 정지한 경우를 '락트 인 신드롬', 즉 감금증후군이라고 한다. 환자가 눈동자와 눈꺼풀의 움직임만으로 다른 사람과 소통할 수 있는 이 상태는 대부분 다리뇌(또는 교뇌라고도 한다. 중뇌와 숨뇌 사이에 있는 부분으로 좌우의 소뇌 반구를 다리처럼 연결한다—옮긴이) 영역까지 이어진 척수 위쪽의 운동 신경섬유 손상에서 비롯된다. 이러한 손상은 다리뇌에 혈액을 공급하는 주요 혈관인 뇌 바닥동맥basilar artery의 혈전증 때문에 발생하는 경우가 적지 않다.

매우 드문 상태로 무동무언증도 있다. 신체 움직임이 병적으로 느려지거나 아예 불가능하고 말을 못하는 것이 특징이다. 환자는 의식이 있지만 정신 기능이 현저히 제한되어 있다. 이 상태는 여러가지 원인에서 비롯될 수 있다. 예를 들어 종양으로 인한 중간뇌 손상 또는 전두엽 염증이나 부상이 원인일 수 있다.

혼수상태는 아주 다양한 원인으로 유발된 병리적 상태로, 대부분 깨어날 가능성이 없고 의식이 일시적으로 완전히 꺼진 상태다. 가령 깊은 마취 상태나 헤로인 과다 복용 상태처럼 뒷뇌, 중간뇌, 사이뇌의 활동 체계가 제 기능을 발휘하지 못해서 발생한다. 혼수상태에 빠진 환자는 항상 눈을 감고 있으며 깨울 수 없다. 흔히 기절이나 뇌진탕에 의한 졸도처럼 일시적으로 의식을 잃는 상태와 구별하기 위해 의식불명 상태가 한 시간 이상 지속될 때에만 혼수상태라고 한다.

마지막으로 인간의 죽음과 동일한 뇌사는 뇌줄기와 소뇌를 비롯한 뇌의 모든 기능이 정지한 상태를 이른다. 뇌사와 식물상태는 뇌줄기 기능의 완전 소실로 구별된다. 뇌사 환자는 돌이킬 수 없이 의식을 잃었으며 자발적으로 호흡하지 못한다. 경험상 인공호흡을 통해 몇 주 동안만 호흡과 순환이 유지될 수 있다. 뇌사 진단은 명확한 전제 조건이 충족되고, 정해진 기준에 따라 임상적으로 뇌 기능이 돌이킬 수 없이 정지되었다는 사실이 입증되어야 내릴 수 있다.

시간 경과와 식물상태

지속적인 식물상태에 있는 환자, 다시 말해 식물상태가 4주 이상 지속되는 환자들의 예후는 환자의 나이, 그런 상태를 초래한 뇌손상의 종류, 식물상태의 지속 기간 등에 영향을 받는다. 한 달이 지났을 때 외상에 의한 뇌손상 환자는 소생술이 실패한 뒤 원인 불명의 뇌손상이 생긴 환자보다 좀더 나은 예후를 보인다. 이들 중에서 4주가 지나 의식을 찾는 환자는 겨우 20퍼센트에 불과하다. 의식이 회복될 가능성은 식물상태가 지속된 기간이 길어질수록 낮아진다. 외상으로 인한 식물상태가 1년 동안, 비외상성 식물상태가 6개월 이상 지속되면 의식이 회복될 가능성은 극히 희박하다. 식물상태에 대한 첫 임상 보고서를 기술한 브라이언 재닛에 따르면, 외상으로 인한 식물상태가 1년 이상 지속되고 산소 부족에 의한 식물상태가 3개월 이상 지속되면 의식이 회복될 확률은 1,000분의 1 이하다.

최대한 이른 시기에, 최대한 확실한 진단 기준을 얻기 위해 실행된 대규모 연구는 산소 부족으로 식물상태에 빠진 환자들에 대해 다음과 같은 결론을 내린다. 즉 사건이 일어나고 사흘이 지나도 동공 반사와 각막 반사가 나타나지 않고, 사지 말단 근육 부분에서 팔다리를 뻗는 반사작용만 일어난다면, 거의 확실하게 지속식물상태를 예상할 수 있다.

앞에서 언급한 기간을 넘어 뇌 기능이 조금이나마 회복된 소수의 사례도 있으나 이 경우에도 심각한 장애 상태로 이어졌고, 결코 회복되거나 완쾌를 말할 수 있을 정도로까지 호전되지는 못했다.

따라서 외상으로 인한 식물상태 환자는 12개월 이상, 다른 원인에 의한 식물상태 환자는 6개월 이상 관찰한 뒤에야 지속식물상태로 분류해야 한다.

식물상태 환자의 치료와 간호

식물상태 환자의 관리는 간병의 전문 분야에 속한다. 특히 식물상태의 초기 단계 및 의학적 재활 과정은 더욱 그렇다. 이 환자들의 간병에서는 극도로 의존 상태에 빠진 환자들에게 발생할 수 있는 많은 합병증을 예방하는 일이 무엇보다 중요하다. 기본 조치들로는 PEG 튜브를 통한 규칙적이고 적절한 영양 공급, 욕창 방지를 위한 잦은 자리바꿈, 근육 수축을 막기 위한 관절 풀어주기, 호흡 곤란과 폐렴 예방을 위해 기관 분비물 뽑아주기, 피부와 입 그리고 치아 손질 등이 있다. 또 이 환자들에게는 대소변 실금증이 있기 때문에 생식기 부위의 위생 관리도 철저해야 한다.

물리치료와 재활 같은 의학적인 조치가 환자의 회복에 도움이 된다는 징후가 있는 한 치료를 계속할 것인가, 그리고 언제까지 치료할 것인가는 의료적 · 임상적 판단에 따라 결정할 문제다. 그러한 판단은 전체 의료 팀과 가족들이 참석한 가운데 내려야 한다.

진단의 확실성과 오류

식물상태의 초기 진단에서 그리고 나중에 지속식물상태를 확정하는 진단에서는 극도의 세심함과 신중함이 요구된다. 지속식물상태라는 진단이 때로 오진으로 드러나는 경우도 있는데, 최소의식상태의 환자를 식물상태로 진단하는 식이다. 이것이 나중에, 종종 수년이 지난 뒤에 일어나는 '기적적인 회생' 사례의 일부에 해당한다고 할 수 있다. 그러나 이 환자들은 본래 의미에서 나중에 의식을 회복한 것이 아니고, 의식이 살아 있다는 사실이 뒤늦게 발견되었을 뿐이다. 이들은 결코 지속식물상태 환자들이 아니며, 아주 제한적일지언정 뇌손상 이후 의식과 체험을 다시 발전시킨 것이다.

영국에서 이미 15년 전에 진행된 두 가지 연구결과에 따르면, 해당 분야 전문가들을 확보하고 있는 신경학 재활기관에서조차 오진율이 20~40퍼센트에 달했다. 이는 다른 의학 전문 분야에서라면 결코 받아들일 수 없고, 의학 전문지들과 일반 대중매체에서 비명을 지를 정도로 높은 비율인데, 어떻게 그런 일이 벌어졌을까? 병원 응급실에서 가슴 통증을 호소하는 환자 세 명 중 한 명에게서 심근경색을, 복통이 있는 환자 다섯 명 중 한 명에게서 맹장을 제대로 진단하지 못했다고 상상해보라!

있을 수 있는, 그러나 극복할 수 있는 다양한 오류의 원인들은 지속식물상태의 정확한 진단을 방해하고, 다른 중증 뇌손상 환자들과 식물상태 환자들의 구분을 어렵게 한다.

그중에서도 가장 빈번한 오류의 근원은 주도면밀하지 못한 검사다. 검사를 시작하기 전에 열과 감염이 없는지 확인했나? 환자가 충분한 영양 상태에 있나? 검사를 시작하기 전에 진정제와 다른 정신의약품의 복용을 제때에 중단시켰나? 환자를 여러 위치에서 다각도로 검사했나?

뇌손상이 있는 환자를 판단할 때는 검사자의 경험이 매우 중요하다. 의식 장애 진단에서 풍부한 경험을 쌓은 신경외과 전문의만이 그런 환자의 검사와 판정을 담당해야 한다.

정확한 진단을 내리는 데 임상 경험이 얼마나 중요한가는, 의식이 있는 것처럼 보이지만 실제로는 반사 행동만을 보이는 환자의 사례에서 분명히 확인할 수 있다. 검사자는 환자의 눈이 소리나는 쪽이나 빠르게 움직이는 물체가 있는 쪽을 바라보는 것을 관찰한다. 그러나 환자는 아주 짧은 순간 그럴 뿐이고, 자극이 오는 쪽에 시선을 고정하지 못한다. 경험이 없거나 신중하지 않은 검사자라면 환자에게 의식이 있다고 판단할지도 모른다. 사실은 그렇지 않다. 청각과 시각을 전달하는 시상후부와 촉각을 전달하는 시상처럼 외부 자극을 대뇌피질로 전달하는 피질 하부의 뇌 기능은 여전히 살아 있다. 그러나 전달되는 자극을 이해하고 해석하는 대뇌피질까지는 더 이상 연결해주지 못한다. 이러한 손상은 이른바 피질시각상실cortical blindness과 비교할 수 있다. 피질시각상실 환자는 망막이 온전한 상태여서 시각 자극에 반응할 수 있고, 그런 의미에서는 본다고 할 수도 있다. 그러나 대뇌의 손상된 시각피질이 외부의 시각 자극을 하나의 상으로 짜맞추지 못하기 때문에 제대로 본다고 할 수 없다.

나아가 식물상태 진단은 한 명의 검사자가 단번에 내려서는 절대 안 된다. 그보다는 두 명의 검사자가 각각 다른 시간에, 서로 무관하게 독립적으로 진단을 내려야 한다. 이 말은 두 사람이 검사를 하기 전에 상대방의 검사 결과를 알고 있어서는 안 된다는 뜻이다.

임상 검사 결과가 얼마나 정확하고 분명한가에 따라 임상 진단을 확인하거나 무효화하기 위해 신경 기능에 관련된 영상 기술을 아낌없이 투입해야 한다.

환자 가족과 전문 간호인들의 관찰 내용과 경험도 반드시 포함해야 한다. 이와 관련해 검사를 담당한 의사는 다음 두 가지 측면을 고려해야 한다. 한편으로 환자 가족은 어쩌면 중요할 수도 있는 매우 사소한 변화에도 극도로 예민하다는 점이고, 다른 한편으로는 환자의 행동이나 상태 변화를 과도하게 해석하는 경향이 있다는 점이다. 가령 지속식물상태 환자가 보이는 움켜잡는 반사작용을 의식적인 움직임으로 여긴다.

성실한 진단의 윤리

두통과 타박상, 또는 요폐 증세가 있는 모든 환자는 적절한 치료를 받기 전에 가능한 모든 방법에 따라 정확하고 성실한 진단을 받을 권리가 있다. 그러므로 범위와 예후에서 상당한 차이를 보일 수 있는 심한 뇌손상 환자는 그런 권리를 더 많이 가져야 한다. 최적의 조건에서, 즉 앞에서 언급한 시간 기준을 엄수하고 가장 확실한 방법을 동원해 진단을 내렸다면 앞으로의 진행 상태와 전망을 논의할 수 있을 것이다. 이제 비로소 경우에 따라 가족들과 함께 희망과 기대, 치료 결과에 대한 이야기를 나누어야 한다.

식물상태와 최소의식상태는 임상적으로 상당한 유사성을 보인다. 그로 인해 한편으로는 착각과 혼돈을 일으킬 수도 있지만, 다른 한편으로 이 두 질환을 수반하는 예후들은 매우 다르다. 따라서 자신의 책임을 분명히 자각하는 전문 검사자의 명확하고 숙련된 진단에 따른 구별이 요구된다. 지속식물상태 환자는 의식을 회복할 가능성이 거의 없지만, 최소의식상태 환자는 비록 증명하기는 어렵지만 의식이 분명 살아 있기 때문이다. 나아가 원칙적으로 계속 의식을 회복하고 뇌 기능을 되찾을 수 있는 기회도 열려 있다.

앞에서 제시한 수단과 방법을 통해 회복 가능성이 있고, 최적의 재활 전략을 제시해줄 환자를 확인할 수도 있다. 따라서 이런 환자의 가족들에게는 근거 있는, 조심스러운 희망을 말해도 된다.

그와 더불어 아무리 집중적인 재활 노력으로도 호전될 가능성이 전혀 없는 환자들도 추려낼 수 있다. 지속식물상태 환자의 가족에게는 적절한 방법으로 그릇되거나 과장된 희망, 심지어는 기적적인 치유에 대한 희망을 갖지 않도록 해야 하며, 바로 이것이 의사의 윤리적 책임이다.

지속식물상태 환자의 생명 연장 조치 중단

학문으로서의 의학을 의료 행위의 토대로 인정하는 의사라면 성실하고 정확한 진단을 통해 지속식물상태로 판정된 환자가 의식을 회복할 가능성이 없다는 데 이의를 제기할 사람은 거의 없다. 따라서 의학적 관점에서 당연히 다음 질문이 나올 수 있다. 적절한 간호와 인공영양을 통해 몇 년, 또는 몇 십 년 동안 '단순한 육체적 실존'만을 유지할 수 있는 환자들의 연명 조치를 제한하거나 중단해 그들이 죽게 할 수 있을까? 만일 그럴 수 있다면 전제 조건들은 무엇일까?

의학 발전으로 1980년대에 인공영양이 도입되기 전까지 지속식물상태 환자들은 몇 주가 지나면 자연스러운 죽음을 맞이했다. 그러나 인공영양이 도입된 이후 모든 나라의 법원은 임종 환자의 생명을 유지하는 인공영양, 그리고 지속식물상태 환자들의 자기결정권에 대한 입장을 표명해야 했다. 독일에서는 1994년 연방최고재판소에서 내린 이른바 '켐프텐 판결'이 가장 큰 의미가 있다. 안락사 영역에서, 그리고 지속식물상태 환자의 치료 중단과 관련된 윤리적 논쟁에서 그때까지 내려진 가장 중요하고도 영향력이 큰 판결이기 때문이다.

켐프텐 판결을 불러 온 사건은 이렇다. 일흔 살인 한 여성 환자의 주치의가 제3자가 볼 때 정당화될 수 없는 치료 중단에 의한 고의적 살해 시도로 고발을 당했다. 중증 치매를 앓던 여성 환자는 15분 동안 심장이 멈추었다가 소생술로 다시 살아났다. 그러나 의식을 찾지 못해 지속식물상태가 되었고 튜브를 통해 인공영양을 실시했다. 그 상태로 2년 반이 지나 주치의와 법적 보호자였던 아들은 인공영양을 중단하고 마실 것만 공급하기로 결정했다. 두 사람의 결정대로 진행되었다면 이 부인은 아마 2~3주 후에 죽었을 것이다. 그 결정은 아들이 재현한 어머니의 진술에 기초해 내려졌는데, 그의 어머니는 간병에 의지한 채 살아야 하는 중증 환자들을 다룬 텔레비전 프로그램을 보면서 자신은 절대로 그렇게 살고 싶지 않다고 말했었다.

그런데 간병을 담당하던 간병 서비스센터 측이 의사와 아들의 요구를 따르지 않았고, 간병 센터장이 그러한 사실을 후견 법원에 알렸다. 그러자 후견 법원은 처음에는 잠정적인 지시로, 나중에는 최종 판결을 통해 인공영양 중단을 허락하지 않았다. 의사와 아들은 살해 시도로 벌금형을 선고받았다. 그러나 피고인들의 상고 신청 후에 그 판결은 연방최고재판소에 의해 파기되었고, 피고인들은 무죄를 선고받았다.

연방최고재판소는 후견 법원과는 다른 판단을 내렸다. 독일의 최고 형사법원이 처음으로 환자의 직접적인 의사 표현은 절대적인 구속력이 있다고 공표했을 뿐 아니라, 환자가 치료를 거부했을 거라는 추정에 의한 결정도 구속력 있는 환자의 의사로 간주해야 한다고 선언한 것이다. 이 판결이 나오기 전까지 생명을 연장하는 의료 조치의 중단 행위는 안락사에 대한 지침에 따라 죽음의 단계가 이미 시작되었을 때에만 취해질 수 있었다. 연방최고재판소는 켐프텐 판결을 통해 죽음의 단계가 아직 시작되지 않았을 때에도 치료 중단이 허용될 뿐만 아니라 해당 조치가 합법이라는 점을 처음으로 선언했다. 거기에 튜브를 통한 수분과 영양 공급도 처음으로 간병의 일부가 아닌 의사의 치료 행위로 분류했다. 비록 인공영양은 의사의 지시에 따라 간호진만이 실행할 수 있지만 말이다. 동시에 환자가 그런 튜브 설치에 반대하는 뜻을 명백히 표현했거나 그러한 뜻이 추정되는 경우에 인공영양은 결코 시행해선 안 되는 의료 개입이라는 점도 분명히 밝혔다.

연방최고재판소가 이미 시작된 죽음의 과정에서 취해지는 연명 조치 중단보다 환자의 추정 의사 탐구에 더 높은 비중을 두는 것은 분명하다. 법원의 소견에 따르면 죽음의 과정은 '가망 없음' '비가역성' '죽음의 임박성'이라는 세 가지 특징으로 입증된다. 켐프텐 판결에서 그 여성 환자에게는 이 세 가지 기준의 의미에서 허용되는 안락사 기회는 주어지지 않았다. 세 번째 기준인 죽음의 임박성이 빠져 있었기 때문이다. 따라서 이 판결에서 쟁점이 되었던 부분은 개별적인 연명 조치 중단으로서, 이는 보편적인 선택의 자유와 신체적 온전함에 대한 권리의 표현으로서 합법이라고 판단했다.

연방최고재판소의 결정은 환자 본인의 의사가 유일한 판단 기준이라는 사실을 분명히 했다. 가령 투석 환자는 매일 온전한 판단력과 의지의 자유가 있는 상태에서 투석을 지속할지 말지를 결정할 수 있는 반면, 의식이 없는 환자는 그럴 수 없다. 이 경우에 보호자나 전권을 위임받은 사람은 병원 측의 치료가 환자의 의사를 반영하는지를 항상 생각할 책임이 있다. 보호자는 환자의 뜻을 대변하는 보증인이다. 이 말은 모든 수단을 통해 환자의 의지를 관철할 권리뿐만 아니라 책임까지 있다는 뜻이다.

연명 조치 중단을 정당화하는 데 '죽음의 임박성'이라는 기준이 필요하진 않다고 해서 '가망 없음'과 '비가역성'이라는 두 가지 기준을 반드시 충족해야 한다고 주장할 수는 없다. 켐프텐 판결의 경우 해당 환자는 그 두 가지 기준을 충족했지만, 법원 판결에서는 그것을 전제 조건으로 삼지 않았다.

2002년 독일 연방헌법재판소가 여호와의 증인 신도인 한 가족의 사전의료지시서와 관련해 내린 판결과, 독일 사회를 충격에 빠뜨린 여호와의 증인 신도의 수혈 거부 사건에서는 의료 조치와 치료 결정에 대한 거부를 어느 정도까지 보호해야 하는지를 분명히 보여주었다. 두 번째 사건에서는 여호와의 증인 신도인 란다우 출신의 젊은 엄마가 아이를 출산한 직후 출혈이 심해져 수혈이 반드시 필요한 상황이었다. 하지만 그녀는 수혈을 단호하게 거부했다. 의사들은 그 결정을 존중할 수밖에 없었고, 결국 젊은 여성은 숨을 거두었다. 당시 바이에른 법무부는 언론 발표에서 치료를 담당한 의사들은 적법하게 행동했다고 밝혔다.

이러한 상황을 식물상태 환자들의 입장에 적용하면, 연명 조치 지속이나 중단과 관련해 환자가 명백히 표명한 의사(또는 그렇게 추정되는 의사)를 반드시 따라야 한다는 결론이 나온다. 환자가 자신의 의사를 명백히 드러낸 적이 없거나 추정되는 환자의 의사가 신빙성 있고 설득력 있게 제시되지 않았다면, 결정을 내리기 위해서 '보편적인 가치 관념'을 끌어들일 수 있다. 지속식물상태 환자들의 경우에는 누구도 그런 상태에서 계속 살고 싶어 하지 않을 거라는 가정에서 시작해도 좋을 것이다. 이러한 사실은 적어도 환자가 식물상태여서 자신의 뜻을 분명히 표현할 수 없는 경우라도 연명 조치를 중단할 수 있음을 뒷받침하는 강력한 논거다.

지금까지 독일에서 내려진 판결들을 종합하면, 앞으로 수년간 건강하게 살 수 있다는 전망이 있어도 환자가 의사의 치료를 거부할 수 있다는 사실이 분명해졌다. 치료 거부는 다른 누구도 아닌 오직 환자 본인만이 결정할 수 있기 때문이다. 독일 헌법은 의사들의 소견이나 보편적인 관념에 비추어 비합리적인 결정, 결국에는 자신의 목숨을 던져버리는 결정까지도 허용한다. 이로써 우리의 헌법에 따르면 인간의 존엄은 지극히 개인적으로 정의된 가치 규정으로서, 인간은 자신의 생명을 어느 정도까지 보호할 것인가에 대해서도 스스로 결정할 수 있다.

지속식물상태 환자의 생명 연장 조치 중단에 대한 개인적 견해

지속식물상태 환자의 생명 연장 조치 중단을 허용하라는 요구는 특히 교회와 일부 의사들, 장애인 협회 대표들을 비롯한 여러 진영으로부터 상당한 비판을 받는다.

진단의 정확성과 전문성이 의심스러울 때, 궁극적으로는 의사가 성실성을 보이지 않았을 때 그러한 비판은 분명 타당하다. 성실성이 의사의 전문성과 윤리의 중심이 되지 않는다면 매우 수치스럽고 받아들일 수 없는 일이다. 진단을 통해 심한 뇌손상과 지속식물상태의 구분이 더욱 진지하게 받아들여지고, 학문적 증거의 토대 위에서 병의 예후를 가족들에게 좀 더 분명히 설명할 수 있다면, 그러한 비판은 상당 부분 누그러질 것이다. 전혀 가망이 없는 경우든 최소의식상태처럼 실낱같은 희망이 남아 있는 경우든 말이다. 더욱 수준 높은 진단을 내린다면 의학 전문 매체나 대중매체에서 이른바 '식물상태 환자의 기적적인 회복'과 관련해 쏟아내는 퇴행적이거나 무책임한 보도들도 잦아들 것이다. 다시 말해 정확한 진단으로 몇몇 환자를 식물상태 환자로 분류하지도 않을 테고, 그러면 그런 사례가 언론에 등장하는 일도 없을 것이다.

식물상태에서 회복하지 못한 환자, 즉 지속식물상태에서 살아가는 환자가 "식물상태를 통해 그에게 알맞은 생활 형태와 존재방식을 찾았다"라고 주장하는 사람, "식물상태 환자와의 풍부한 소통 코드"를 말하거나 "식물상태 환자들이 살아가는 형태는 자동차 운전자들과 마찬가지로 죽음을 안고 사는 것이다"라고 과장하는 사람은 지속식물상태의 진단을 잘못 내렸다. 또는 잘못 내린 진단에 고착되어 있거나 고전적인 학문적 의학이 아닌 다른 좌표계에서 움직이는 것이다.

지속식물상태를 "한 인간에게 생존을 목적으로 원시적인 보호 기능이란 의미에서 온몸으로 하는 대답(죽은 척하는 반응)을 강요하는 고립적인 상황"으로 해석하는 것도 분명 틀렸다고 해도 좋을 억측에 지나지 않는다. 이러한 해석은 신경학 전문 협회나 혼수상태에 정통한 다른 학자들도 진지하게 논의하지 않는다.

식물상태 환자에 대한 그러한 평가에는 착각이나 잘못된 해석이 깔려 있다. 윤리학자이자 통증 연구가인 미국의 에릭 제이 카셀은 식물상태 환자의 평가에 나타나는 함정을 다음과 같이 정확히 지적했다. "겉으로 보이는 모습은 학문적 인식을 호도한다. 결코 드문 일이 아니다."

반면에 연방최고재판소가 공들여 구성한 환자의 '추정 의사'에 대해 일부 비판자들이 제기하는 반론은 차원이 조금 다르다. 추정 의사 구상에 반대하는 사람들은 명확한 사전의료지시서를 제시할 수 없다면, 다른 가능성을 모색해야 한다고 주장한다. 가령 '욕구에 초점을 맞춘 단서'를 통해 동의할 능력이 없는 사람들의 결정 과정을 더 신빙성 있게 조절해야 한다는 것이다. 다시 말하면 식물상태 환자의 표정과 몸짓을 이해해 그가 표명하려는 욕구를 더 잘 판단할 수 있어야 한다는 뜻이다.

이러한 비판들에 대해서는 먼저 다음과 같은 반론을 제기할 수 있다. 여기서는 단지 환자의 추정 의사뿐만이 아니라 '사전의료지시서'에 분명히 기록된 환자의 의사까지도 문제 삼는다는 것이다. 사전의료지시서 역시 현재 상태에서 동의 능력이 아니라 전에 미리 표명한 의사를 토대로 작성되었으니 말이다. 결국 추정 의사를 비판하는 사람들은 학문적으로 확립된 지속식물상태를 다른 구상으로 대체해야 한다고 주장한다. 욕구를 나타내는 환자들의 표정이나 몸짓이 의사 표현의 새로운 근거가 되어야 한다는 말이다. 하지만 식물상태 환자들이 어떻게 자신의 욕구를 표현할 수 있단 말인가? 그럴 수 있는 환자라면 다른 진단이 내려졌을 것이다. 지속식물상태 환자라면 (그 상태에 대한 개념 규정에 따라) 의식적인 표현은 물론이고 어떤 형태로든 욕구를 표현할 수가 없기 때문이다.

올바르게 작성한 사전의료지시서나 그에 준하는 추정 의사의 성실한 조사를 대체할 만한 만족스러운 대안은 없다. 물론 추정 의사를 확인하는 과정에 불확실성이나 불명료함의 여지가 있다는 점은 인정한다. 그렇다면 대안은 환자의 의사를 실행에 옮겨야 할 사람들이 이를 무시하고 항변할 능력이 없는 환자들을 대신해 자신들의 생각을 관철시키는 것뿐이다. 그러면 자연히 자기결정이 아닌 타의에 의한 결정이 될 수밖에 없다.

나는 최악의 손상을 입은 환자들에게 죽음을 거부하지 말아야 한다는 점에 무조건 찬성한다. 비록 그들이 사전의료지시서에 이와 다른 내용을 남겼거나 그들의 추정 의사가 그것에 반한다 할지라도 말이다.

의학의 모순은 지속식물상태에서 가장 극명하게 드러난다. 이 주장에 반론을 제기하기란 어려울 것이다. 다시 한 번 강조하지만 현대 의학이 아니었다면 환자들이 그런 상태에 빠지는 일은 없었을 것이다. 그런 점에서 이 환자들은 당연히 존중받아 마땅한 살아 있는 사람들이지만, 그럼에도 불구하고 '의학적 공예품'이라고 할 수 있다. 그런데 이 공예품을 기약할 수 없는 시간 동안, 인간 공동체와 주변 세계에 참여할 전망이 전무한 완전한 의존 상태에서 단순히 목숨만 유지하도록 해야 할까? 침묵과 고립 속에서 살아가도록 강요받는 그러한 삶이 사실상 학대라고 표현하면 부적절한가? 지속식물상태 환자들의 연명 조치 중단에 결코 찬성하지 않는 사람들에게 다시 한 번

묻고 싶다. 이 상태를 죽음보다 더 비참하고 암울한 상태라고 묘사하는 것이 정말로 잘못된 걸까?

인간의
의사意思

임종 시의 자기결정

"어떤 고무관도 제발 그만"

2008년 1월 4일 에르나 K는 응급센터 전기충격실의 환한 불빛 아래 숨을 헐떡이면서 누워 있었다. 눈은 뜨고 있었고, 얼굴 반쪽이 왼쪽으로 축 늘어져 있었다. S 의사는 몇 분 전 응급대원들이 데려온 이 환자를 넘겨 받았다. "K 부인, 저를 볼 수 있습니까? 제 손을 잡을 수 있어요?" 그녀의 손도 시선도 내과 의사의 물음에 대답하지 않았다. 팔을 꼬집어도 아무 반응이 없었다. 들어 올린 팔은 힘없이 들것 위로 떨어졌다. 그녀에겐 분명 의식은 있었지만 의사소통은 불가능했다. S 의사는 신속하게 진단을 내렸다. 오랫동안 진행된 뇌졸중이었다. S 의사는 침제를 준비시켰고, 환자의 코에 산소 튜브를 연결했으며, 이완된 혓바닥 때문에 기관이 막히는 사태를 예방하기 위해 입에 구강용 기도 유지기(귀델 튜브)를 넣었다. 그는 자신의 진단을 확인하기 위해서 신경과 의사를 불렀다.

여든여섯 살의 에르나 K를 병원으로 이송시킨 요양원 측 간병인은 환자의 여러 질환을 기록해 알려주었다. "2005년에 뇌졸중을 일으킨 뒤 오른쪽이 마비된 상태, 당뇨병, 파킨슨병, 심부전, 만성 기관지염, 마른버짐, 왼쪽 발꿈치 욕창." 그 외에 특이 사항에는 다음 내용이 적혀 있었다. "환자가 말을 할 수 없어서 소통이 매우 어려움. 약을 자주 뱉음. 대소변 실금증. 혼자 일어설 수 없음. 연고자 없음."

S 의사는 좀 더 자세한 내용을 알아보기 위해서 요양원에 전화를 걸었다. 숨이 넘어갈 듯 그르렁거리면서 아무 반응이 없던 K 부인은 야간 근무를 끝내고 아침 일찍 병실을 순찰하던 간호사에게 발견되어 병원 응급실로 보내졌다. 요양원에서는 K 부인이 최근에 소파에 앉아 있는 날보다 침대에서 보내는 날이 많았다고 했다. K 부인과의 소통은 거의 불가능했고, 음식을 거의 먹지 못해서 간병인들이 먹여주었다고 했다. 방문객은 있었을까? 옛 친구가 가끔 찾아왔지만 서로 대화를 할 수 없는 상황이어서 오래 머무르지 않았다고 했다. 가족으로는 조카가 한 명 있었지만 한 번도 찾아온 적은 없었다. S 의사는 마지막으로 K 부인이 서면으로 남긴 사전의료지시서가 있는지,

부인이 다른 식으로 자신의 의사를 표시한 적이 있는지 물었다. 요양원에서는 그런 건 전혀 모른다고 말했다.

요양원은 K 부인이 다시 돌아오지 못하리라 예상해 개인 사물을 가방에 챙겨 응급차에 실어 보냈다. D 간호사는 그 내용물을 꼼꼼히 살피면서 개별 물건들의 목록을 작성했다. 그녀는 옛날 사진들과 더 이상 읽어볼 수도 없는 쪽지들, 영수증이 가득 담긴 플라스틱 가방에서 종이 한 장을 꺼냈다. 거기에는 "어떤 고무관도 제발 그만. 2007년 4월 18일, 에르너 K"라고 적혀 있었다. 떨리는 손으로 써내려간 필체가 역력한 하얀 종이는 세심하게 접혀 클립으로 신분증에 부착되어 있었다.

그 짤막한 글이 주의를 기울여야 할 환자의 의사일까? 또는 법적 구속력이 있는 사전의료지시서일까? 아니면 의사들의 치료 결정과 관련해 어떤 의미도 부여할 필요 없는 단순한 종이쪽지일까? 이건 글자 그대로 받아들여야 하는 말일까, 아니면 비유일까? K 부인이 말하는 '고무관'은 무엇일까? 정맥이나 방광에 삽입하는 튜브일까? 아니면 영양 공급을 위한 튜브? 인공호흡을 위한 튜브도 고무관일까, 아니면 다른 어떤 것일까? K 부인은 비관적인 상황에서 어떤 고무관도 사용하지 말라고 한 걸까?

그 한 문장은 수많은 물음과 해석 가능성을 열어놓아 지극히 일반적으로 표현된 환자의 의사를 알아내기가 쉽지 않았다. 그러나 첫눈에 별다른 설득력은 없어 보이지만, 단순하면서도 존중받아 마땅한 노부인의 생각이 담긴 그 쪽지는 위중한 상황을 감안한, 결코 간과해서는 안 될 의사 표현이었다. 의사들의 의무는 환자의 의사를 최대한 알아내기 위해 모든 출처를 조사하고 평가하는 것이다. 그런 다음에 환자의 의사를 관철해야 한다.

더 이상 소통이 불가한 사람의 의사를 밝혀내려면 많은 시간과 노력을 들여야 하고, 때로는 아무런 성과를 얻지 못할 수도 있다. 그럼에도 불구하고 의사들 사이에 폭넓게 퍼져 있는 다음 모토에 따라 행동해서는 안 된다. "나는 의사로서 내가 할 수 있는 모든 것을 다한다. 그러면 윤리적으로나 법적으로 언제나 올바른 쪽에 서 있다." 오히려 그 반대다. 자세히 살펴보면 환자의 행복보다는 의사의 행복을 염두에 둔 이러한 의료 행위 자체가 윤리적으로 비난받아 마땅하기 때문이다. 환자가 분명히 의사 표현을 했고 가족이 고발할 경우 연방최고재판소의 판결에 의거해 해당 의료진은 법적으로 심각한 상황에 처할 수 있다. 다음의 예가 보여주듯이 신체상해죄로 기소를 당한다.

2008년 9월 독일의 한 대학병원에 근무하는 중환자실 과장 의사가 1년 이상 진행된 법정 소송 끝에 사전의료지시서를 무시해 유죄 판결을 받았다. 중증 신부전 환자였던 귄터 M은 수술 이후 병세가 심각하게 악화되어 의식불명 상태에 빠졌다. 그는 사전의료지시서에서 이런 경우에 투석과 인공호흡, 인공영양을 중단하라고 적었다. 그의 아내는 의사들을 상대로 남편이 작성한 사전의료지시서를 이행하려고 여러 차례 노력했고, 남편이 그 상태로 죽을 수 있도록 인공영양 튜브를 제거하고 투석을 중지해줄 것을 요구했다. 그러나 책임자인 과장 의사는 자신은 '살인자'가 아니라며 사전의료지시서에 적혀 있고 환자의 아내가 제시한 환자의 의사에 따를 것을 거부했다.

법원은 의사가 '불법적인 고의적 신체상해죄'를 범했다고 판단했다. 다만 그 죄가 사소하다고 보아 처벌은 하지 않았는데, 그 이유는 무엇보다 의사는 해당 주의 의사회가 정한 직업 규정도 준수해야 하기 때문이라고 했다. 그러나 그 규정은 부분적으로는 불법이었다.

에르나 K의 경우에는 의사가 바람직한 결정을 내렸다. 환자의 고령과 예전부터 앓고 있는 여러 질환들, 요양원에서 얻은 정보들, 병이 상당히 진행된 두 번째 뇌졸중을 근거로 S 의사는 에르나 K가 남긴 "어떤 고무관도 제발 그만"이라는 쪽지를 연명 조치를 하지 말라는 환자의 의사로 해석했다. 이미 삽입한 정맥 카테터는 그대로 두었는데, 뇌졸중으로 발생하는 여러 번의 경련 발작을 막기 위해 약물을 주입해야 했기 때문이다. 그러나 인공영양이나 혈전증 예방 치료 같은 생명을 연장하는 조치는 하지 않았다. 에르너 K는 의식을 회복하지 못한 상태에서 뇌졸중으로 인한 호흡부전으로 병원에 입원한 지 며칠 만에 사망했다.

임종 시의 자기결정, 그리고 뒤늦게 제정된 법

지난 수년 동안 독일에서는 기본법에 보장된 자기결정권이 임종에서 얼마나 효력을 갖는지, 또는 어떤 조건에서 제한될 수 있는지를 둘러싸고 때로는 문화전쟁을 방불케 하는 논쟁이 벌어졌다. 이러한 논쟁은 때로는 이례적일 정도로 격렬하고 비타협적으로 진행되었는데, 연방최고재판소 형사 합의 1부가 내린 판결을 전체적으로 오해한 민사 합의 12부에도 어느 정도 책임이 있다. 당시 판결 내용은 환자의 의사와 일치하는 합법적인 치료 중단을 이행하려면 병의 진행 과정이 돌이킬 수 없고 치명적이라는 사실에 대한 절대적인 확실성이 필요하다는 것이었다.

그러한 논쟁의 결과는 우선 2004년 6월 당시 법무부 장관이었던 브리기테 치프리스가 주도해 "임종을 맞는 환자들의 자율성"을 위해 설립한 '쿠처위원회'에 반영되었다. 그후 연방의회에서 이 위원회에 총 세 건의 법안을 제출했는데, 그중 첫 번째 법안은 사민당 소속 요아힘 슈튕커 의원이 발의했고, 사전의료지시서의 구속력을 무조건 인정하는 내용을 담았다. 두 번째 법안은 기민당의 볼프강 보스바흐 의원이 주도했는데, 사전의료지시서의 효력을 병의 진행이 '돌이킬 수 없고 치명적인 과정'에 있는 경우로 제한했다. 세 번째 법안은 기사련의 볼프강 춸러 의원이 주축이 된 그룹이 제안했으며 '사전의료지시서의 대화체 전환'에 중점을 두었다. 세 번째 제안은 그런 법안의 제정 자체를 완전히 중단시키는 것을 목표로 했다.

오랫동안 세 가지 법안 모두 연방의원 과반수의 동의를 얻지 못할 것처럼 보였다. 그런데 2009년 6월 중순에 실시된 표결에서 놀랍게도 슈튕커 의원이 발의한 첫 번째 법안이 과반수를 얻었다. 그로써 2009년 9월 1일부터 효력이 발휘된 '보호권 수정을 위한 세 번째 법(이른바 사전의료지시서법)'은 임종 상황에서 환자의 자기결정권을 우선시한 연방최고재판소의 판결을 수정 보완한 것이다.

2009년 9월 1일에 효력이 발효된 보호권 수정을 위한 세 번째 법에 따른 법적 상황

• 의사 표현 능력이 있는 성인 환자가 나중에 동의 능력을 상실할 경우를 대비해 서면으로 작성한 사전의료지시서는 구속력이 있다. 이 지시서는 병의 단계와는 무관하다(유효 범위가 제한되지 않는다). 사전의료지시서에 기록된 결정은 직접 통용된다. 다시 말하면 혹시 있을지 모르는 환자 대리인이 치료 결정을 내릴 수 없다는 뜻이다. 그런 점에서 환자에게 전권을 위임받은 사람이나 의사 표현 능력이 없는 환자를 위해 법원이 내세운 보호자는 의사들과 요양기관들, 환자의 의료 지원을 담당하는 다른 기관들을 상대로 환자의 의사를 직접 표현하고 관철해야 한다.

• 서면으로 작성한 사전의료지시서가 없는 경우에는 의학적 치료와 관련해 환자가 구두로 표명한 의사나 요구가 받아들여져야 한다. 그런 의사를 표명한 적이 없을 때는 구체적인 근거를 들어 환자의 추정 의사를 밝혀내야 한다. 구두 의사 표현과 추정 의사도 서면

으로 작성한 사전의료지시서와 동일하게 법적 구속력을 갖는다.

• 사전의료지시서에 대한 공증이나 다른 방식의 확인은 불필요하며, 사전에 의사와 협의하거나 법률 상담을 할 필요도 없다.

• 이 법은 치료를 결정하기 전에 사전의료지시서에 적힌 환자의 의사가 치료 상황에 맞는지, 환자가 판단력을 상실하기 전에 자신이 표명한 의사를 철회하지 않았는지 여부를 먼저 확인해야 함을 분명히 한다.

나아가 환자의 의사를 탐색하는 과정에서 취해야 할 행동 방식을 규정한다. 그러한 행동 방식을 따를 때는 치료를 확정하기 전에 다음 사항을 준수해야 한다.

· 먼저 의사의 진단서를 확인한다.
· '환자의 의사를 고려하는 가운데' 의사와 환자 대리인이 진단서를 두고 논의해야 한다.
· 마지막으로 전권을 위임받은 사람이나 법적인 보호자가 치료 를 결정한다.

• 의사와 법적 보호자가 치료나 치료 중단이 환자 의사와 일치한다는 데 동의했다면 보호 법원(이전의 후견 법원) 판사의 승인은 불필요하다. 법원은 갈등 상황에서만 개입할 수 있으며, 환자의 의사

를 판결의 근거로 삼아야 한다.

사전의료지시서법이 꼭 필요했을까?

효력이 발휘된 법을 통해서도 끝날 것 같지 않았던 논쟁의 중심에는 사전의료지시서의 법적인 구속력이 있었다. 그것을 작성한 환자의 판단력이 무력화된 상태에서 환자의 의사를 의료와 간호 행위의 척도로 삼아야 할 것인가. 바로 이것이 문제였다. 여기서 특히 논란이 되었던 부분은 병이 돌이킬 수 없이 치명적인 과정에 이르지 않았거나, 환자의 판단력 상실이 지속적이고 회복 불가능한 의식불명, 상당히 진행된 치매, 또는 지속식물상태에 기인한 경우라도 사전의료지시서를 따라야 하는가였다. 나아가 서면으로 작성했거나 구두로 표명한 사전의료지시서가 없는 경우에 환자의 추정 의사에 어느 정도 효력을 부여할 것인가 역시 논란거리였다.

이러한 논쟁은 결국 고도로 발달한 의학 기술을 적용하는 의료진의 모순된 태도에 연유한다. 생명을 연장하고 죽음을 막는 의료 기술과 약리적 수단들은 아직 고갈되지 않은 듯하며, 문제에 대한 해답보다는 더 많은 문제를 양산한다. 따라서 연방의회에서든 법률가들의 회의에서든 의사들의 수련회에서든 법정에서든, 관련자들이 때로는 열정적으로 때로는 날카롭게 서로 다른 의견을 주장하는 것은 전혀 놀랄 일이 아니다. 이는 또한 낙태와 줄기세포 연구를 비롯한 생명 윤리 문제들과 마찬가지로 윤리적 · 법적인 원칙의 문제를 건드린다. 바로 그 때문에, 실제 의료 행위에서 임종 시 자기결정권과 그 가치를 어떻게 판단해야 좋을지 모르는 불확실성과 불안감 때문에 이 문제는 반드시 법적인 조정을 거쳐야 했다.

한 설문조사에 따르면 2004년까지도 독일 의료진의 3분의 1이 법적으로 허용되는 이른바 간접적인 안락사를 처벌받는 일로 여겼고, 60퍼센트는 환자가 명백히 자기 의사를 밝혔음에도 죽어가는 환자의 연명 치료를 중단한 뒤에 책임을 지게 될까봐 두려워했다. 놀랍게도 판사들, 특히 후견 법원의 판사들 역시 그와 비슷한 상태였다. 연방최고재판소가 이미 수많은 판결을 통해 임종의학과 관련된 거의 모든 법적인 문제에 분명한 답을 내놓았는데도 말이다. 연방의사협회는 사전의료지시서에 대한 기준법이 불필요하다는 입장을 표명했는데 이는 설득력이 있어 보였다. 그러나 의사협회는 그 문제와 관련해 어떤 구속도 받지 않는 '판사의 권리'가 중요하다는 점은 인정하지 않았다. 그러면서 사전의료지시서의 내용과 형식을 의회가 결정한 법률로 정하지 않는 한이라는 단서를 두었다.

이어서 법이 통용되기 전에 시작되었을 뿐 아니라 법의 효력이 발생한 이후에도 결코 끝나지 않을 논쟁의 핵심을 짚어보겠다.

자기결정권, 인간 존엄의 핵심

사전의료지시서를 둘러싼 갈등을 가까이서 관찰하면, 헌법에 명시된 자기결정권의 근간이 눈에 띄게 억압받고 있을 뿐 아니라 정당성의 위기에 빠졌다는 사실이 드러난다. 한편으로는 자기결정권이 사전의료지시서의 토대로서 타당성이 있는가에 대한 의심 때문이고, 다른 한편으로는 몇몇 비판자들의 주장처럼 자기결정권이 기본법에 보장된 생명 보호와 갈등을 일으키기 때문이다. 마지막으로는 자기결정권이 미래의 일을 겨냥하고 있기 때문인데, 이때 자기결정권이 행사되는 시점은 현재에 있으므로 그 전제조건들은 사전의료지시서의 구성 자체를 무효화한다. 이러한 의구심은 특정한 '응용 윤리'에, 다시 말하면 세계관에서나 종교적으로 서로 다른 특징을 드러내는 임종에 대한 관념들에 매우 구체적으로 반영되어 있다. 그러한 관념들은 정도의 차이는 있지만 사전의료지시서를 지배하는 구상인 자기결정권에 강력하게 반대한다. 이 점은 의료진 일부에도 해당된다. 의사의 직업윤리는 공식적으로 환자의 자율성을 신봉하고 있는데도 말이다.

공개적으로든 비밀리에든 환자의 자기결정권을 가로막는 의사들을(전체 의사들 중 이들이 차지하는 비중은 그리 높지 않다) 대표하는 인물로 독일의 저명한 심장외과 의사를 거론할 수 있다. 사실 그의 발언은 터무니없다. 그는 사전의료지시서를 둘러싼 논쟁을 '불합리하다'고 여겨 '사이비 토론'이라고 매도했다. 2007년에는 주간지 『디 차이트』와의 인터뷰에서 이렇게 말했다. "환자들이나 환자의 가족들이 나한테 와서 '박사님, 사전의료지시서 여기 있습니다'라고 말하면 나는 이렇게 말합니다. '그건 그냥 침대 서랍장에 가만히 넣어두십시오. 난 거기에 관심이 없습니다.'"

의사로서 환자에게 이보다 더 오만하고 무례하게 행동할 수는 없을 것이다. 그러니 그런 의사가 의사의 직업 규정이나 직업윤리헌장을 제대로 지킬 리가 만무하다. 그런 발언을 한 사람이 왜 의사협회로부터 책임을 추궁당하고 징계를 받지 않는지 도무지 이해할 수 없다. 그는 탁월한 의학자이자 심장외과 의사일지는 모르지만, 내가 이해하는 한 결코 좋은 의사가 아니다.

'좋은 의사'는 우리의 환영에 불과한 존재일까? 어찌할 바를 모르는 가족들과 절망에 빠진 환자들에게는 좋은 의사를 찾기가 모래밭에서 바늘 찾기와 같다는 기분이 들지도 모른다. 게다가 하루가 멀다하고 새롭게 보도되는 무능하고 파렴치하며 부패하고, 심지어 마피아처럼 범죄를 저지르는 의사 집단에 관한 기사들이 끊이질 않으니 말이다. 하지만 나는 독자들에게 단언할 수 있다. 좋은 의사는 분명 있다. 감정이입과 정직함, 양심적인 태도와 과학을 의료 행위의 토대로 삼고, 현명함과 확신을 갖고 병의 깊은 곳까지 환자들을 인도할 줄 아는 의사. 자신이 내리는 처방과 행동 방식의 파급 효과를 꿰뚫고 있으며, 많은 비난을 받는 이른바 '첨단 장비 위주의 의학'을 목표에 맞게, 차별적으로, 환자에게 이로운 방식으로 베푸는 의사. 자신이 돌보던 환자가 다시 돌아오지 않을까 걱정하지 않고 필요한 경우 그를 동료 의사에게 보내는 의사. 신뢰할 수 없지만 보수가 상당히 좋은 '응용 연구'에 참여하라고 권유하는 제약회사 대표들을 물리치는 줏대 있는 의사. 마지막으로 특히 임종 과정에서 환자의 변호인이자 친구로서 환자의 바람과 의사를 각별히 존중해주는 의사는 분명 우리 곁에 항상 있다.

상당수 의사들만 환자의 자기결정권에 문제를 제기하는 것은 아니다. 죽음을 주제로 한 텔레비전 토크쇼와 라디오 시사 방송, 신문 평론과 사설에서도 환자의 자기결정권은 '암시성 있는 단어'이자 '단순한 공통분모'로 강등된다. "건강한 사람의 건강한 식탁에서 생각해낸 자기결정권의 수사학" 또는 "환자의 자율성이라는 마법의 공식"이라고 말하는 사람이 있고, 나아가 자기결정권을 일종의 '우상'이라고 거리낌 없이 말하기도 한다.

개인의 자기결정이 언제나 사회적 차원에서 형성된다는 점을 부정할 사람은 아무도 없다. 다시 말해 개인의 자기결정은 다른 사람과 집단을 통해 형성되고 수많은 정치적 · 사회적 힘들의 영향을 받는다. 사전의료지시서를 작성하기 전에 의사와 나누는 대화 과정, 또는 판단력이 없어진 환자의 추정 의사를 법적인 보호자와 의사, 가족들이 대화를 통해 밝혀내는 일은 매우 중요하다. 하지만 그와는 별개로, 어쩌면 그러한 갈등 상황을 알고 있기에 우리 사회는 죽음에 대한 결정까지 포함하는 자기결정권을 '자기 책임하에 행사하는 자유'로서 법질서의 중심에 확고히 명문화했다. 헌법학자들이 반복해서 강조하듯이, 그러한 사실을 사소한 일로 치부하거나 인간의 자기 자신에 대한 과대평가라고 비난하는 사람은 자기결정권이야말로 우리의 기본법을 지탱하는 기둥이자 기본권 이해의 핵심이라는 사실을 완전히 망각한 것이다.

생명 보호는 많은 사람들이 가장 중요하게 생각하는 더없이 높은 가치이긴 하지만, 인간 존엄의 핵심은 생명 보호가 아닌 자기결정권이다. 우리 헌법은 인간의 존엄을 보장하고 있지만 합당한 이유에서 그에 대한 정의는 내리지 않았다. 기본권의 주체인 개별 인간만이 자신의 존엄을 이루는 요소가 무엇이고, 자신의 신체적 온전함과 생명을 어느 정도까지 보호할지를 결정할 권리가 있기 때문이다. 독일연방 헌법에 명시된 내용을 인용하자면 다음과 같다. "개인의 자유는 자신의 삶을 계획하고 실행하는 자기결정에 있다." 우리의 헌법이 이해하는 인간의 존엄에는 다른 사람이 규정한 인간 존엄의 대상이 되지 않도록 개인의 존엄을 보호하는 것도 포함된다. 이보다 더 포괄적이고 설득력 있고 명백한 구상은 없을 것이다.

인간에게는 살아가야 할 의무가 있을까?

삶의 마지막 순간에 대한 설계와 관련해 인간의 존엄은 다음과 같은 뜻을 내포한다. 모든 환자는 그럴 기회가 허락되고, 자신이 권리를 행사하길 바라는 한 임종을 자기 뜻대로 설계할 자유가 있다. 그 자유의 한계는 오직 타인의 자유를 침해하지 않는 데 있을 뿐이다. 그에 따라 모든 환자는 제삼자의 눈에는 비합리적으로 보이거나 의학의 합리성에 부합하지 않는 결정을 내릴 수도 있다. 따라서 의사들은 사전의료지시서를 작성한 환자들이 생명 연장의 마지막 기회를 의식적으로 포기하고, 의사의 판단보다는 그들 자신의 결정을 따르는 것을 받아들여야 한다. 가령 고령의 환자들이 갑작스러운 심장마비를 일으켰을 때 소생술을 금지하는 것을 인정해야 한다.

건강하고 정정한 노인이, 갑작스럽게 심장이 멈추었을 때 소생술을 받지 않겠다고 말할 수 있다. 충분히 납득할 만한 일이 아닌가? 이야말로 풍요롭고 충만한 삶의 표현이 아닐까? 그런 삶이었기에 자기 자신과 세상과의 조화 속에서 즐겁고 편안하게 삶을 포기할 수 있는 것이 아닐까? 고령인 사람이 '순간적인 심장사'보다 더 행복하게 자신의 삶을 마감할 수 있는 방법이 또 있을까? 그런 죽음을 바라지 않는 사람이 있을까? 갑작스러운 의식불명에 빠졌다가 자기도 모르게 죽음을 맞이하는 것처럼 고통과 두려움 없이 세상을 떠나는 방법이 또 있을까? 그런데 의사가 그런 방법으로 찾아온 임종의 행복에 제동을 걸어도 되고, 걸어야 하는 걸까? 단지 그런 수단을 갖고 있다는 이유만으로?

안타깝지만 그런 상황을 의도적으로 조성하기란 매우 어렵다. 응급 상황에서 환자를 죽게 내버려두어야 할지 소생술을 통해 생명을 구하는 것이 좋을지를 결정해야 할 응급 의사는 대개 환자의 뜻을 모른다. 그렇기에 응급 의사는 자신에게 부여된 의무의 틀 안에서 객관적으로 추정되는 환자의 의사에 따라야 하고, 즉시 환자를 소생시키는 데 필요한 모든 가능성을 동원해야 한다. 비록 말기 암이나 가장 심각한 뇌손상으로 소생술이 아무런 소용이 없는 경우일지라도 말이다. 따라서 소생술을 무슨 수를 써서라도 막고 싶은 사람이라면 소생술 절대 금지라는 문신을 가슴에 새겨 넣어야 할 것이다. 그러지 않으면 응급 상황에 대처해야 할 의사가 환자의 무조건적인 의사를 어떻게 제때 알 수 있겠는가? 사전의료지시서는 보통 중증 질환자가 안정된 상태에서 작성하지 예후가 불확실한 응급 상황에서 작성하진 않는다.

결국 그러한 소생술 시도는 나중에 환자의 의사에 따라 죽음을 허용할지, 아니면 생명을 계속 연장해야 할지를 미결 상태로 남겨둔다. 소생술이 일차적으로 성공했다면 그후의 치료는 환자의 의사에 맞게 새로이 결정되어야 한다.

그러나 많은 의사들은 여전히 거기에 반대할 것이다. 앞에서 언급한 과장 의사처럼 그런 방법을 자신들의 직업윤리와 환자를 보살펴야 할 의무에 비추어 용납할 수 없는 일로 여기기 때문이다. 의사들은 생각을 바꾸어야 한다. 의사의 직업윤리와 환자 보호 의무는 결코 가볍게 여겨서는 안 되는 덕목이다. 그러나 생명 유지를 포함한 환자 보호 의무는 결코 자기결정권과 경쟁하는 것이 아니다. 오히려 의사의 환자 보호 의무는 환자의 자기결정권에서 한계를 찾아야 한다. 의사의 치료가 환자의 의사와 모순될 뿐 아니라 의사가 이를 무시한다면 어떻게 환자가 편안히 죽음을 맞을 수 있단 말인가! 어떤 대가를 치르더라도 생명을 유지하고, 자신의 판단에 따른 생명 연장을 환자의 행복과 동일시하는 것이 의사의 과제와 의무일 수는 없다. 그것은 궁극적으로 '생명의 성스러움'이라는 독단을 비인간화에 이르기까지 고수하는 특권이나 다름없다.

이러한 비난이 많은 종교인들의 분노를 자아내겠지만, 가톨릭을 비롯한 종교단체들조차 삶의 마지막 순간에 비인간적으로 행동한다. 가톨릭교회는 모든 인간의 생명은 신이 부여했다고 주장하면서 인간의 자기결정권을 상대화시킨다. 그 밖에도 특히 기독교적 인간상에 속하는 '고통의 감내'라는 이유를 들어 자기결정권을 무력화하려 한다.

이미 1995년에 교황 요한 바오로 2세는 「생명의 복음」이라는 회칙을 통해서 연명 조치 중단은 언제나 심각한 신법 위반이라는 점을 분명히 했다. 바티칸은 2009년 초에도 그러한 입장을 다시 한 번 분명히 확인했다. 당시 이탈리아 법원은 교통사고로 17년 동안 지속식물상태인 엘루아나 엔글라로라는 여성 환자에게 인공영양을 중단하라고 판결했고, 그 결과 음식물 공급 중단을 시도하자 안락사를 둘러싼 기괴하고 품격 없는 언론 및 정치 논쟁이 벌어졌다. 교황은 자신의 권한과 자격의 한계를 훨씬 벗어난 문제인데도 죽어가는 사람에 대한 인공영양은 의사의 치료 조치가 아니라 어떠한 경우에도 포기할 수 없는 기본적인 보호 조치라고 재차 강조했다. 따라서 교회의 입장은 비록 환자 본인의 분명한 의사 표현과 의료진의 진단에 반할지라도 임종을 맞는 환자에게 사실상 강제로라도 음식을 공급해야 한다는 것이다.

정통 유대교 윤리도 똑같은 입장을 취한다. 유대교를 대변하는 저명한 인사들은 유대교의 율법인 할라카를 다음과 같이 해석한다. 비록 어떤 환자가 죽어가는 사람으로서 심한 고통에 시달리고 있고, 자신의 죽음을 재촉하고 싶다는 소망을 피력했다 해도 모든 인간의 생명은 무슨 일이 있어도 지켜야 한다는 것이다. 그래서 뇌졸중으로 쓰러져 2006년부터 혼수상태인 아리엘 샤론 이스라엘 전 총리에게도 회복할 가능성이 전혀 없는데도 불구하고 지금까지 자연적인 죽음을 맞이할 기회가 주어지지 않고 않다. 내가 볼 때 이는 너무나 비인간적인 처사다.

사전의료지시서의 구속력과 유효 범위

환자가 의사 표현 능력을 상실했을 때 사전의료지시서의 법적인 구속력 문제는 사전의료지시서에 대한 기본법을 둘러싸고 독일에서 벌어진 논쟁의 핵심 주제였다. 무엇보다 사전의료지시서를 작성한 환자의 병이 아직은 회복 불가능한 치명적인 단계에 접어들지 않았을 때, 또는 환자의 의사 표현 능력 상실이 지속적인 의식불명이나 중증 치매에 기인할 때도 사전의료지시서의 구속력을 요구할 수 있을까를 둘러싸고 일치된 견해를 끌어내지 못했다.

마인츠 대학의 공법, 헌법, 행정법 교수인 프리트헬름 후펜 같은 저명한 헌법학자들이 지적했듯이, 여기서 제기되는 문제는 의사 표현 능력을 상실한 뒤에도 사전의료지시서가 존중받을 수 있을까 하는 것이 아니다. 그보다는 사전의료지시서가 갖는 구속력의 제한이 환자의 기본권과 조화할 수 있는가, 다시 말하면 헌법상 정당화될 수 없는 환자의 사적인 영역 개입을 어떻게 용납할 수 있는가 하는 문제다.

기본법 1조 1항은 개별 인간의 존엄성을 보호한다. 환자들이 자신들의 의사에 반해 강제로 영양을 공급받는 상황에서는 기본법으로 보장한 생명 보호는 인간의 존엄성에 의해 제한을 받는다. 마찬가지로 의학적인 관점에서 의미가 있든 생명을 유지하는 것이든 상관없이 모든 의료 조치는 언제나 환자의 동의에 따라 취해져야 한다. 환자가 응급 상황에서, 또는 중증 질환으로 지속적으로 자신의 의사를 표시할 수 없는 경우에도 마찬가지다. 이때 환자의 의사는 사전의료지시서에서, 환자의 평상시 가치관의 토대 위에서 알 수 있는 추정 의사에서, 마지막으로는 의료 행위를 위한 처방에서 이해할 수 있는 객관적인 추정 의사에서 밝혀진다.

여기서 거론된 환자의 기본권 보호는 사전의료지시서에서 예견한 의사 표현 능력을 상실한 상황에서도 통용된다. 다만 사전의료지시서가 환자 본인의 자유로운 판단으로 작성되었고, 예견한 상황이 지시서를 작성한 환자의 현재 상황과 들어맞는다는 두 가지 전제 조건이 충족되어야 한다. 나아가 기본권 보호는 병의 특정한 진행 단계나 특정한 병의 종류에 좌우되지 않는다.

자기결정권의 개념이 지나치게 넓다고 비판하는 사람들이 사전의료지시서에 관한 기본법에 포함하고 싶어 하는 법적 구속력의 제한은 사전의료지시서의 '유효 범위 제한'을 뜻할 것이다. 지속식물상태 환자의 치료 중단을 둘러싼 논쟁과 관련해서는 이미 앞장에서 1994년에 있었던 연방최고재판소의 이른바 '켐프텐 판결'을 언급했다. 지금까지 안락사 문제와 관련된 판결 중에서 가장 중요하고 영향력이 큰 켐프텐 판결에서 연방최고재판소는 유효 범위 제한이 허용되지 않는다고 분명히 선언했다. 켐프텐 사건에서 내린 연방최고재판소의 판결에는 처음으로 합법적인 '소극적 안락사'에 방향을 제시하는 진술이 포함되어 있다.

독일의 최고 형사 법원이 처음으로 환자의 의사가 법적인 구속력이 있다는 사실을 분명히 확인했다.

- 나아가 치료를 거부한다는 환자의 추정 의사에도 원칙적으로

동일한 의미가 부여되었다.

• 처음으로 PEG 튜브를 통한 인공영양이 정확히 의사의 치료 행위라는 점이 명시되었다.

• 환자가 분명히 밝힌 의사나 추정 의사에 반하는 개입은 결코 허용될 수 없다.

• 치료 중단의 허용은 원칙적으로 죽음의 과정에만 국한되지 않는다.

사전의료지시서의 유효 범위 제한과, 분명하게 밝혔거나 추정된 환자의 의사를 무시하는 행위를 정당화하려는 이유들은 왜 타당성이 없을까? 마인츠 대학의 헌법학자인 프리트헬름 후펜은 그와 관련해 다음과 같이 설명했다.

• 온정적 간섭주의의 의미에서 환자를 "자기 자신으로부터 보호해야 한다"라는 주장은 일반적으로 통용되는 '성인 환자'의 이상과 모순된다. 따라서 의사 표현 능력을 상실해서 환자가 어떤 상태에 있는지 모른다는 이유로 사전의료지시서에 이미 기록해둔 환자의 의사를 무시하는 것은 헌법에 위배된다.

• 임종 상황에서 더 이상 의사를 표현할 수 없는 환자를 보호한다는 명목으로 사전의료지시서에 담긴 환자의 의사를 무시하는 것

도 명백한 오류가 있는 경우를 제외하고는 받아들일 수 없다. 식물 상태나 중증 치매 상태에서는 현재의 의사를 표현할 수가 없다. 그 때문에 사전에 건강했던 날들에 분명하게 밝힌 의사를 무효로 돌릴 수는 없다.

• 개별 환자들을 넘어 국민의 생명을 보호하는(보편적 예방) 국가의 기본 의무를 지극히 개인적으로 정의된 인간의 자기결정권에 대한 개입을 정당화하는 데 동원할 수는 없다. 혹시 있을지도 모를 자기결정권의 남용은 법적인 수단을 통해 억제해야지 사전의료지시서를 무효화하는 식으로 막아서는 안 된다.

• 의사와 간호인들의 양심의 자유는 수동적인 안락사를 실행하지 않을 권리를 허용하지만, 그렇다고 환자의 기본권 개입까지 정당화하지는 않는다.

의사는 환자의 행복을 우선해야 하며 더불어 환자의 자율성 및 전체 의료 시설에서 의료 수단의 공평한 분배를 의료 행위의 최고 지침으로 천명한 의사윤리헌장을 준수해야 한다. 이러한 원칙을 단순히 존중하는 차원을 넘어 적극 관철하는 것이 의사들의 핵심 과제다. 의사윤리헌장을 진지하게 생각하는 의사라면 임종이 임박한 중환자들의 의사만 존중하고, 그렇지 않을 때는 자신의 기준에 따라 환자의 의사에 반하는 행동을 하지는 않을 것이다. 의사 윤리를 심각하게 위반하는 행동일 테니 말이다.

죽음의 임박성과 돌이킬 수 없이 치명적인 과정

뇌졸중으로 쓰러진 여든일곱 살 여성 환자가 응급실로 실려 왔다. 노부인은 눈을 뜨고 있었고, 제한적이긴 해도 자발적으로 호흡을 했다. 환자가 자신의 상황을 의식하고 있는지는 의문이었다. 환자와의 소통은 불가능했다. 뇌 CT촬영 결과는 진단을 확인해주었다.

노부인을 자연스러운 병의 진행 과정에 그대로 맡겨둔다면, 다시 말하면 상태를 예의주시하거나 치료하지 않으면서 기본적인 간호만 한다면 며칠 지나지 않아 사망할 가능성이 매우 높다. 이런 상황에서 노부인의 상태는 분명 죽음에 임박해 있다. 그에 반해 인위적인 방법으로 수분과 영양을 공급하고, 기도를 자유롭게 하고, 인공적으로 소변을 배출시키고, 혈전증과 감염 예방 조치를 취한다면, 이 노부인은 죽음을 맞기는커녕 경우에 따라서는 수년간 생명을 유지할 수도 있다.

여든한 살의 건강한 노신사가 돌연 병원에서 쓰러졌다. 병원에 있던 의료진은 즉시 소생술을 실시한 뒤 환자를 응급차에 실어 큰 병원으로 옮겼다. 소생술은 '우선 성공했다'. 이 말은 노신사의 심장 기능과 순환 기능이 회복되었다는 뜻이다. 하지만 그가 의식을 회복할지는 불확실하다. 병원에서 심장의 잔떨림으로 의식을 잃고 쓰러진 시점에서 노신사는 소생술에 힘입어 돌이킬 수 없이 죽음으로 이어지는 병의 진행 과정으로 들어가지는 않았다. 또한 도저히 치료할 수 없이 치명적인 상태도 아니었다. 그러나 소생술을 하지 않았다면 몇 시간이 아닌 몇 분 내로 죽었을 것이다.

하나의 질병이 치명적인 과정으로 진행되는지 그렇지 않은지, 또 언제 그렇게 진행되는지는 병에 내재한 역학뿐만 아니라 병이 진행되는 조건들에 상당한 영향을 받는다. 의사는 어떤 치료 수단이 적합하고, 기대할 만하고, 성공을 보장하리라고 어떻게 판단할까? 그는 어떤 수단을 준비해두었을까?

앞의 두 가지 예가 보여주듯이 의사에게 치료 가능성이 있다면, 특히 인공호흡기로는 호흡 기능을, 투석으로는 신장 기능을 유지시키고, PEG 튜브나 정맥 카테터로 자연적인 수분 섭취와 영양 섭취를 대신해 생명의 중요한 기능을 유지하거나 대신할 수 있는 가능성이 있다면, '불치' '돌이킬 수 없음' '죽음의 임박성' 등의 개념은 아무런 의미가 없다. 설령 그러한 개념에 어떤 의미가 있었다고 해도 환자의 의사에 주어지는 우선권 때문에 그 의미는 중요성을 잃게 될 것이다.

죽음이 임박했다는 말은 무슨 뜻일까? 환자는 언제 죽음이 임박한 상태에 처할까? 어차피 다가올 임종이 며칠 혹은 몇 개월 내로 예견될 때? 어떤 종양 환자의 생존 기간이 1년 정도로 예상될 때도 죽음이 임박했다고 말해도 되는 걸까? 종양이나 백혈병에서 관찰되는 극적인 치료 사례들로 우리는 분명히 알 수 있다. 환자는 병이 상당히 진행된 경우라도 화학요법을 통해 몇 년까지는 아니라도 몇 개월 이상은 생존할 수 있다. 그러나 화학요법이 없다면 몇 주 안에 죽을 것이다. 따라서 죽음의 임박성이나 돌이킬 수 없다는 개념에는 죽음이 나타날 때까지의 기간이 감춰져 있고, 그 기간은 원칙적으로 매우 불확실하다.

기민당의 볼프강 보스바흐 의원을 주축으로 '너무 폭넓게 미치는 사전의료지시서'를 비판하는 사람들은 다음과 같이 요구한다. "환자가 상담을 받지 않은 채 사전의료지시서에 생명 연장 치료를 중단하라고 지시했다면, 의사와 보호자는 병이 치료 불가능하고 치명적인 상태로 진행되거나, 모든 의학적 수단을 동원했음에도 불구하고 환자가 의식을 회복할 가능성이 희박한 상황일 때만 사전의료지시서를 따라야 한다." 하지만 이런 정의에는 사전의료지시서가 허용하는 결정적인 치료 조치가 이미 포함되어 있다. 논리학에서는 이러한 경우를 순환논법이라고 부른다.

자기결정과 내적인 갈등, 대화 및 상담의 필요성

자기결정이라는 개념은 어느 정도 한계 내에서 자신의 죽음에 영향력을 행사할 가능성을 열어놓는다. 그럼에도 불구하고 이는 편안한 죽음에 필요한 조건일 뿐 결코 충분조건은 아니다. 자기결정은 대화와 상담, 정확한 앎과 인식, 친밀감과 소중한 보살핌 속에서 내려져야 한다. 또한 변하지 않는 개인적인 임종 계획이 전제되어야 한다. 자신에 대한 처분을 결정한 사람의 책임감의 산물이기 때문이다. 반대로 자신에 대한 책임을 거부하는 경우라면 자의에 맡기는 것이라 할 수 있다.

따라서 진정으로 성숙하고 타당성 있는 사전의료지시서는 작성자가 마음의 준비가 되어 있을 때, 스스로에게 묻고, 충분한 정보를 얻고, 신뢰할 만하고 전문적인 상담 가능성을 알고 있을 때 온전히 완성될 수 있다. 그 과정은 자신의 죽음에 대해 자신과 대화하는 데서 시작된다. 내가 유한한 존재라는 사실을 아는 것에 그치지 않고 자신의 죽음까지도 진정으로 받아들일 수 있나? 나는 편안하게 죽음과 대면할 수 있을까? 나는 얼마나 삶에 애착을 갖고 있거나 집착하고 있나? 나는 어떤 상황에서 삶과 이별할 수 있나? 내가 생각하는 임종 시의 소중한 보살핌과 편안한 죽음의 전제 조건은 무엇인가?

자기 자신과의 대화 외에도 사람들은 가장 가까운 가족들과 더불어 이러한 문제들에 대한 답을 찾으려 할 것이고, 또 찾을 수 있다. 또 자신이 믿는 의사의 역할도 분명 중요하다. 그는 환자의 병력을 아는 입장에서, 그리고 중환자와 임종 환자를 치료하는 수많은 의학적 수단(소생술, 인공영양, 인공호흡, 투석, 완화의학)에 대한 전문적인 정보와 지식을 가진 입장에서 사전의료지시서를 준비할 때 가장 적합한 대화 상대이자 상담자다. 또는 그런 사람이어야 한다.

정확한 상황을 알고 진상에 밝은 의사만이 환자에게 상황을 알려주고 조언할 수 있다는 사실을 간과하거나 사소한 일로 치부해서는 안 된다. 그러나 사전의료지시서에 대한 선입견이 없고, 의학적으로 정확하고 포괄적인 상담을 제공할 수 있는 의사, 나아가 그런 대화로 인도하는 일에 훈련이 된 의사들은 매우 드물다. 지금까지의 의학 수업과 수련 과정을 조직하고 구성한 사람들이 의사의 과제에 속하는 이러한 관점을 전혀 중시하지 않았기 때문이다.

사전의료지시서를 작성하기 전에 실시되는 상담과 설명은 무지와 몰이해로 인한, 사전의료지시서 작성의 오류를 가능한 한 피하기 위해 매우 중요하다. 따라서 그런 상담과 설명 기회를 더 많이 마련해야 하고, 그에 따르는 비용은 의료보험의 보험 수가 목록에 포함되어야 한다.

그러나 누구도 그런 상담을 강요받아서는 안 된다. 기록으로 증명된, 공식적인 의사의 상담을 거친 사전의료지시서를 상담 없이 작성한 사전의료지시서보다 더 구속력이 있는 문서로 여겨서는 안 된다. 상담을 받지 않았을 경우 현명하지 못한 행동으로 여길 수는 있지만, 그렇다고 사전의료지시서의 유효성을 좌우할 상담 의무를 도입하는 것은 헌법 심의를 통과하지 못할 가능성이 매우 높다. 자신의 문제를 결정할 때 상담을 받거나 받지 않는 것은 기본법의 보호를 받는 지극히 사적인 영역에 속하기 때문이다. 독일 법에서는 원칙적으로 제삼자와 이해관계가 상충하는 경우에만 상담 의무를 규정하고 있다. 사전의료지시서처럼 개인이 혼자서 자기 자신의 문제를 결정하는 경우

(유산 상속, 기부, 증여)에는 상담을 권유할 수 있지만 법적으로 규정할 수는 없다. 새로운 법률도 그 점을 참작하고 있다.

사전의료지시서와 개인의 권리

사전의료지시서를 둘러싼 논쟁은 너무나 쉽게 다음과 같은 인상을 불러일으킬 수 있다. 즉 사전의료지시서는 마치 초등학교 졸업증명서처럼 의식 있는 모든 개인이 구비해야 할 기본 문서에 속하고, 그것을 작성하지 않고 맞이하는 죽음은 어떤 식으로든 정도에서 벗어날 수밖에 없다는 인상을 줄 수 있다. 그러나 당연한 것도 때로는 단순히 언급하는 데 그치지 않고 강조할 필요가 있을 때가 있다. 즉 사전의료지시서 작성에 대한 자연스러운 대안은 그것을 포기하는 것이다. 그런데 우리는 그처럼 당연한 대안을 쉽게 떠올리지 못한다. 그 대안으로 사전의료지시서가 결국에는 작성자인 환자 본인에게 적대적인 도구가 될 거라는 터무니없는 견해를 대변하는 사람들이 설 땅을 잃을 것이다. 그들은 사전의료지시서가 '결코 가까운 시간 내에 죽지 않을 중환자, 의식이 없는 환자, 혼란에 빠진 노인들을 적극적으로 죽음으로 데려가는' 의료 경제적 합리성 측면에서만 유익하다고 주장한다.

자신의 죽음을 생각하기를 거부하는 사람은 나름의 이유가 있을 것이다. 그는 아무에게도 이유를 털어놓을 필요가 없고, 그의 생각은 무조건 받아들여져야 한다. 자신의 죽음을 가족이나 의사의 손에 믿고 맡기고 싶은 사람은 그런 뜻을 구두로 표현하거나 간단한 위임장을 통해 알리면 된다. 반면에 자신의 임종에서 할 일과 하지 말아야 할 일을 결정하는 부담을 지고 싶지 않은 사람은 모든 일이 자신의 뜻대로 될 거라는 운명을 믿고 침묵을 통해 그 부담에서 벗어날 권리가 있다. 그 역시 당연히 존중받아야 할 태도다. 그 말은 의사와의 심도 있는 상담과 충분한 숙고를 거쳐 사전의료지시서를 작성하기로 결정한 사람은 헌법에 보장된 기본권에 따라 사전의료지시서의 내용이 그대로 이행되리라고 기대해도 좋다는 뜻이다.

환자의 의사가 알려지지 않았을 때는 어떻게 해야 할까?

사전의료지시서가 아무리 치료에 방향을 제시하고 의사의 부담을 덜어준다고 해도 예상한 위기 상황이 닥쳤을 때는 의사에게 사전의료지시서를 제시해야 한다. 그런데 병원 밖에서 응급 상황이 발생해 출동하는 의사들과 응급실이나 중환자실에 근무하는 의사들은 의식이 없어서 자신의 의사를 표현할 수 없는 환자들 앞에서 긴급한 결정을 내려야 할 상황에 직면하곤 한다. 그 상황에서는 사전의료지시서나 환자의 추정 의사를 소급해 들어갈 겨를이 없다.

마흔다섯 살의 위르겐 S는 요한기사수도회의 응급구조대를 통해 병원 응급실로 옮겨졌다. 그는 의식이 없고 호흡이 끊긴 상태였다.

외래 요양 시설에서 보낸 환자기록부에 적힌 병명은 일명 루게릭 병으로 불리는 '근육위축경화증'이었다. 오늘날까지 치료가 불가능한 신경성 질환으로, 전체 근육이 점점 마비되다가 결국 호흡 이상이 오는 병이다. 구조대원들은 D 의사에게 "집 안이 황폐하고, 커튼이 모두 쳐져 있었고, 곳곳에 맥주병들이 나뒹굴고 있었습니다. 이웃의 신고로 출동했습니다"라고 보고했다. D 의사는 즉시 그 이웃에게 전화를 걸었다. "우리는 그렇게 자주 만나는 사이는 아니었습니다. 하지만 제 생각에 그 사람은 더 이상 살고 싶어 하지 않았습니다." D 의사가 이웃에게 들은 말은 그것이 전부였다.

금요일 오후라 환자의 주치의와는 연락이 닿지 않았다. 환자를 담당하던 간병 서비스센터에서도 자동응답기의 메시지만 흘러나올 뿐 전화를 받는 사람은 아무도 없었다. 그렇다면 이제 어떻게 해야 할까? 위르겐 S는 절망적인 상태였고, 병세도 상당히 진전된 단계임이 확실했다. 몸무게는 45킬로그램 정도로 보였다. 호흡 곤란이 시작되자 그는 스스로 마취제를 복용했고, 얕은 숨을 내쉬었으며, 의식을 회복하지 못했다. 그는 왜 이렇게 숨쉬기가 어려운 걸까? 어떻게 해야 할까? 엑스레이를 찍어보았지만 폐에 염증은 없었다. 호흡을 방해할 수 있는 점액은 거의 흡입되지 않았다. 알코올 테스트 결과는 부정적이었다. 전체적인 소견은 치료 가능한 합병증이 아니라 원래의 병으로 인한 호흡 기능 상실이 명백했다. 시간이 촉박했고, 시급히 결정을 내려야 했다.

D 의사는 기계를 이용한 인공호흡을 위해 중환자실에 연락을 취해야 할까? 그는 자신의 환자를 바라보았다. 위르겐 S는 죽어가고 있는 걸까? D 의사는 다시 한 번 몸을 숙여 큰 소리로 말을 걸었고, 환자의 어깨를 흔들었다. 아무 반응이 없었다. 그는 다시 한 번 혈압을 쟀다. 수축기 혈압이 60이었다. "이 사람은 벌써 멀리 가 있군요. 그대로 가게 둡시다. 모르핀 앰플이나 하나 주세요." D 의사가 간호사에게 말했다. D 의사는 위르겐 S에게 모르핀 주사를 놓았다. 위르겐 S는 2시간 뒤 응급 치료실에서 숨을 거두었다.

D 의사의 처리는 위르겐 S의 의사와 일치했을까? 여러 정황으로 보아 그럴 개연성이 매우 높다. 하지만 우리는 그 사실을 결코 알지 못한다. 분명한 점은 D 의사가 책임 있고 신중한 결정을 내렸고, 그렇게 해야 했다는 사실이다. 그 결정은 법적으로도 아무런 문제가 없다. 다른 결정을 내릴 만한 진단이 불가능했기 때문이다. 그 결정은 오직 환자의 행복만을 생각한 결과였다. D 의사는 전혀 가망이 없고 죽음이 임박한 환자를 중환자실로 보내 인공호흡을 받게 하는 것이 아니라 임종 과정을 받아들이는 것이 환자의 행복을 위한 조치라고 생각했다. 모르핀을 주사한 것은 완화 작용을 위해서였다. 위르겐 S는 의식을 완전히 잃은 상태였지만, 혹시라도 호흡 곤란과 죽음의 두려움으로 고통받을까 봐 안전 조치를 취한 것이다.

마지막까지 희망의 끈을 놓지 않다

완화의학의 가치

완화의학: 진가를 인정받지 못한 전문 분야

오늘날 의학이 수행할 수 있는 다양한 역할을 부채를 이용해 묘사한다면, 부채의 한쪽 끝에서 몇 가지 질병이 포함된 좁은 영역을 발견할 수 있다. 이 질병들은 약물과 수술, 기술적 치료법을 이용해 치료할 수 있고, 환자를 후유증 없이 완치시킬 수 있다. 따라서 병을 극복한 이후 환자의 상태는 발병 이전과 사실상 동일하다. 그처럼 완치curative가 가능한 치료법으로는 수술에 의한 골절 치료가 대표적이다. 골절 치료에서는 100퍼센트가 아니라도 거의 완벽한 치료 결과에 도달하는 경우가 매우 많다. 감염 치료도 그렇다. 가령 양쪽 폐에 염증이 생긴 중환자는 항생제 시대가 열리기 전, 그리고 기계에 의한 인공호흡이 도입되기 전에는 분명 죽을 수밖에 없었을 것이다. 하지만 오늘날에는 그 두 가지 성취 덕분에 후유증 없이 완치될 수 있다. 심지어는 소아 백혈병 같은 몇몇 종양 치료의 경우에도 완치의학의 높은 요구를 충족시킨다.

그러나 정확히 관찰해보면 대다수 질병의 경우 완치할 수 있는 치료법이 없다. 이러한 병은 앞에서 예를 든 부채의 상당 부분을 차지한다. 거기에는 국민병으로 일컬어지는 심장과 뇌 혈관 질환들(심근경색과 뇌졸중), 당뇨병, 대부분의 종양 질환, 나아가서는 골다공증이나 파킨슨병 같은 운동기관과 신경계 질환이 속한다.

만성적 경과가 특징이고, 의술에 적용되는 거의 모든 치료 자원이 요구되는 이러한 병들은 완벽한 치료가 불가능하다. 그러나 각 기관의 기능을 최대한 회복시키고 안정시킬 수는 있다. 혈관 질환은 상당한 비용이 들어가는 다양한 약물 치료와 기술적 조치들을 통해 효과적으로 치료할 수 있다. 혈액 응고를 막아주고(아스피린), 콜레스테롤과 혈압을 낮추는(스타틴, ACE 억제제) 약제들과 막힌 관상혈관을 풍선이 내장된 관을 삽입해 확장하는 기술 등이 좋은 예다. 이러한 치료법으로 환자들 상당수가 만족할 만한 삶의 질을 누리고 대다수는 거의 정상적인 수명을 누린다. 이와 마찬가지로 오늘날 대부분의 젊은 당뇨병 환자들은 인슐린을 통해 혈당을 정상 범위로 유지할 수 있고, 권장되는 식이요법을 준수하고 규칙적으로 운동함으로써 정상 수명을 누릴 수 있다. HIV 바이러스에 감염된 사람들도 효과적인 약물 치료 덕분에 질적으로나 양적으로 건강한 동년배들의 삶에 점점 더 다가가고 있다. 이로써 과거에는 상대적으로 빠르게 장기 합병증을 일으키거나 죽음으로 이어졌던 병들이 위협적인 급성에서 상당 부분 벗어나 만성을 띠게 되었다.

부채의 왼쪽과 가운데 부분을 차지한 질환들은 환자를 완치시키든 병과 함께 살아갈 수 있게 해주든 분명한 목표가 정해진 병 자체의 치료가 중심에 놓인다.

그에 반해 부채 오른쪽에 있는 질병의 경우 병 자체가 아니라 환자가 주관적으로 느끼는 편안한 상태와 고통에서의 해방이 모든 치료의 중심이 되고, 그래야 한다. 이러한 환자들의 치료에서는 의료상의 완치 과제는 종결되지만 의사의 치료 과제는 계속된다는 의미에서 치료 목적이 바뀐다. 이제는 병의 치료가 아니라 병에서 비롯되는 환자의 육체적 · 정신적 · 사회적 고충과 증세를 완화하는 것이 중요하다. 이상적인 경우 모든 중환자와 만성질환자, 임종 환자들을 포함해야 할 이러한 치료를 완화palliative 치료라고 부른다.

일반적으로 완화의학은 통증 치료와 동일시된다. 마치 중환자와 임종 환자에게 나타나는 가장 빈번하고 괴로운 증세가 통증인 것처럼 말이다. 그러나 실상은 그렇지 않다. 통증은 중병에서 나타나는 일반적인 증세지만 가장 빈번하고 중요한 증세는 결코 아니다. 특히 임종 과정에서는.

호흡 곤란, 멈추지 않는 기침, 음식에 대한 거부감으로까지 이어지는 식욕부진, 메스꺼움, 구토, 딸꾹질, 설사, 변비, 근육 떨림, 가려움, 끊임없이 차오르는 복수 등등. 이 밖에도 좁은 의미의 중증질환에서 나타나는 육체적 증세와 부수 현상들은 수없이 많고, 그중 하나가 해당 질환에서 극복해야 할 증세가 될 수 있다. 그러나 두려움, 혼란 상태, 우울증, 무감각, 불안감, 불면증, 마음을 짓누르는 가족에 대한 걱정, 직장 업무, 풀리지 않는 심리적 문제 등도 삶의 마지막 단계에서 모든 것을 지배하는 고통이 될 수도 있다.

병이 상당히 진행된 단계의 종양 환자와 에이즈 환자는 완화 치료를 받은 최초의 (그리고 오랫동안 유일한) 환자들이었다. 오늘날에도 많은 의사들과 여론은 이 병을 앓고 있는 환자들만을 완화의학적 치료와 연관시킨다. 그러나 앞에서 규정한 완화의학의 정의가 다른 질환을 앓고 있는 환자들에게도 얼마나 많이 해당되는가! 병이 상당히 진행된 수많은 심부전 환자들, 폐기종처럼 종양으로 인한 병은 아니지만 심한 만성적 폐 질환을 앓고 있는 환자들, 심각한 뼈와 관절 질환으로 전혀 움직이지 못하는 환자들을 생각해보라. 또는 뇌성마비, 다발성경화증, 루게릭병처럼 선천성이거나 퇴행성 신경계 질환을 앓는 환자들, 나아가 드물게 발병하지만 아직 치료가 불가능한 유전병인 점액성 접착증(mucoviscidosis: 낭포성 섬유증cystic fibrosis으로도 불린다. 체내 점액분비선의 기능에 결함이 생겨 폐와 췌장에 이상 당단백질을 형성하게 하며, 이것이 점액에 이상한 점성을 생기게 하는 유전병이다—옮긴이)이 나 헌팅턴무도병(chorea huntington: 유전성 원인으로 발생하는 퇴행성 중추신경계 질환으로 얼굴과 손, 발, 혀 등이 제멋대로 움직이며 춤을 추는 듯해서 붙여진 이름이다—옮긴이)을 생각해보라.

죽음을 원하는 환자와 그를 죽게 놔두는 의사

여든한 살의 리하르트 S는 벌써 오래전부터 파킨슨병을 앓고 있었다. 파킨슨병은 대뇌에 있는 특정한 전달물질(도파민)의 부족으로 발병하며 다양한 결과를 초래한다. 그의 병은 느린 움직임과 손의 이상한 잔떨림, 재킷의 단추를 채우지 못하는 증상으로 시작되었다. 그는 느리게 말했고, 얼굴 표정은 점점 경직되었으며, 걸을 때도 보폭이 점점 작아졌다. 몸이 자꾸만 앞으로 기울어져서 항상 넘어질 듯이 위태로워졌고, 결국은 2년 전에 길에서 쓰러지기까지 했다. 그때 대퇴골경부 골절상을 입어 인공 고관절 수술을 받아야 했고, 회복 과정은 몇 개월이나 걸렸다. 그 뒤로 리하르트 S는 다시는 제대로 걸을 수 없게 되었다. S씨의 아내는 그가 재활 병원에서 퇴원한 직후에 세상을 떠났다. 이미 수십 년 전에 뉴질랜드로 이민을 떠난 두 아들은 이따금 연락을 취할 뿐이었다. 그들은 아버지가 요양원에서 잘 지내고 있다고 믿었고, 아버지의 치매가 계속 진행되고 있다는 사실도 이미 알고 있었다.

S씨는 3개월 전 온몸의 전반적인 경직을 동반하고 근육 전체를 거의 완전히 마비시키는 이른바 '운동 불능 위기'로 또다시 신경과 전문 병원에 입원했다. 그후 S씨는 적어도 간호인들이 볼 때는 아무런 활동도 분명한 의사 표현도 못 하는 간병 대상이 되었다. 말하기도 무척 어려웠고, 감정이나 반응을 보이고 미소를 짓거나 불쾌감을 표현하는 것도 엄청나게 노력해야 하는 일이었다.

이런 상태였던 S씨에게 마지막으로 병원에서 퇴원한 지 2개월만에 다시 고열과 기침 증세가 나타났다. 병세는 매우 위중한 듯했다. 주치의는 엑스레이를 찍지 않고도 청진기로 폐를 진찰하고는 바로 폐렴 진단을 내렸다. 그러자 요양원에서는 그를 즉시 병원으로 옮기려고 했다. 폐렴 환자는 병원에서만 적절한 치료를 받을 수 있다고 요양원은 주장했으나, 또 한편 그렇지 않아도 많은 시간과 인력을 투입해야 하는 S씨의 간병에 더 많은 인력을 투입하면 다른 환자들이 피해를 입을 수 있기 때문이었다.

그러나 S씨는 고개를 젓거나 알아듣기 힘든 거부의 손짓 등으로 나눈 힘겨운 대화를 통해서 더 이상 치료를 원치 않고 이제는 죽고 싶다는 뜻을 주치의에게 전했다. 자신의 환자를 몇 년 전부터 알아왔던 주치의는 그의 뜻을 꺾으려 하지 않았고, 환자 편이 되어 병원으로 옮기는 일을 막겠다고 약속했다. 주치의는 온힘을 기울여 설득했고, 결국에는 요양원 측에서도 S씨를 돌보는 일이 나중에 임종 동반으로 넘어가더라도 계속해서 그를 돌보기로 결정했다.

여기서는 중환자 치료에서 나타나는 근본적으로 다른 두 가지 행동방식이 대립하고 있음을 알 수 있다.

하나는 처음에 요양원에서 원했던 즉각적인 완치 치료다. S씨를 최대한 빨리 병원으로 옮겨 그의 병을 성공적으로 치료하기 위해 모든 수단을 동원하는 것이다. 폐렴 치료를 위해 항생제 투여, 산소 공급, 분비물 녹이기 등의 조치를 동원하고, 필요한 경우 수분과 영양 공급, 혈전증 예방을 비롯해 오늘날 심한 폐 질환자를 치료하고 간호하는 데 필요한 표준 조치들을 취한다. 증세가 호전되지 않고 폐렴이 악화된다면 당연히 환자를 중환자실로 옮긴다. 필요한 경우 환자를 인위적으로 혼수상태에 빠지게 한 뒤 기계 장치로 인공호흡을 실시하고, 효과적인 항생제를 투여하며, 중환자실에 마련된 모든 수단을 동원해 계속 치료한다. 폐렴을 끝까지 치료하고 환자가 연명할 수 있도록 하기 위해서다.

S씨의 나이와 병의 단계를 고려할 때 치료라기보다는 고문에 가까운 이러한 조치를 그가 견뎌내고 살아남을 수 있을지는 불확실하지만 그런 가능성을 결코 배제할 수는 없다. 하지만 설령 살아남는다고 해도 대체 무엇을 위해서? 그가 병 치료를 정말 행복으로 생각할까? S씨처럼 치료가 불가능한 만성질환 말기 환자, 심각한 합병증까지 걸린 환자가 죽어도 되는 시점은 대체 언제일까? 치료하는 의사는 언제 그의 죽음을 허용해야 할까? S씨가 겪었던 파킨슨병의 길고 고통스러운 과정을 단순히 떠올려보아도, 병이 마지막 단계에 접어

들었으니 이제 편안하게 삶과 이별하는 길을 열어주어야 한다는 결론을 내려야 하지 않을까?

바로 이것이 완화 치료의 관심사로서, 위중한 상태에 있는 S씨가 진지하게 받아들일 수 있는 두 번째 가능성이다. 또한 주치의와의 대화에서 분명히 표현한 환자의 의사와도 일치하고, 주치의가 수행해야 할 과제이기도 하다. S씨의 상황에서는 첫 번째 가능성에서 예상하는 생명 연장이 아니라 통증 완화와 육체적 · 정신적 편안함이 치료의 목표가 되어야 한다.

폐렴은 만성질환을 앓고 자리보전을 하고 있는 나이 든 환자들에게 특히 자주 발생한다. 면역체계 변화와 얕아진 호흡, 느려진 기침 반사작용은 이 병의 세균성 병원체가 중환자들에게 빠르고 고통 없는 죽음을 가져다주는 데 일조하는 경우가 많다. 그 때문에 영국의 저명한 의사 윌리엄 오슬러는 1892년에 폐렴을 '노인의 친구'라고 말했다. "노인은 그런 식으로 자신과 가까운 사람들이 감당하기 어려운 몰락을 면하기 때문이다." 이 경우에는 자연이 그야말로 자연스럽게 완화의학의 길을 걷게 한다고 할 수 있는데, 폐렴을 통해서 절망적인 고통을 덜어주고 시간을 단축하기 때문이다.

S씨의 경우에 완화의학적 조치는 어떤 방식을 취해야 할까? 항생제 요법과 인공영양 같은 생명 연장 조치들을 무엇으로 대신해야 할까? 우선 원하는 음료와 음식을 소량씩 자주 제공해 배고픔과 갈증을 덜어주어야 하고, 육체적인 관점에서는 무엇보다 호흡 곤란을 느

끼지 않도록 해야 한다. 몸을 반쯤 일으킨 상태를 유지하게 하고, 기도의 분비물을 조심스럽게 뽑아내고, 통증을 완화하고 불안감을 덜어주는 모르핀이나 펜타닐 패치를 소량 제공함으로써 효과를 볼 수 있다. 나아가 배려와 관심으로 S씨에게 안도감을 주는 것이 매우 중요하다.

S씨처럼 언어로 주변과 소통하기 어려운 환자에게는 손을 잡아주거나 이마를 만져주는 식의 잦은 신체 접촉에 큰 비중을 두어야 한다. 그런 중환자들에게 삶의 마지막 단계에서 특별히 원하는 것이 무엇인지 묻거나 다른 방법으로 알아내는 일은 완화 치료를 담당하고 환자를 보살펴야 할 사람들에게 퍽 어려울 수 있다. 가령 S씨는 성직자의 도움을 원할까? 그는 자신의 마음을 짓누르는 경험을 말하고 싶어 할까? 죽기 전에 가까운 누구에게 용서를 구하고 싶어 하는 것은 아닐까? 모든 환자, 특히 삶이 끝나가고 있는 환자는 건강한 사람과 마찬가지로 온갖 생각과 감정, 소망, 절망, 두려움, 고통으로 이루어진 하나의 우주다. 완화의학은 이 우주를 열어 보이고, 죽어가는 사람이 남은 삶을 평화롭게 영위하고, 적어도 불화 없이 떠날 수 있게 하려고 노력한다.

완화의학의 핵심은 특별히 죽어가는 사람의 욕구에 맞춘 '임종의학'을 훨씬 뛰어넘는다. 거기에는 우리의 의료 문화에 변화를 야기할, 우리 의료를 그야말로 혁명적으로 변화시킬 잠재력이 숨어 있다. 병에 걸린 사람이 아니라 병 자체를 중심에 두는 의술을 버려야 한다! 무슨 수를 쓰더라도 생명을 유지시키려는 태도에서 벗어나라! 환자에 대한 '공감'이 생소한 말이 된 의료 행위에서 벗어나자! 죽어가는 환자를 의료 능력의 실패와 동일시하는 잘못된 생각에서 벗어나자! 자신의 유한성과 대면하기를 꺼리는 의사들의 태도를 버리자! 대신 병든 장기가 아니라 병든 사람을 중심에 두어야 한다는 지극히 당연한 사실을 거론하는 것 자체가 부끄러운 일이 되는 의료의 길로 나아가자! 의미 있는 생명 연장과 고통스러운 죽음의 연기를 구분하는 의료 행위를 실천하자! 의술의 중심 과제는 완화적 치료이고, 완치는 하위 과제라는 점을 진지하게 받아들이자! 마음이 움직이는 의사가 되자!

훌륭한 동료 중 한 사람인 뮌헨의 완화의학자 지안 도메니코 보라시오는 완화의학이 의학의 '트로이 목마'가 될 거라고 말했다. 이는 의학의 목표와 의사들의 자아상을 변화시켜 병의 위중함이나 단계와는 상관없이 환자와 진정 인간적인 관계를 맺을 수 있도록 우리를 변화시킬 것이라고 주장했다. 이런 생각이 멀지 않은 장래에 현실이 되기를 바라는 마음 간절하다.

"작별을 하지 못한 것이 가장 괴로운 일이었습니다!"

나는 내과 의사이자 동료로서 나와 오랫동안 함께 일했던 모니카 R을 위해서도 인간적이고 평화로운 죽음과 그녀의 운명에 공감할 줄 아는 의사를 만나기를 기원했다. 모니카 R은 나이 예순셋에 뒤늦게 퍼진 자궁경부암으로 목숨을 잃었다. 그녀는 17년 전에도 유방암을 극복한 바 있었는데, 첫 번째 암을 치료하는 과정에서 이미 인내력과 삶에 대한 의지를 크게 시험받았다.

모니카의 운명은 내게 커다란 슬픔을 안겼다. 그녀가 나와 가까운 사람이었기 때문이라기보다 오늘날에는 거의 예외라 할 수 있는 바람직한 의사의 모습을 실천했던 사람이었기 때문이다. 그녀는 환자들에게 능력 있고 호의적인 의사 이상이었으며 진정한 의미에서 친절한 사람이었다. 많은 환자들의 친구였고, 냉정하기 짝이 없는 병원의 환자 곁에서 진정한 이해와 용기, 따뜻함을 보여준, 진심으로 믿을 수 있는 사람이었다. 모니카를 알고 있던 많은 사람이 슬픈 마음으로 그녀를 떠올렸다. 단순히 인간 모니카 R이라는 사람뿐만이 아니라, 의사로서 행동하고 느끼는 특별한 방식이 사라진 것을 아쉬워하는 듯했다.

모니카는 1992년 가을에 있었던 산부인과 검사에서 자궁경부암 진단을 받았다. 이 종양은 잘 보이고, 더 정확히 검사할 수 있어서 조기에 발견되는 경우가 많았다. 또한 병든 조직을 잘라내는(원추절제술) 간단한 시술로 완전히 제거할 수 있다. 다시 말하면 완치가 가능하다. 모니카도 이 시술을 받았고, 처음에는 다른 많은 여성들처럼 위험한 병에서 해방된 것처럼 보였다.

그러나 실상은 그렇지 않았다. 1993년에 시도했던 원추절제술로 모든 종양 조직을 완전히 제거하지 못했고, 그사이 암은 자궁 안으로 더 깊숙이 침범해 자라고 있었다. 모니카는 1996년에 한 대학병원 산부인과에서 종양을 완전히 제거할 수 있다는 희망으로 자궁과 양쪽 난소를 제거하는 자궁절제술을 받았다. 이 수술도 처음에는 성공한 듯했고, 모니카와 남편과 딸은 마음을 놓았다. 그러나 몇 년 뒤에 다시 실망스러운 결과가 나타났다. 2001년부터 골반 부분에서 점점 통증이 커졌고, 이는 마지막 수술에서도 종양을 완전히 제거하지 못했다는 사실을 암시했다. 결국 모니카는 2002년 초에 같은 병원에서 다시 수술을 받아야 했다. 골반벽에서 종양이 발견된 것이다. 이로써 암이 장기의 경계를 이미 오래전에 벗어나 골반에까지 퍼졌음이 분명해졌다. 모니카의 죽음이 임박한 것이다.

그후 모니카는 비극적인 수난을 겪었다. 그녀는 환자들이 치료 가능성이 전혀 없는 병을 받아들이고 완화의학적 치료에 몸을 맡기도록 도움을 주었던 의사였지만, 막상 자신이 가망 없는 환자가 된다는 사실을 도저히 받아들이지 못했으니 실로 비극이었다. 이는 의료계에서 일하는 사람들 사이에 널리 퍼져 있는 태도인데, 특히 의사들은 자신들의 증세와 고통과 병을 대수롭지 않게 여기고 뒤로 미루거나 완전히 무시하는 일이 많다. 일반적으로는 전문 지식이 있는 의사들이니 정반대라고 생각할 수 있을 것이다. 그러나 병과 병의 진행 과정, 예후를 잘 아는 사람의 심리 반대편에는 두려움이 자리 잡고 있다. 환자들보다 병을 더 잘 아는 의사들을 더 일찍, 더 격렬하게 사로

잡고 충격을 주는 두려움이. 그러한 두려움은 그것을 떨쳐버리려는 강한 충동을 불러일으켜 오히려 온갖 치료 수단에 매달리게 하는 결과를 초래한다.

모니카도 그런 식으로 자신의 병이 더 이상 치료될 수 없다는 사실을 오인한 채 몇 개월을 보냈다. 그녀는 마지막까지 병이 나을 수 있다는 희망을 버리지 않았고, 2002년 말에 세포성장 억제 요법을 시술받기로 결정했다. 치료를 담당한 의사들은 이 새로운 치료법을 통해서도 병이 나을 가능성은 없고, 그녀의 죽음을 기껏 짧은 기간 늦출 수 있다는 사실에 대해 그녀와 의논했을까? 소규모지만 복잡한 수술을 통해 먼저 골반 동맥에 카테터가 연결되었고, 이 카테터를 통해 골반벽에 있는 종양에 세포성장 억제제를 주입했다. 이 시술을 하면서 동맥을 잘못 건드리는 바람에 모니카의 왼쪽 다리가 마비되었다. 남편에 따르면 모니카는 그때 처음으로 깊은 충격을 받았다. 그녀는 이미 오래전부터 다른 사람의 도움과 보살핌에 의지하고 있는 상태였는데도 불구하고 "내가 이제 간병 대상자가 되는 거예요?"라고 물었다.

그러나 모니카는 흔들리지 않고 한번 들어선 길을 계속 걸었다. 의사들은 병의 치료에 매달리는 모니카에게 아무런 희망이 없다는 사실을 남편에게조차 내비치지 않았다. 2003년 1월과 3월 사이에 모니카는 다시 세포성장 억제 치료를 받았다. "우리가 이 종양을 제압하지 못하는 일은 없을 겁니다." 골반 CT촬영을 다시 한 뒤 앞선 치료가 종양의 성장에 아무런 영향을 주지 못했음을 확인하고도 과장 의사는 모니카의 남편에게 그렇게 말했다.

모니카는 6월 중순경 날카롭게 찌르는 듯한 골반 통증 때문에 다시 병원에 입원했다. 척수관에 연결된 카테터를 통해 추가로 모르핀이 투여되었다. 상태가 조금 나아지기는 했지만 통증에서 놓여나지는 못 했고, 이제는 이야기를 나누기가 불가능할 정도로 의식이 혼미해지기 시작했다. 모니카의 남편은 이제 의식이 있는 상태에서 아내와 이별할 수 없게 되었다는 사실을 고통스럽게 깨달았다. 의사들은 모니카가 이미 죽어가는 사람인데도 불구하고 종양이 골반에 퍼진 상태를 확인하려고 다시 자기공명단층촬영MRT을 시도했다.

매일 의사들의 우울한 방문이 이어졌다. 흰 가운을 입은 의사들은 떼를 지어 말없이 모니카의 병실로 들어왔다. 그들은 이해할 수 없는 말을 중얼거리면서 마치 상형문자를 해독해야 하는 것처럼 진료기록부를 뚫어지게 바라보았다. 또 아주 잠깐씩 모르핀 액이 몇 방울 떨어지는지도 관찰했다. 병동의 주임 의사는 성실하게 정맥 카테터가 잘 통과되는지 검사했다. 말없이 고개를 숙이고 있던 의사들은 다시 죽어가는 사람의 병실을 나갔다. 모니카의 죽음을 열흘 앞두고 그녀의 상태가 급속도로 악화되자 의사들은 처음으로 '완화병동'으로 옮기는 문제를 언급했다. 그러나 비어 있는 병실이 전혀 없었다. 의사들은 유감을 표하며 그저 어깨를 들어 올릴 뿐이었다. "그래도 1986년부터 2003년까지 선생님의 아내는 좋은 시절을 보내셨지요, 안 그렇습니까?" 모니카의 파국적인 죽음을 돌려서 말해야 할 의사들 중 하나가 내뱉은 무기력한 말이었다. 그것도 병동 복도를 지나가면서.

며칠 후 모니카에게서 장이 막히는 증세가 나타났다. 암이 이제는 장과 복막까지 침범했고 그녀의 병이 최종 단계에 이르렀다는 표시였다. 그녀는 다시 구토했고, 의식은 거의 없었다. 모니카의 삶이 정녕 이런 식으로 끝나야 할까? 그녀의 남편과 딸은 그렇게 물었다. 첨단 장비를 갖춘 이 병원에서 환자를 측은히 여기고 단순히 꼭 필요한 일을 해주는 사람이 정녕 아무도 없단 말인가? 이것이 대학병원 산부인과의 실제 환자 관리 수준이란 말인가?

"이제는 더 이상 안 될걸!"

모니카가 이른 아침에 운명하기 몇 시간 전, 두 의사가 그녀의 기도가 막히지 않게 하려고 마지막으로 정신없이 매달렸다. 모니카는 자신이 토해낸 것들에 질식할 위험에 빠져 있었다. 그녀는 거의 아무런 반응을 보이지 않았다. 여러 차례 시도한 끝에 두 의사 중 하나가 마침내 피가 흐르고 있는 그녀의 한쪽 코를 통해 튜브를 후두 쪽으로 연결하는 데 성공했다. 모니카의 폐에서 0.5리터가량의 장 내용물을 뽑아낸 의사의 얼굴에서는 성공적인 조치에 대한 자부심이 엿보였다. 그는 병실을 나가면서 모니카의 남편에게 말했다.

"R씨, 아내분이 기침을 하면 분비물을 뽑아주세요. 할 수 있겠죠? 안 됩니까? 그러면 제가 한번 시범을 보이겠습니다. 자, 이렇게요. 저는 곧 다른 환자에게 가봐야 하거든요. 아내분의 일은 정말 유감입니다!" 그로부터 1시간 뒤 모니카는 더 이상 숨을 쉬지 않았다. 남편과 딸은 충격에 빠졌고, 동시에 죽음의 고문이 끝났다는 사실에 마음이 놓이기도 했다. 그러나 병원 운영은 무심하게 계속 진행되었다. R씨와 그의 딸은 간호사에게서 가급적 빨리 병실을 비워달라는 요청을 받았다. "다음 환자가 벌써 복도에서 기다리고 있어서 급하게 병실이 필요하거든요. 저희 사정을 양해해주세요."

R씨는 모니카가 죽고 몇 년이 지나서 내게 이렇게 말했다.

"작별 인사를 하지 못한 것이 가장 괴로운 일이었습니다! 그것을 결코 잊지 못할 겁니다."

의학의 원죄

모니카 R의 병과 죽음의 과정에서는 전적으로 완치의학에 맞춰진 병원의 '표준' 병동에서 제공하는 의학적 수단들의 깊은 균열이 뚜렷이 드러난다. 다른 한편 중환자와 임종 환자에 대한 완화적 치료와 간병 필요성이 강력히 제기된다. 지방 병원이든 도시의 대형 병원이나 대학병원이든 병원들은 죽기에 적합한 곳이 결코 아니기 때문이다.

꼭 죽을병에 걸린 환자들이 아니라도 병원 시설과 분위기를 견디기 어려워하는 사람들이 적지 않다. 2007년 베를린에서 발표된 연구는 환자들이 병원에 들어설 때 저절로 갖는 인상을 조사한 것이다.

많은 환자들이 첫인상으로 꼽은 것은 오래도록 남아 있을 뿐 아니라 불쾌감과 심한 거부감을 불러일으키는 코를 찌르는 소독약 냄새였다. 그다음으로는 불친절한 진료실, 아무 장식 없이 삭막하고 냉담한 실용성만 갖춘 병실들, 미로처럼 얽힌 건물들의 끝없이 이어지는 복도, 리놀륨 바닥에서 나는 고무창이 부딪히는 것 같은 이상한 소리, '대화'라기보다는 '정보 교환'이라고 불러야 할 정도로 최소한도로 이루어지는 환자와 간호인의 무심한 소통 등이었다. 자신의 병에 대한 불안감, 치료 과실과 의료진의 능력에 대한 불신, 꼭 필요한 치료 조치를 하지 않았을지 모른다는 불안감, (장비 투자비 회수 측면에서 이루어지는) 불필요한 절차에 대한 두려움과 함께 대다수 환자들은 병원이 차갑고, 배타적이고, 위험한 세계라는 인상을 받는다. 그런 곳에서 지내야 한다는 것에 극심한 부담을 느낀다. 그런데 그런 병원에서 생의 마지막 며칠, 또는 몇 주를 보내야 한다는 사실을 예감하거나 알고 있는 사람은 얼마나 큰 부담을 느낄까?

소수의 예외를 제외하면 대개의 병원은 삶의 막바지에 이른 한 인간이 원하는 바와는 반대로 돌과 강철로 변해버렸다. 건물의 구조와 실내장식은 물론이고 전반적으로 과중한 업무에 시달리는 의료진과 간호진의 마음가짐과 전문 지식도 죽어가는 인간을 따뜻하게 보살피고 배려하기에는 적합하지 않다. 그들은 완벽한 기계장치의 일부가 되어 환자, 특히 죽어가는 사람에게 자신이 병원 운영에 방해가 된다는 느낌을 전달한다. 환자에게 무력감과 예속성뿐 아니라, 치료 행위의 성과를 의심하게 하는 실존적 불안감을 불어넣는다.

의학의 발전이 어쩌다 이런 길로 들어섰을까? 의사와 병원은 어쩌다 환자의 욕구와 관심사에서 그처럼 멀어지고 말았을까?

인간은 지구상에 존재한 이래 언제나 같은 인간들의 고통과 통증을 덜어주려고 노력했다. 오늘날의 척도로 볼 때 언제나 매우 제한적이고 비전문적인 수단을 갖고 있었지만, 그처럼 즉각 실행하는 인간적인 태도가 전문의학의 핵심이었다. 이미 고대에도 통증을 다스리기 위해 사용된 아편 같은 극소수 예외를 비롯해 그러한 수단의 본질은 실천적 관심과 보살핌이었다. 그것은 중세 초기부터 '호스피스'라는 제도화된 형태로 등장했다. 원래는 순례자들을 위한 숙박 수도원이었던 호스피스는 오늘날 임종 환자를 보살피고 돌보는 시설로서 세계적으로 널리 퍼져 있다.

20세기 초만 해도 환자의 병에 관심을 보이고, 적절한 치료 수단을 통해 고통을 덜어주고 위로하고 용기를 북돋워주는 의학, 다시 말하면 고통받는 환자, 회복기의 환자, 죽어가는 환자라는 한 인간 전체를 중심에 둔 의학이 의료 행위의 핵심이었다. 모든 것을 포함하는 의료 행위로서 완화의학은 이미 오래전부터 존재했다. 그러다가 완치의학이 분리되어 나와 의학의 본질을 사칭하면서부터 완화의학의 개념은 비로소 의미를 갖게 되었다.

20세기 중반 이후 다양한 질병을 효과적으로 치료하고 때 이른 죽음을 막을 수 있게 해준 의학의 발전에 대해서는 당연히 자부심를 가질 만하다. 하지만 그러한 발전을 위해 의사들은 '의학적 원죄'라는 비싼 대가를 치렀다. 의사들의 내면에서 처음에는 거의 알아볼 수 없었던 중대한 변화가 일어났다. 그런데 이는 대학의 가르침이나 의사 개인의 움직임에 기인한 게 아니었다. 스스로를 점점 과학자로 이해하게 된 의사들은 진단과 치료 과정에서 주로 병이라는 객체에 집중하게 되었다. 반면에 병에 걸린 주체인 인간, 통증과 불안처럼 구체적으로 파악할 수 없고 객관화할 수 없는 상태에 빠진 인간은 점점 더 방해 요소가 되어 뒷전으로 밀려났다.

이러한 변화는 이 책의 서두에서 기술한, 획기적인 의학 발전과 약리학적 혁신으로 촉발되었으며, 오늘날까지 지속되는 의학의 '자기 해체 과정'을 수반했다. 이러한 과정의 경과와 파장의 효과는 서서히 드러났는데, 바로 의학의 통일성과 환자를 '전체 인간'으로 관찰하는 의식이 사라진 것이다.

의학은 다양한 전문 분야와 특수 분과로 분리되기 시작했다. 가령 내과는 심장학, 호흡기학, 소화기학, 신장학, 류머티즘학, 내분비학, 당뇨학 등으로 세분화되었다. 심장학에서는 다시 삽입심장학(심장 카테터/스텐트 삽입), 순환학(심장 순환 장애), 심장초음파학, 핵심장학(심장 근육의 방사성 동위원소 연구) 등의 분과가 탄생했다. 의학의 다른 전문 분야도 마찬가지다. 결정적으로 중요한 것은 이 과정에서 각 방법론에 맞춰 교육받은 전문 분야와 특수 분과 의사들이 배출되었다는 사실이다. 이들은 환자의 '부분'만을 이해하고 판단할 수 있을 뿐 '환자 전체'

를 시야에서 놓칠 수밖에 없었다. 그러나 환자는 예나 지금이나 하나의 전체이고, 그의 전체 행복을 되찾거나 유지시키는 것은 여전히 의사들의 중심 과제다. 의사들은 그 과제를 진정으로 이행해야 한다.

나는 '분해된' 환자를 다시 '조립할' 수 있는 의사들을 통합적인 능력자라고 부른다. 그러나 전문 분과주의를 신봉하고 점점 더 늘어나는 복합적인 질환자들을 대해야 하는 의사들에게 이는 풀기 어려운 과제다. 전기적 · 심리적 · 사회적 맥락에서 환자에게 가장 적합한 치료법을 찾기 위해 다양한 검사 자료들을 통합하여 종합적으로 생각하는 의사들이 드물어졌기 때문이다.

지금은 병원이라고 불리는 예전 요양소들은 점차 상당한 비용이 들어가는 시설로 바뀌었다. 오늘날 이러한 시설들을 운용하는 사람들의 주요 과제는 무자비하게 단축되는 '입원 일수'의 압박 속에서 환자들에게 복잡한 검사를 실시하고 진단 절차를 밟고 정확한 장기 수술을 시행하는 것이다. 완치나 상당한 호전이 불가능한 환자들은, 성공적인 치료가 보장되거나 특히 의사에게 명성과 부를 가져다줄 수 있는 환자들에 비해 환영받지 못하는 존재라는 사실이 분명히 드러나는 경우가 적지 않다. 그러니 중환자와 임종 환자를 가장 소홀히 하리라는 것은 불을 보듯 뻔한 일이다. 과학적 의학의 초창기만 해도 삶의 한 부분으로 이해되던 죽음이 이제는 의학의 실패로, 심지어는 통계상의 방해 인자로까지 여겨지는 것이다.

이처럼 바람직하지 못한 발전으로 치달을 수밖에 없었던 상황에 대해서는 누구보다 의사들의 교육을 담당한 사람들에게 책임이 돌아가야 마땅하다. 의학 수업과 수련 과정을 시작하면 먼저 과학적 · 의학적 발전의 결과물인 어마어마한 양의 자료들과 방대한 사례들을 접하게 된다. 그로 인해 윤리학, 환자와의 대화법, 병의 심리학적 관점과 극복 등 '좀 더 말랑말랑하다'고 여겨지는 분야는 등한시된다. 의학 교육의 온갖 혁신에도 불구하고 이 점에서는 오늘날까지 거의 달라진 바가 없다. 21세기에도 여전히 장차 유망한 의사가 될 의대생들은 의사 윤리의 중요한 문제들을 다루지 않은 채 대학을 졸업하고 있다. 그들은 소통 훈련을 받지 않았고, 그들의 지식과 숙련, 정신적 태도는 진정으로 인간적인 의료 행위를 실천하기에 미흡하다.

오늘날까지도 우리의 의료 체계에서 가장 불이익을 받는 환자들은 불치병 환자들과 임종 환자들이다. 매번 새롭게 시도되는 수많은 연구에서도 다음과 같은 점들이 지적되었다. 통증 억제와, 임종 시에 빈번히 나타나는 증세들의 통제가 불충분하고, 환자가 느끼는 두려움이 진지하게 받아들여지지 않고, 환자의 정신적 위기감에 의사들이 무심하며, 의사들이 집에서 임종을 맞는 환자들을 방문해 보살피는 일이 드물다는 것이다.

임종 환자를 보살피던 호스피스는 입원실을 갖춘 완화 치료 시설의 선구자 역할을 했다. 최초의 호스피스는 이미 1842년 프랑스에 세워졌지만, 완화 의료를 구상하고 치료 시설을 전 세계로 확산시킨 나라는 영국이라고 해도 무방하다. 영국에서는 20세기 중반부터 호스피스 운동이 활발히 펼쳐졌고, 그 결과 1967년에 간호사이자 의사인 시슬리 손더스가 런던에 세인트 크리스토퍼 호스피스를 설립했다. 이는 세계 최초로 입원실을 갖춘 완화 의료 시설이었다. 그러나 완화의학이 독자적인 의학의 전문 분야로 존립하게 된 시점은 1987년 이후였다. 오늘날 완화의학은 단순히 임종에 이른 사람들을 치료하고 보살피는 일에 머물지 않는다. 저명한 완화의학자들의 개념 규정에 따라 급속도로 진행되는 질병의 말기 단계에 이른 환자들, 즉 수명이 제한적이고 오직 삶의 질을 유지 개선하는 것이 목표인 환자들에 대한 학문적인 연구와 치료까지 포함한다. 이에 따라 완화의학은 불치병 환자들을 위해 짠 계획적이고 조직화된 치료 전략이 된다.

독일에서는 2007년부터 '특별 외래 완화 지원' 요구가 법적으로 보장되어 있지만 질병금고들이 극단적으로 미적거리면서 잘 따르지 않고 있다. 이러한 요구를 제대로 실현한다면 임종에 이른 사람들과 가족에 대한 지원이 눈에 띄게 개선될 것이다. 의료비로 매년 2,500억 유로가 넘는 돈을 지불하는 독일에서 시민들이 중환자와 임종 환자의 권리를 관철하기 위해 연방의회 청문회를 요구하는 진정서를 내야 하는 현실은 정말이지 참을 수 없다.

삶의 막바지에 이른 사람에게 치료와 원조 기회를 확대하라는 요구가 점점 여론의 공감을 얻고, 완화의학이 더디게나마 의학의 한 분야로 점차 인정받은 것은 몇몇 의사들과 소규모 완화의학 단체들의 끈질긴 노력 덕분이었다. '중환자와 임종 환자에 대한 지원 개선'은 결코 박애정신으로 보살피던 과거로 돌아가거나 의학적 · 과학적 성취를 거부하는 일이 아니다. 환자에게 관심을 쏟고, 과학적으로 검증된 최신 방법에 따라 그를 치료하고 보살피는 일은 단지 훌륭한 완화의학의 원칙만이 아니라 미래 의학 전반에 대한 중대한 도전 과제다. 앞으로 의학이 본래 과제에 제대로 부응하고, 지금까지의 잘못을 만회하려 한다면 말이다. 이러한 과제는 특히 노인병 환자들과 만성 질환자들, 간병이 필요한 환자들의 수가 급증하는 현실을 감안할 때 더욱 강조해야 한다.

독일에서는 지난 몇 년 전부터 중환자와 임종 환자에 대한 완화의학적 지원이 조금씩이나마 나아지고 있다. 매우 기쁜 일이지만 여전히 전체 수요에 비해 턱없이 부족하다. 그사이 독일 전체에 약 180여 곳의 호스피스와 완화 병원, 몇몇 외래 보호 시설들이 들어섰지만, 보살핌이 필요한 다섯 명 중 네 명이 그런 혜택을 받지 못하고 있다. 그 때문에 2008년 9월에 독일 완화의학협회, 독일 호스피스연맹과 완화연맹, 연방의사협회는 '중환자와 임종 환자 보호 헌장'을 제정하기 위한 신호탄을 쏘아 올렸다. 이들 단체의 목표는 다양한 형태(호스피스, 완화 병동, 외래 완화 돌봄)로 제공되는 완화의학을 질적 · 양적으로 수요에 맞게 실행하는 것이다. 이는 우리의 국민 건강 시설들이 중기적으로 계획하고 극복해야 할 가장 큰 도전 과제다.

중환자들의 고통을 덜어주기 위해서는 때로는 '강단의학'의 익숙한 길을 벗어나 위험을 감수해야 할 필요도 있다. 나는 수십 년 전 헤르베르트 K를 만나 내 병동에서 치료한 바 있다. 당시 예순넷이었던 헤르베르트는 젊었을 때부터 폐기종을 앓고 있었다. 말하자면 끊임없는 호흡곤란 상태에서 살고 있었다. 폐기종 증세를 비유하자면, 가슴에 부풀어 오른 풍선을 하나 품고 있는 것이나 마찬가지여서 숨을 들이쉴 수는 있지만 증가하는 저항력 때문에 내쉬기가 어렵다. 그래서 헤르베르트의 삶은 오직 숨을 쉬기 위해 벌이는 점점 힘든 싸움으로 돌입했다. 4년 전부터는 산소 공급 장치의 도움으로 호흡했는데, 코에 삽입하는 튜브를 통해 밤낮으로 이 장치와 연결되어 있었다. 그래서 움직일 때는 탯줄처럼 그 줄을 끌고 다녔다.

그는 벌써 수년 전부터 거의 잠을 이루지 못해서 밤에도 앉은 채로 몇 시간을 보냈다. 또 심각한 저체중에 시달렸다. 한편으로는 식욕을 떨어뜨리는 약제 때문이었고, 다른 한편으로는 밥을 먹는 것 자체가 엄청난 고역이라 제대로 먹지 못했기 때문이다. 헤르베르트는 겨우 몇 미터 정도만 간신히 걸을 수 있었다. 몸을 움직일 때면 모든 근육은 가까스로 충당되는 공기를 들이쉬기 위해서 싸워야 했다. 말을 하려고 해도 나직한 숨결이 흘러나올 뿐 소리는 거의 들리지도 않았다. 그는 완전히 평온한 상태에서도 자신을 둘러싸고 있는 공기에서 조금이라도 산소를 얻으려고 애써야 하는 사람처럼 보였다. 팔을 쭉 뻗어 두 손으로 탁자에 몸을 기대거나 다른 무엇인가를 붙잡은 채 두 눈을 크게 뜨고 서 있었다. 매 호흡이 마지막 호흡인 것처럼.

K씨는 전문 용어로 '폐의 소진'이라고 부르는 상태에 있었다. 이제 가능한 모든 치료법이 동원되었다. 전에는 폐 이식 수술도 여러 차례 거론되었지만 K씨가 거부했다. 그의 피부는 종이처럼 얇았고, 수많은 자잘한 내부출혈이 일어났다. 몇 년 동안 알약으로, 주사액으로, 흡입제로 복용했던 다량의 코르티손 부작용이었다. 헤르베르트는 반복된 입원으로 그를 아는 모든 의사들과 간호사들의 마음을 움직였다. 결코 포기하지 않았고, 회진할 때 내게 가까스로 속삭이면서 말한 것처럼 삶에 대한 애착이 매우 강한 사람이었기 때문이다.

우리는 회진을 끝낸 뒤 다시 한 번 그의 병실 앞 복도에 섰다. 그의 가련한 상태를 보면서 무슨 말을 해야 좋을지 도무지 알 수 없었다. 결국 과장 의사 D가 입을 열었다. "그에게 소량의 모르핀을 줍시다. 하루에 두 번씩 2.5밀리그램을 복용하도록 하죠. 도움이 될 겁니다."

나는 할 말을 잃었다. 모르핀이라고? 헤르베르트 K에게? 신참 의사가 처음부터 명심하고 다시는 잊지 말아야 할 원칙이 있다면, 폐질환에 강하게 작용하는 아편제 처방은 금물이라는 사실이다. 아편제는 호흡중추를 약화시키고, 다량을 복용했을 때는 그 기능을 마비시켜 환자를 죽음으로 몰고 갈 수 있기 때문이다.

다른 한편 우리는 숨을 쉬기 위해 끊임없이 싸워야 하는 K씨의 고통을 덜어주기 위해서 무슨 일이든 하고 싶었고, 그렇게 해야 했다. 그의 경우 비록 약리학 교과서의 논리에는 맞지 않았지만 모르핀 처방은 당연한 조치였다. D 의사의 설명에 따르면 모르핀은 주로 심장

질환이 있는 환자들의 호흡곤란을 완화하고 불안감, 두려움, 통증을 덜어준다. 그렇다면 우리의 환자인 K씨에게서도 소량의 모르핀은 불안과 두려움을 없애주는 효과를 거둘 수 있을까? 호흡이 약화되어 위험한 상태를 맞지 않으면서?

엄밀히 말해서 우리가 언급한 모르핀 처방은 어떤 식으로든 정당화될 수 없는 살아 있는 사람에 대한 임상 실험이나 마찬가지였다. 그것이 '울티마 라티오ultima ratio'라고, 지금까지 알려지고 검증된 모든 수단과 방법이 아무 소용이 없을 때 마지막으로 시도하는, 위험이 수반되는 최후 수단이라고 할지라도 말이다.

어쨌든 우리의 실험 대상인 K씨는 소량의 모르핀 투여라는 위험한 치료를 견뎌냈을 뿐 아니라 이익을 얻기까지 했다. 단 며칠 만에 깊고 안정적으로 숨을 쉬었고, 숨을 들이마시려고 헐떡이는 일도 드물어졌으며, 얼굴 표정도 긴장이 풀려 편안해 보였다. 그는 자신의 상태가 호전된 사실을 도무지 믿을 수 없어 하는 눈치였다. 나를 포함해 병동의 모든 간호사와 의사들이 진료 성공에 이번처럼 행복해한 적도 드물었다.

나는 K씨가 퇴원한 지 6주 뒤에 딸의 간병을 받고 있는 그를 찾아갔다. 그가 차를 내와서 우리는 함께 커피를 마셨다. 소량의 모르핀이 그처럼 많은 공기를 선사한 것이다. 비록 몇 문장뿐이었지만 헤르베르트는 다시 조리 있게 말을 할 수가 있었다. 나는 그가 이 작은 진전에 얼마나 행복해하는지 느낄 수 있었다. 헤르베르트 K는 딸의 따뜻하고 감동적인 보살핌을 받으면서 8개월을 더 살았다. 그사이 다시 병원을 찾아야 할 일도 없었다. 그는 잠을 자면서 죽음을 맞았다.

완화의학의 경계

의사의 임무는 언제 끝날까?

인공호흡을 하는 머리

"잘 오셨어요."

카타리나 S 박사가 거의 속삭이는 것처럼 작은 소리로 인사를 건네더니 고개를 돌리지 않은 채 눈초리만으로 내 쪽을 바라보았다. 생기 있게 부릅뜬 두 눈에 조금은 비판적이고 얕잡아보는 시선이 느껴졌지만 불친절한 기색은 전혀 보이지 않았다.

"어서 좀 앉으세요!"

신경외과 재활 병동에 있는 그녀의 방은 병실이라기보다는 멀티

미디어 전자장비 실험실 같았다. 침대 머리맡에 있는 모니터는 지속적으로 그녀의 혈압, 체온, 심박수, 호흡 횟수를 알려주고 있었다. 벽에는 랩톱 컴퓨터가 설치되어 있었는데, 한쪽으로는 전화기, 다른 한쪽으로는 컴퓨터 화면을 천장에 비추는 영사기와 연결되어 있었다. 바퀴가 달린 탁자 위에는 카타리나 S와 밤낮으로 연결된 인공호흡기가 칙칙 소리를 내고 있었다. 4개월 반 동안이나 그녀는 이 기계에 매달려 살아가는 참이었다. 침대의 테두리에는 마이크가 달린 삼각대가 설치되어 있었다. 마이크는 카타리나 S의 입 바로 앞으로 이어져 있었고, 끝에 센서가 달려 있어서 혀로 건드리면 그녀가 원하는 것이 있거나 도움이 필요하다는 신호를 병동 중앙본부로 보낼 수 있었다. 창가에는 잘게 잘라놓은 신선한 과일이 담긴 커다란 유리그릇이 있었고, 탁자 위에는 꽃과 동물 인형들이 있었다. 그들 사이로 작은 부처 형상이 툭 튀어나와 있었다.

내가 그녀의 침대 옆에 놓인 의자에 앉자 부드럽고 영묘하게 커지는 소리가 병실 안을 채웠다.

"말하기 작동!"

그녀가 힘들게 마이크에 대고 속삭이더니 내 쪽을 보았다.

"잠시 실례할게요. 전화가 왔거든요. 아마 샌디에이고에서 왔을텐데 그냥 편히 계세요."

스피커가 있어서 나도 통화 내용을 모두 들을 수 있었다.

"전화 작동!"

"하이, 카타리나, 잭이야. 오늘은 좀 어때?"

"헬로 잭, 오늘은 이렇게 일찍 전화하지 말라고 했잖아. 손님이 온다고. 나중에 얘기하자, 오케이?"

카타리나 S는 우리가 처음 만나게 되면 무슨 일이 있어도 단 둘이서만 이야기하기를 원했다. 그녀의 예전 남자 친구였고, 2개월 전에는 법적 보호자가 된 토마스 L이 며칠 전 나를 찾아왔을 때 전해준 말이었다. 그는 특정 사상에 구애받지 않는 사람들이 모인 한 단체의 상담 서비스를 통해 나를 찾아왔었다.

카타리나 S와 토마스 L은 대학 시절부터 아는 사이였고 몇 년 동안은 행복하게 함께 살았다. 나중에 헤어졌지만 계속 좋은 친구와 파트너로 남았다. 두 사람은 서로 도우면서 열정적이고 실력 있는 자연과학자로 성장했다. 장학금과 상을 받았고, 수준 높은 과학 잡지에 뛰어난 논문들을 공동으로 발표했다. 그 결과 마침내 한 분자생물학 연구 팀의 공동 책임자가 되었다. 그러던 중 2008년 10월 15일이 되었다. 카타리나 S가 마흔한 살의 나이에 끔찍한 교통사고를 당한 날이었다. 그녀는 다른 사람들과 함께 차에 타고 있었는데 이날 부상으로 고도의 척수마비가 왔다. 그때부터 카타리나 S는 기관 절개를 통해 인공호흡으로 연명해야 하는 처지가 되었다. "내 인생이 추락한 날이었어요." 카타리나 S는 그렇게 말했다.

당시의 사고는 그보다 더 열악한 상태에서 일어날 수 있을까 싶을 정도로 비극적이었다. 카타리나 S는 학술 교환 프로그램의 일환으로 아시아의 한 대학에서 열린 세미나를 주관했고, 친구와 동료들과 함께하는 일주일간의 정글 여행으로 일정을 마무리할 계획이었다. 정글 여행이 끝나기 이틀 전에 일행을 태운 차량이 문명 세계와는 멀리 떨어진 산악지대에서 커브를 돌다 미끄러졌다. 차에 타고 있던 모든 사람이 가벼운 부상을 입었는데, 카타리나 S만 목뼈에 심한 부상을 입었다.

그녀는 당시의 상황을 정확히 기억하고 있었다. 의식이 혼미한 상태에서 길가에 쓰러진 그녀는 목에 극심한 통증을 느꼈다. 하지만 목뼈가 부러졌고 목을 움직이면 척수를 다칠 수도 있다는 사실을 알았기 때문에 꼼짝도 하지 않았다. 그녀는 조심스럽게 자신의 상태를 시험했다. 팔다리에 감각이 있었고 움직이는 것도 가능했다. 그러다가 그만 의식을 잃었고, 다시 정신이 들었을 때는 차량 뒷좌석에 누운 상태로 근심 어린 친구들의 시선을 받으며 덜컹거리는 길을 전속력으로 달리고 있었다.

"엄청난 충격이었어요. 일종의 정신적 충격에 의한 경직 상태였지요. 갑자기 턱 아래로는 더 이상 제가 없다는 것을 느꼈어요."

무슨 일이 일어났던 걸까? 선의에서 우러난 친구들의 도움이 그녀에게는 오히려 재앙이 되었다. 그들은 척추 부상 환자를 올바르게 조치해 눕히고 아주 조심스럽게 운반해야 하는 원칙을 몰랐던 것이다. 먼저 이런 부적절한 운반으로 척수를 다치고 말았다. 다음으로는 그녀를 적절히 치료할 수 있는 병원이 현지에 없었다. 그로 인해 소중한 시간이 그냥 흘러가버렸고, 그녀는 사고를 당한 지 36시간 만에 비행기로 옮겨져 독일의 대학병원 신경외과에서 치료를 받았다. 그녀의 척수는 4번 목뼈 높이에서 내출혈을 동반한 심한 손상을 입었고, 그 결과는 돌이킬 수 없는 상태였다. 수술을 통해 척추는 안정되었다. 며칠 후 그녀는 목 아래가 마비된 상태로 중환자실에서 깨어났고, 상냥하게 웃고 있는 한 간호사의 얼굴을 바라보았다.

"여기 환자분 옆에 있는 이 기계가 이제부터 폐에 공기를 넣어줄 거예요. 곧 익숙해지실 거예요!"

실제로 그녀의 몸은 몇 주가 지나자 기계를 받아들였고, 그녀는 숨을 내뱉는 순간을 소리 내기에 이용하는 법을 완벽하게 습득했다. 그러나 마음속에서는 이 기계에 대한 깊은 반발심이 일었다.

"제 머리는 이 대체장기를 거부해요…… 끊임없이 소리가 나서 더 그래요. 전 이 기계를 증오해요. 언젠가 전기가 나가서 기계가 멈춰버렸는데 아무도 그것을 모르고 있기를 바란 적도 있어요."

그녀는 흥분해서 얼굴이 빨갛게 달아올랐고, 크게 뜬 눈으로 나를 바라보았다.

잠시 후 그녀는 흥분을 가라앉히더니 병원에 있는 사람들은 모두 친절하고, 자신을 위해 무척 애쓰고 있으며, 이 병원에서 최선의 진료를 받고 있음을 확신한다고 말했다. 또 5개월 전부터 이 병실에서 지내고 있는데 거의 집에 있는 것처럼 편안하다고도 했다. 하지만 이

상태에서 결정적으로 달라질 만한 여지가 있으리라는 희망은 없다고 털어놓았다. 손가락 하나 움직일 수 없고, 여전히 목 아래쪽으로는 완전히 무감각하고, 인공호흡기에서 해방되는 일도 없을 거라고 말했다.

그녀는 말을 하다가 갑자기 멈추더니 눈을 감았다. 충격의 파동이 그녀의 몸을 움직였다. 들리지 않게 기침을 했고, 이마에는 땀이 맺혔으며, 얼굴이 파랗게 질렸다. 나는 깜짝 놀라서 그녀를 굽어보다가 그녀의 고개를 들려고 했다. 그 순간 카타리나 S는 다시 눈을 떴다.

"이제 괜찮아요."

그녀가 고통스러운 미소를 지으면서 말했다.

"종종 일어나는 일이에요. 빌어먹을 관에 이물질이 들어와서 그래요."

우리는 한동안 아무 말도 하지 않았다. 나는 그녀의 얼굴빛이 살아나는 것을 보면서 이런 생존을 강요하는 고문을 견뎌내기 위해서 매일 치러야 하는 싸움을 상상해보려고 애썼다.

그녀는 더할 수 없이 슬픈 눈으로 나를 바라보았다.

"제가 학문적으로 더 이상 아무것도 할 수 없다는 현실은 시간이 지나면 어떻게든 받아들일 수 있을 거예요. 하지만 움직일 수 없다니 정말 끔찍해요. 저는 그것을 계속 견디고 싶지 않아요. 제 얼굴조차 당신이 있는 쪽으로 돌릴 수가 없어요. 춤추고, 스키를 타고, 산책하고……"

그녀의 목소리에서는 이제 그리움이 묻어나왔다.

"누군가를 만지고…… 바닥에 떨어진 돌멩이를 들어올리고…… 이런 모든 일을 포기해야 한다는 사실을 상상할 수 있겠어요? 인공호흡을 하는 머리로만 산다는 것을 상상할 수 있나요? 그것도 앞으로 20년, 30년, 어쩌면 40년을?"

나는 한동안 그녀의 눈을 볼 수가 없었다.

"뭐 마실 것 좀 드릴까요?"

나는 그녀가 목이 마를 거라는 생각보다는 당혹스러운 마음을 감추기 위해서 그렇게 물었다.

"네, 부탁합니다. 저쪽 탁자 위에 주둥이가 달린 환자용 찻잔이 있을 거예요. 그 잔에다 이 주름빨대도 하나 넣어주시고요."

그녀는 '주둥이가 달린 환자용 찻잔'이라는 말을 아주 경멸하듯이 내뱉었다. 그러고는 게걸스러울 정도로 잔에 든 차를 빨아들였다. 찻잔을 손에 들고 있어서 도자기의 서늘함이 느껴졌는데, 그토록 강렬한 느낌은 처음이었다.

우리는 거의 세 시간 동안 집중적으로 이야기를 주고받았다. 그녀는 작은 소리로 절박하게 가망이 없는 자신의 상황을 설명했고, 평생 독방에 갇혀 지내며 충족할 수 없는 동경을 견디고 살아야 하는 죄수와 비슷하다고 말했다. 더 이상 아무것도 얻을 수 없는 자신의 삶과 죽음에 대해 이야기했다. 그토록 절망적인 상황에서도 분명하고 냉정하게 자신의 상황을 성찰했다.

카나리나 S의 황량함과 절망은 이전에 만났던 어떤 환자의 운명보다 더 내 마음에 아프게 와 닿았다. 나는 그녀에게 깊은 인상을 받고 병실을 나왔다. 병원 유리문을 통해 밖으로 나온 순간 나는 그녀를 떠나지 않을 것이며 오래지 않아 다시 이곳을 방문하리라는 사실을 예감했다.

다음 몇 주 동안 우리의 대화는 더 진전되었고, '인공호흡을 하는 머리'의 삶과 죽음에 대해 몇 시간에 걸쳐 대화를 나누었다.

카타리나는 척수를 다쳤거나 심각한 손상을 입은 환자들에게 병원에서 추구하는 목표는 오직 하나라는 사실을 금방 알아냈다. 바로 끝까지 견디기, 결코 희망을 버리지 않기, 계속 살아남기, 극도로 제한적인 삶에서도 이익을 쥐어짜내기였다. 이런 목표를 달성하기 위해 모든 조치가 취해졌다. 동원할 수 있는 인적 · 물적 자원은 그녀의 방에 있는 장비들이 보여주듯이 퍽 인상적이었다.

그녀는 몇 번이고 죽음에 대한 소망과 연명 조치 중단에 대해 진지하게 이야기하고 싶다는 뜻을 내비쳤지만 과장 의사 D에서 병동 의사들, 심리 치료사, 운동 치료사, 언어 치료사, 수습 간호사에 이르기까지 누구도 그녀의 말을 단 1초도 들어주려 하지 않았다. 이 병원에서는 다른 환자들에게 그러듯이 그녀에게도 끊임없이 삶의 의지를 불어넣으려 했다. 여기서는 삶에 대한 전망이 아무리 제한적이고 참담하다 해도 삶은 모든 환자에게 주어진 의무였고, 다른 선택의 여지는 없었다. 병원 경영진과 신경외과 의사들은 생명을 유지하는 치료를 포함해 모든 치료를 거부할 수 있는 카타리나의 권리를 완전히 무시했다.

카타리나는 그토록 심한 독단에 화를 냈다. 환자와 환자의 고통, 환자의 의사가 아니라 재활 목표와 생명 보호만을 행동의 원칙으로 삼는 의사들의 윤리의식에 분개했다. 나는 그녀의 의견에 전적으로 동의했다. 특히 과장 의사가 인공호흡 중단 가능성에 대해 카타리나와 선입견 없는 대화를 거부해서 화가 났다. 그는 다른 직원들에게도 그렇게 하라고 지시했다.

나는 카타리나에게 병원을 상대로 자신의 의사를 분명히 전하고 원하는 바를 이루려면 변호사를 선임하라고 권고했다. 카타리나와 토마스 L은 즉시 내 제안을 받아 들였다. 몇 주 뒤, 그녀가 사고를 당한 지 약 6개월이 지난 시점에야 처음으로 카타리나의 병상에서 두 시간에 걸친 대화가 이루어졌다. 그 자리에는 카타리나와 토마스, 카타리나의 여동생, 과장의사 D와 병원장 S 교수, 그리고 모든 대화를 이끌면서 내용을 기록한 변호사와 내가 참석했다.

카타리나는 병원을 책임지는 두 의사에게 자신이 원할 때 언제든지 인공호흡을 중단시킬 권리가 자신에게 있음을 다시 한 번 강조했다. 또 자신에게 기도 감염이나 요도 감염 같은 합병증이 발생했을 때 자신이 분명히 동의할 때만 치료를 해달라고 요구했다. 카타리나의 변호사는 전폭적으로 그녀를 지원했다. 동시에 두 의사에게 카타리나가 거듭, 분명히 밝힌 의사를 따르지 않으면 위법 행위를 저지르는 것임을 강조했다.

두 의사는 궁지에 몰렸다고 생각했으며 눈에 띄게 불쾌해했다. 병원장 S 교수는 실례한다며 자리를 떠났고, 과장 의사 N은 공세를 취했다. 그는 카타리나에게 대놓고 속내를 털어놓으며 자신을 방어하려고 했다.

"S 부인, 당신도 아시다시피 우리가 최신 의술을 동원해 헌신적으로 치료하고 있는 모든 환자들은 계속 살고 싶어합니다. 오직 당신만 죽기를 바라고 있습니다! 우리는 그 점을 도저히 이해하지 못하겠습니다! 대체 왜 죽으려 하는 겁니까?"

그 자리에 있던 사람들은 모두 숨을 죽였다. 도저히 믿을 수가 없었다. 환자를 가르치려 들면서 그토록 경솔하고 곤혹스러운 말을 하다니! 카타리나가 나중에 털어놓았듯이 그것은 파렴치할 뿐만 아니라 강요로 느껴지는 질문이었다. 무례하기 짝이 없는 데다 너무 주제넘은 말이어서 과장 의사 N이 나중에 했던 말과 비교해보는 편이 좋을 듯하다. 그는 내게 이렇게 말했다.

"S 부인이 여기 우리 병동에서 죽게 하는 것은 도저히 받아들일 수 없습니다. 그러려면 우리 병원을 떠나야 합니다. 제 병동에서는 도저히 용납할 수 없습니다! 제가 S 부인의 소원을 들어주면 제 병동의 전체 의료 팀이 실패하는 겁니다. 아시겠습니까?"

이로써 병원에서는 문제가 발생하면 환자가 아니라 병원의 원칙이 중심이 된다는 사실을 알 수 있었다. 또 병원 구성원의 대부분이 윤리에 대한 이해가 부족하고 미숙하다는 점도. 나는 N 의사에게 카타리나 S 같은 환자들 문제에 관여함으로써 그의 병동이 얻는 이점을 전달하려고 노력했지만 허사였다.

카타리나에게는 언제든 확고히 그녀의 편이 되어주고 믿음직하게 돌봐주는 친구이자 보호자가 있었고, 멀리서도 계속 찾아오는 여동생, 수많은 지인과 친구, 학생들이 곁에 있어서 그녀가 혼자 있는 일은 드물었다. 그들은 죽고 싶어 하는 카타리나의 마음을 충분히 이해하고 공감하는, 이해심 많고 진지한 벗들이었다. 하지만 그녀는 친구들에게 실질적인 도움을 기대할 수 없었고, 요구하려 들지도 않았다.

카타리나가 그리 멀지 않은 장래에 있을 평화로운 죽음에 대한 생각과 기대를 털어놓는 사람은 그녀의 보호자를 제외하면 나뿐이었다. 그녀는 내게 모든 수단과 방법을 물었고, 특히 깊은 마취 상태에서 일어나는 죽음의 세부 내용들을 캐물었다. 논의에 오르는 약제의 종류와 복용량, 죽음을 유도하는 확실성, 약효가 작용하는 시간, 원치 않는 작용과 위험을 최소화하고 실패를 막기 위해 취할 수 있는 예방 조치들 말이다. 카타리나는 자신의 계획과 관련해 중요한 문제를 하나도 빠트리지 않았고, 나는 가능한 한 모든 질문에 성실하게 답변했다.

나는 카타리나를 통해 도전받고 있다고 느꼈지만 결코 과도한 부담으로 느끼지는 않았다. 그녀는 자신의 소원을 실현하기 위해 나를 자기편으로 만들려 했지만 아직 나는 확신하지 못했다. 나는 도움을 주는 대가로 어떤 조건도 내걸고 싶지 않았다. 그보다는 심도 있는 대화를 원했고, 나 혼자 그녀를 책임지는 것이 아니라 함께 책임지기를 원했다. 우리 두 사람 중에서 카타리나는 분명 더 약하고 절망적인 상황에 처해 있는 사람이었지만, 나는 그녀 역시 내게 책임 있는 행동을 보이길 원했다.

내가 정말로 그녀의 죽음을 도와주어야 할 사람이라면, 무엇보다 그녀의 뜻이 진심에서 우러나왔고 끝까지 변하지 않으리라는 것을 확신할 수 있어야 한다고 나는 말했다. 내 행동은 합법적이어야 하고, 무엇보다 내가 올바른 일을 하고 있다는 도덕적 확신에 기반해 행동해야 한다는 점을 강조했다. 이 과정은 여러 이유에서 이 글을 써내려가는 시점까지도 끝나지 않았다. 우선은 그녀를 설득해서 척수 부상으로 인한 마비, 특히 호흡중추의 마비가 최대한 회복될 때까지 재활에 힘쓰도록 하는 데 적지 않은 시간과 노력을 들여야 했다. 죽음에의 의지를 그녀와 내가 궁극적이고 변하지 않는 뜻으로 기정사실화하는 것은 그다음 문제였다.

그러나 그런 단계는 결코 아니었다. 우리가 처음 만났을 때만 해도 그녀는 인공호흡기가 없으면 오래지 않아 사망했을 것이다. 그러나 5개월 동안의 재활과 호흡 훈련을 거친 지금, 그녀는 인공호흡기 없이도 몇 시간 동안은 자발적으로 숨을 쉴 수 있었다. 이는 호흡중추가 최소한 부분적으로는 회복되었고, 앞으로 더 회복될 수도 있다는 신호였다. 경우에 따라서는 인공호흡기를 완전히 제거할 수 있을 정도로까지 회복될 수도 있었다. 상태가 그 정도로 호전된다면 죽음에 대한 소원도 약해지거나 아예 사라질 수도 있을 것이다. 다만 불행히도 다른 마비 상태는 전혀 호전되지 않았다. 카타리나의 몸은 여전히 목 아래로는 완전히 감각이 없고 스스로 움직일 수도 없다.

내 관점에서 볼 때 카타리나는 실제 현실을 새롭게 경험하지 않은 상태에서 생사에 대한 결정을 내려서는 안 된다. 그녀는 자신이 감옥이자 집으로 느끼는 병실과 병원 밖의 세계를 전혀 경험하지 못했다. 그동안 병원은 안락한 고치 같은 역할을 했지만 동시에 삶과 삶의 다양성을 빼앗고 지각과 경험, 판단력을 현저히 제한하기도 했다. 병원의 진료와 보살핌도 언젠가는 끝이 날 것이다. 그러면 적지 않은 인적 물적 지원을 받으면서 일상으로 돌아와야 하고, 이제 새로운 환경 속에서 맞이하는 일상을 극복해야 한다. 그리고 일상이 자신에게 어떤 식으로든 영향을 미칠 기회를 주어야 한다. 살고자 하는 의욕을 심어주든, 아니면 그토록 제한된 삶이 도저히 떨쳐버릴 수 없을 뿐만 아니라 새로운 삶의 계획으로도 만회하거나 대체할 수 없는 상실감으로 다가오든.

그후에야 비로소 카타리나는 돌이킬 수 없이 중대한 결정을 내리는 데 따르는 책임을 다하는 것이다. 그녀가 이런 여러 문제들을 통해 자신을 시험한 이후에 확고한 결심에 이른다면, 나도 의사로서 그녀가 평화로운 죽음을 맞을 수 있도록 도와주겠다는 결심을 하게 될 것이다. 내 양심을 걸고, 필요하다면 법정에서든 윤리위원회 앞에서든 내 결심을 변호할 수 있을 것이다.

삶의 긍정과 죽음에 대한 소망 사이에서

카타리나에게 닥친 일들은 분명 한 사람에게, 특히 젊은 사람에게 일어날 수 있는 가장 절망적이고도 잔인한 운명이다. 그럼에도 불구하고 그런 운명을 기꺼이 감당할 뿐 아니라 그처럼 열악한 조건에서 상상할 수 없을 정도로 놀라운 일을 해내는 사람들도 적지 않다. 가령 프랑스 언론인 장 도미니크 보비는 1995년 갑작스럽게 닥친 뇌졸중이 이른바 락트 인 신드롬으로 발전하면서 의식은 말짱한데 온몸이 마비 상태에 빠졌다. 그가 세상과 소통할 수 있는 유일한 방법은 왼쪽 눈꺼풀을 깜빡이는 것이었다. 그는 이 유일한 '소통 기구'를 이용해 가까운 지인에게 15개월 동안 자신이 구상한 내용을 받아 적게 했다. 그리하여 더 이상 살 수도 없고 그렇다고 아직 죽지도 않은 자신의 상태를 감동적으로 묘사한 책이 완성되었고, 그 책은 1997년 보비가 죽은 직후에 출간되었다.

스물여섯 살의 교육학과 대학생인 올라프 K도 그런 사람이었다. 그는 자살을 기도했다가 실패한 뒤 후유증으로 하반신이 마비되었다. 실연의 상처를 이기지 못하고 창문에서 몸을 던진 것이다. 4년 전에 일어난 사건으로 그는 간병 대상자로 전락했지만, 그럼에도 삶에 대한 의욕과 기쁨을 되찾을 수 있었다. 그렇게 되기까지는 올라프 K의 낙천적인 성격 외에도 그와 일종의 생활공동체를 형성한 네 젊은이들의 도움이 컸다. 그들의 특수한 생활공동체는 질병금고의 보조금과 올라프의 부모들이 부담하는 비용으로 유지되었다. 젊은이들은 24시간 교대로 그를 보살폈다. 밥을 먹여주고, 책을 읽어주고, 면도를 해주고, 배뇨관을 바꿔주었으며, 영화관에 데려가기도 했다.

올라프 K는 때때로 포도주를 마셨고, 간병을 하는 젊은이들도 그것을 막지는 않았다. 그러다가 얼마 전 불안감을 느낀 젊은이들이 흥분과 죄책감에 사로잡힌 채 올라프를 병원으로 데려왔다. 술 때문에 삼킴 작용에 관련된 근육이 제대로 조절되지 않아 포도주 반잔이 위장이 아닌 기관지로 넘어간 것이다. 그는 계속 기침을 했고, 얼굴이 새파랗게 질리면서 잠시 극심한 호흡부전에 시달렸다. 병원에서 기관과 기관지에 있는 액체를 뽑아내는 시술을 받은 후에야 다시 정상적으로 호흡할 수 있었다. 올라프 K는 자신도 이따금 술 한잔이 필요할 때가 있다고 말했고, 여전히 약간의 취기가 있는 상태에서 작은 소리로 응급실의 간호사들과 간병인들에게 사과했다. 그들은 싱긋이 웃으면서 공감을 표했고, 올라프 K와 그를 데려온 두 명의 간병인에게 그런 사고를 막을 수 있는 몇 가지 방법을 알려주었다.

절체절명의 위기에 빠진 사람들이 모두 장 도미니크 보비나 올라프 K처럼 자기 안에서 삶의 의미와 힘의 원천을 찾거나 운명에 꿋꿋하게 맞서는 힘을 낼 수 있는 것은 아니다. 그러기 위해서 가장 필요한 조건들은 그들이 믿고 따르는 가까운 사람들의 애정과 연대감, 적절한 전문적 지원, 카타리나 S처럼 개인적인 상황에 맞춘 인적 · 물적 지원과 도움, 부담 덜어주기 등이다. 그러나 이러한 조건들이 문제시되거나 충족되지 않는 경우가 많다. 그 이유는 심한 손상을 입었거나 불치병에 걸린 환자의 가족이나 가까운 사람들이 그와 거리를 두려 하기 때문일 수 있다. 다른 한편 변호사가 자신이 대리하는 환자가 마땅히 받아야 할 도움에 필요한 재정 지원을 위해서 비용을 부담하는 측과 법정에서 굴욕적인 싸움을 벌여야 하기 때문일 수도 있다.

그러나 해당 환자들이 계속 살아갈 수 있도록 해주는 조건들이 모두 충족되고 인간이 할 수 있는 모든 조치를 다했다 하더라도 그들이 긍정적인 행동 및 체험 가능성을 완전히 잃은 데서 느끼는 상실감을 완벽하게 보상해줄 수는 없다. 인간적인 도움과 완화의학은 많은 것을 할 수 있고, 특히 완화의학의 가능성은 여전하지만 그럼에도 한계가 있다. 그 한계 저편에는 비록 소수이긴 하지만 극심한 고통을 겪는 사람들이 있다. 완화의학은 그들의 고통을 덜어줄 만한 조치를 취하지 못하고, 결코 그럴 수도 없을 것이다. 절망적인 병에 걸린 환자가 그것을 거부한 때문이든 아니면 다른 이유 때문이든.

다음 장에서 다룰 고전적인 완화의학의 범주를 넘어서는 죽음에 대한 도움을 옹호하려면 개별 사례와는 무관하게 엄격히 통용되어야 할 요소가 하나 있다. 즉 의사로서의 책임을 성실히 이행하려면, 덜급진적인 방법이 적절치 않거나 통하지 않는 것으로 드러났을 때, 또는 환자가 분명히 도움을 청했을 경우에만 적극적인 안락사 방식 등을 진지하게 고려해야 한다는 것이다. 의사로서 자살에 대한 환자의 열망이 얼마나 진정성이 있고 지속적인가에 대해서도 마땅히 검증해야 한다. 그런 다음에는 자살에 대한 도움이 윤리적으로 정당할 뿐 아니라 상황에 따라서는 윤리적으로 요구되는 것일 수도 있다.

여기서도 분명한 것은 완화의학을 실행하기 위한 최선의 노력과 안락사 도움은 서로 배제되지 않는다는 사실이다. 약물 치료와 카테터를 이용한 심장 치료뿐 아니라 심장이식 수술의 가능성도 대안으로 고려할 수 있듯이.

소극적 안락사와 적극적 안락사

안락사는 법적으로나 의학적으로 계속 오해를 불러일으키는 명확하지 않은 개념이다. 어떤 사람은 전적으로 임종의 동행으로 이해하고, 어떤 사람은 연명 치료의 중단으로 받아들인다. 또 많은 사람들은 의사가 직접 환자를 죽이는 것으로 이해한다. 따라서 안락사는 '치료 목표의 변화(연명 조치 중단)' '완화 치료적 임종 동행 속에서 죽음의 허용' 또는 '환자의 요청에 따른 죽임'처럼 그 뜻을 분명히 확인할 수 있는 개념으로 대체해야 한다. 그럼에도 불구하고 안락사 개념이 일반에 널리 통용되고 있는 상황이라 여기서도 그대로 사용하겠다.

안락사에는 소극적인 형태와 적극적인 형태가 있다. 소극적인 형태의 경우 환자의 죽음이 질병 자체나 운명에 의해 결정된다. 다른 말로 표현하면 '죽어가는 것을 허용'함으로써 죽음이 찾아오는 것이다. 안락사의 소극적 형태에는 임종 동행, 인간적인 도움, 위로와 보살핌, 모든 완화적 간호와 치료 중단이 포함된다. 치료 중단은 환자의 의사에 따라 인공호흡, 인공 신장, 인공영양 같은 연명 조치를 중단하는 것을 뜻한다. 자살과 거의 구분하기 어려운 자발적인 영양 및 수분 공급 포기도 여기에 속한다.

안락사의 적극적인 형태에서는 언제나 의사의 행위나 개입이 죽음의 원인이 된다. 먼저 간접적인 적극적 안락사를 꼽을 수 있다. 이는 통증 완화라는 일차적인 목적에 꼭 필요한 진통제와 다른 약제를 제공하는 것을 말한다. 통증 완화 조치를 정확히 취하면 수명이 단축되는 경우가 많지 않다. 그러나 다른 치료 가능성이 없어서 상당량의 약물 투여가 꼭 필요한 매우 심각한 증세(최악의 불안 상태, 참을 수 없는 호흡 곤란 상태)일 경우 수명이 단축될 수 있다는 점을 부득이하게, 그리고 기꺼이 감수해야 한다.

자살 도움도 안락사의 적극적인 형태에 속하는데, 이때 의사는 환자가 자살할 수 있도록 정해진 목표에 따라 의식적으로 도움을 준다. 그러나 최종적인 행위, 즉 치명적으로 작용하는 수단을 받아들이는 행위는 환자가 직접 실행한다.

적극적인 안락사에서 유일하게 죄가 성립될 수 있는 형태는 의사가 직접 주도하는 직접적인 적극적 안락사, 또는 요청에 따른 죽임이다. 후자의 경우 환자의 분명한 요청에 따라 다른 사람이, 보통은 의사가 직접 환자를 죽인다(가령 치명적인 주사를 통해).

라벤스부르크 지방법원의 판결(1986년)이 내려진 이후, 적극적인 또는 소극적인 행동이 무엇인지는 법률적으로 명확히 규정되어 있다. 이 사건에서는 한 남자가 환자의 요청에 따른 죽임으로 고소를 당했다. 그는 의사의 반대에도 불구하고 불치병으로 고통받던 아내의 요청에 따라 인공호흡기를 제거했다. 법원은 혼자 힘으로는 더 이상 살아갈 수 없고, 기술적인 장비의 도움으로 삶을 연장하고 있을 뿐인 회복 불가능한 환자는 연명 조치의 거부나 중단을 요구할 수 있다고 판결했다. 따라서 방임하는 방식이든 적극적으로 행동하는 방식이든 그런 요구에 응한 사람은 죽이는 것이 아니라 죽음을 도와주는 것이다.

이런 사례에서도 알 수 있듯이 법원 판결은 언제나 행동(적극성)과 방임(소극성)을 구분했다. 그러나 적극적인 행동과 소극적인 방임은 행동의 출발점에 대한 인과관계에 관련될 뿐 행동하는 사람의 실제 행동에 관련되지는 않는다. 안락사의 여러 형태에서는 오직 질병과 나이 같은 요인, 다시 말하면 환자나 가족들이 개입할 수 없는 운명적인 과정이 원인이 돼서 죽음을 초래했는지, 아니면 의사의 개입이 원인이 되어 죽음에 이르렀는지가 중요할 뿐이다. 법률가들은 첫 번째 경우를 방임, 두 번째 경우를 행동이라고 한다. 가령 중병으로 자가호흡이 불가능한 환자의 인공호흡기를 제거했다면, 이는 외적으로만 관찰했을 때는 하나의 단순한 행동이다. 그러나 법률적 · 윤리적으로 보았을 때는 '규범적인' 행동에 해당한다. 치료를 계속하는 것이 환자의 의사를 무시한, 처벌 가능한 신체 손상에 해당하기 때문에 불가피한 상황에서 그런 행동을 했다면, 그것은 살해 행동일 수가 없다. 따라서 법률가들과 의학윤리학자들은 사실 구성 요건이라는 면에서 보아도 살해 행동이 없었다는 결론에 이르렀다. 오히려 처음부터 인공호흡을 받아들이지 않았든 받아들였다가 다시 중단했든 상관없이 그러한 행동은 죽음을 허용하는 것이다. 여기서 소극적인 것이란 규범적인 관점에서 볼 때 소극적으로 있는 것, 즉 자연적인 죽음을 허용하는 것으 로 평가된다.

그러나 많은 의사들은 거기에 따르려 하지 않는다. 그들은 호흡기를 제거하는 실질적인 행동만을 평가한다.

지금까지는 하나의 행동에 대한 인과관계만을 언급했을 뿐, 그 행동의 유죄 성립 여부까지 살펴보진 않았다. 죄의 성립 여부는 환자의 죽음이 어떤 행동이나 방임에 의해, 또는 행동하는 사람의 적극성이나 소극성에 의해 유도되었는지에 달려 있지 않다. 그것은 전적으로 환자의 의사에 좌우된다. 환자가 죽기를 원한 경우 환자의 죽음을 야기한 모든 행동은 적극적이든 소극적이든, 행동이든 방임이든 합법적이다. 다만 형법전 제211조, 212조, 216조로 금지된, 직접적으로 죽음을 초래할 의도에 따라 유발된 죽음(적극적 안락사)은 예외에 해당한다.

뮌헨에서 활동하는 변호사 볼프강 푸츠는 퍽 인상적이면서도 적절한 예를 통해 어떤 경우에 죄가 성립되고 성립되지 않는지를 분명히 보여주었다.

A 병실에 인공호흡으로 연명하는 환자가 누워 있다. 누군가 안으로 들어와 인공호흡기를 제거했다. 환자가 죽었다.

B 병실에도 인공호흡으로 연명하는 환자가 누워 있다. 여기서도 누군가 안으로 들어와 인공호흡기를 제거했고, 환자가 죽었다.

두 경우 눈에 보이는 행동 과정과 결과는 다르지 않다. 그러나 첫 번째 경우에는 행동하는 사람이 유산을 가로채려는 사람이었고, 그는 살인죄로 기소될 것이다. 두 번째 경우에는 행동하는 사람이 환자의 뜻을 따르는 의사다. 그래서 인공호흡기 제거는 단순히 허용되는데 그치지 않고 경우에 따라 요청되기도 한다.

죽음의 허용

어떤 환자를 그의 뜻에 반해 치료하는 행위는 병의 종류나 단계와는 상관없이 윤리적으로 정당화될 수 없으며 법적으로도 용인될 수 없다. 독일제국의 대법원(1875~1945년)이 1894년에 처음으로 내린 그러한 결정은 1956년 연방최고법원의 한 판결을 통해 쇄신되었다. 그에 따르면 의사는 생명을 구하는 시술에 동의하기를 거부하는 환자에게도 기본법으로 보장된 신체의 온전함에 대한 권리를 존중해 주어야 한다. 환자의 의사가 폭넓은 의미에서 합리적으로 간주되고 의사가 거기에 공감할 수 있느냐는 중요하지 않다.

이는 사전의료지시서를 통해 자기 의사를 밝힌 환자에게 해당된다. 또 의식이 있고 판단력이 있는 상태에서 자신의 뜻이 이루어졌을 때 생명을 잃게 된다는 사실을 알면서도 치료를 중단하거나 받아들이지 않기를 바라는 환자에게도 해당된다. 의식이 뚜렷한 상태에서 연명 치료를 중단시킬 경우 이는 그런 식으로 삶을 마치려는 소극적인 자살로 보인다.

여든여덟 살의 카롤리네 F도 그런 경우였다. F 부인은 늦은 저녁 급성 장출혈을 일으켜 딸에게 이끌려 병원 응급실로 실려왔다. 두 사람의 관계는 깊은 사랑과 신뢰로 가득했다. F 부인은 벌써 몇 년 전에 사전의료지시서를 작성했고, 딸에게 자신의 건강 및 간병과 관련된 권리를 위임했다. 그러면서 혹시 자신의 생사가 달려 있다고 해도 대수술만은 절대로 받지 않겠다는 점을 몇 번이고 강조했다. 이제 그런 상황이 닥쳤다. F 부인의 승인에 따라 대장 내시경 검사를 실시한 결과 악성으로 의심되는 큰 용정에서 출혈이 보인 것이다. 혈액 손실의 영향은 우선은 침제를 주입해 통제할 수 있었지만 출혈을 지속적으로 막고 용정을 제거하기 위해서는 수술이 불가피했다. 지체할 시간이 없었다.

F 부인은 의식이 또렷한 상태에서 딸과 협의한 끝에 단호하게 수술을 거부했다. 지금까지 만족스러운 삶을 살았으니 이제는 죽어도 여한이 없다고 말했다. 오랜 논의 끝에 담당 의사도 마지못해 부인의 결정을 받아들였다. F 부인은 그날 밤 딸이 지켜보는 가운데 고통없이 편안하게 눈을 감았다.

자발적인 음식과 수분 포기

환자의 결정을 반대하는 사람들은 '음식물 거부'라고 평가절하 하지만 음식과 수분에 대한 자발적인 포기는 생각보다 자주 볼 수 있는 죽음의 방식이다. 대부분은 나이가 많고, 말 그대로 '삶에 지치고' 노쇠해서 삶 자체를 짐으로 여기는 노인들이 그런 방법으로 삶과 이별하기를 원한다. 가령 수십 년 동안 결혼생활을 하다가 반려자를 먼저 보내고 혼자 남은 사람은 삶에 대한 용기와 의지를 모두 잃는 경우가 적지 않다. 죽은 반려자와 다시 함께하고픈 생각이 간절하기 때문이다. 병이 상당히 진행되어 앞으로 살날이 얼마 남지 않은 환자들도 그런 식으로 고통에서 벗어나고 싶어 한다. 그러나 이들의 소망이 항상 받아들여지는 것은 아니다. 반대로 그런 소원은 PEG 튜브를 통해 강제로 인공영양을 시도하는 빌미가 되기도 한다. 나이가 들거나 병이 든 사람의 자기결정권은 보통 무시되는 경우가 많다.

여기서는 병이 중하고 죽음이 임박해서 자연적으로 음식과 수분을 섭취할 능력도 의지도 없는 사람과 그럴 능력은 있지만 자신의 죽음을 의도적으로 재촉하기 위해서 그렇게 결심한 사람을 구분해야 한다.

어떤 환자가 음식과 수분을 포기하기로 결정할 때는 충분히 숙고할 필요가 있다. 거듭 강조하지만 그런 식으로 죽으려는 소망은 오로지 환자 자신의 뜻에서 비롯되어야 한다. 그의 결정은 가족과 의사, 간병인 등 모든 관련자들이 함께 감당해야 한다.

먼저 그로 인해 발생할 수 있는 합병증을 논의해야 하고 거기에 대비해야 한다. 특히 아직 임종 과정이 시작되지 않았는데 죽음을 유도하려는 사람은 단식 과정에서 입술과 입안이 마르고 불안에 빠지는 등의 증세에 시달릴 수도 있다. 하지만 이런 증세는 대부분 일시적이어서, 입술을 자주 적셔주고 소량의 진정제를 투여함으로써 극복할 수 있다. 그런 상태에서 환자는 며칠 뒤면 수분 결핍으로 의식이 혼미한 상태에 빠진다. 몸의 점진적인 과산화와 엔도르핀 형성 같은 물질대사 변화로 대부분의 환자는 평온히 죽어가며, 환자는 병의 상태와 체력에 따라 며칠에서 몇 주 안에 숨을 거둔다.

그런데 이런 죽음의 과정에서 가족이나 의사가 의심을 제기할 때도 있다. 무엇보다 죽음의 과정이 오래 걸리거나, 죽음을 앞두고 불안과 착란 상태 같은 부작용이 발생하는 경우에 그렇다. 자신의 계획을 언제든 단념할 수 있는 환자가 그런 상황에서 음식과 수분을 요구한다면 마땅히 요구를 들어주고 계획을 철회할 것을 고려해야 한다. 그러나 개별 사례에 따라, 그때그때 상황에 따라, 또 환자의 소망에 따라 완화 치료를 통한 진정제 투여를 논의하는 쪽이 더 적절할 수 있다.

음식물과 수분을 자발적으로 포기하는 행위는 특히 병세가 너무나 위중하거나 말기 상태에 이르러 자기결정권을 의사 표현의 자유로만 경험할 뿐 스스로 결정하는 행동의 자유로까지는 나아가지 못하는 환자들에게서 예상된다. 가령 루게릭병을 앓고 있는 환자들, 또는 전신마비 상태여서 연명 조치 중단이나 자살을 스스로 감행하지 못하고 항상 다른 사람에게 의존할 수밖에 없는 카타리나 S 같은 사람이 여기에 해당한다.

다시 한 번 강조하지만 자기책임 아래 행동하는 사람이 죽기를 원할 때 그를 직접 죽이지는 않으면서 도와주는 것은 법적으로 전혀 문제가 안 된다. 이는 자살 또는 음식물과 수분의 자발적인 포기를 도와주는 경우에도 통용된다. 그에 반해 의사가 판단할 때, 환자의 의사 형성이 병 때문에 제약을 받고 있다면 심리 치료를 담당하는 의사의 보증인 의무가 요구된다.

간접적인 적극적 안락사와 말기 진정

어떤 환자가 사전의료지시서에 통증과 다른 고통스러운 증세들을 안고 계속 사느니 통증 없이 편안히 죽고 싶다는 뜻을 적었거나 구두로 밝혔다면, 의사는 간접적인 안락사에 대한 전권을 부여받는다. 독일 연방최고법원은 1996년 이른바 '돌란틴 사건'에서 처음으로 삶의 양보다 질을 우선할 수 있는 환자의 명백한 권리를 확정했다.

"환자가 분명히 밝힌 의사나 추정 의사에 따라 죽어가는 환자에게 통증을 완화하는 약제를 제공해야 할 때, 의도하지는 않았지만 어쩔 수 없이 감수해야 할 부차적인 결과로서 죽음이 앞당겨진다는 이유로 해당 약제를 불허하는 일이 있어서는 안 된다."

루돌프 T는 마흔아홉 살에 전립선암 진단을 받았는데, 유난히 공격적이고 척추까지 전이된 상태였던 까닭에 처음 몇 개월 동안은 좌골신경통으로 오인되었다. 그는 치료가 불가능하고 단지 죽음을 늦출 수만 있다는 사실을 알면서도 평정심을 잃지 않고 참을성 있게 방사선 치료와 화학 치료를 견뎌냈다. 그의 소원은 집에서 죽음을 맞는 것이었다. 그는 집에서 아내의 따뜻한 보살핌을 받았고, 외래 호스피스 간호사가 진료와 간병을 맡았다. 모르핀 패치와 여러 가지 정신의약품의 도움으로 제법 오랫동안 통증 없이 편안하게 지내다가 죽기 며칠 전 갑자기 호흡곤란을 동반한 불안과 착란 상태에 빠졌다.

결국 주치의와 아내는 달리 방법이 없어서 그를 어느 병원의 암환자 완화 병동에 입원시켰다. 그의 상태는 15분 간격으로 급격히 악화되었다. 몸을 묶은 채 신속하게 흉부 엑스레이 촬영을 한 결과 암이 폐까지 전이된 상태였다. 예상하지 못할 정도로 급격히 진행된 병이 결국 종착지에 다다른 것이다. 루돌프 T는 고통스러워하면서 질식사할 위험에 처해 있었다. 더 이상 주변 사람을 알아보지도 못했다. 잠시 후 의사가 상당량의 마취제와 진통제를 주입하자 그는 더 이상 깨어날 수 없는 깊은 의식불명 상태에 빠졌다. 그러고는 세 시간 뒤에 숨을 거두었다.

'말기 진정'은 가망 없는 병에 걸렸거나 임종 단계에 이른 환자가 겪는 극심한 고통을 덜어주기 위해 의사가 상당량의 진정제와 진통제를 투여하는 것을 말한다. 마취 상태와 비슷한 깊은 진정은 임종에만 국한된 조치가 아니며, 심한 다발성 외상이나 화상을 치료하는 과정에서도 쓰일 수 있다. 또한 중환자실에서도 인공호흡이 꼭 필요한 환자들에게 그런 조치를 취할 수 있다. 임종에 이른 환자를 깊은 진정 상태에 있게 하려면 특별히 정당한 이유가 필요하다. 그렇다고 루돌프 T의 사례처럼 특정한 상태에 있는 환자에게 그런 조치를 허용하지 않는다면 비인간적이고 비윤리적이다.

말기 진정은 임종 과정에서 깊은 의식불명 상태를 불러온다. 말기 진정 조치를 취하기 전에는 인공호흡, 인공영양, 수액과 항생제 투여 같은 모든 연명 조치를 중단한다. 임종 과정이 길어지지 않도록 하기 위해서다. 죽어감과 죽음을 예상할 수 있는 불가피한 사건을 허용한다는 뜻이며, 그런 점에서는 말기 진정을 의도한다는 뜻이기도 하다. 그러한 죽음은 환자가 앓는 병의 결과이지 살해 행위가 아니다. 말기 진정에서 말기는 생명이 끝나가는 시점에만 관련된 것이다. 따라서 죽음을 초래하는, 즉 죽음의 원인이 되는 '시기를 확정하는 진정'과 결코 동일시해서는 안 된다.

단지 법적인 관점에서뿐만 아니라 윤리적인 관점에서도 모든 의사는 자신이 의도한 결과는 물론이고 합리적으로 예상할 수 있는 일에 대해서도 책임이 있다. 말기 진정은 단순히 환자의 죽음이 예상되는 정도가 아니고, 사실상 예외 없이 최후의 순간에 취하는 조치다. 따라서 말기 진정의 의도는 적어도 예상할 수 있는 결과를 고려할 때 단순한 증세 완화를 넘어선다. 환자를 죽음에 이를 때까지 깊은 의식불명 상태에 빠트려야만 증세를 완화시킬 수 있기 때문이다. 반대로 말하면 임종이 가까운 환자를 깊은 진정 상태에서 다시 깨어나게 하는 것은 의료상의 잘못이다. 모든 말기 진정에는 환자의 죽음이 포함되어 있고, 그런 점에서 이는 의도적인 목표라고 할 수 있다.

의사의 자살 도움

콘라트 W가 예순두 살에 입과 목구멍에 악성종양이 있다는 진단을 받은 지 2년이 지났다. 위험이 따르는 수술을 하기에는 종양이 너무 많이 퍼진 상태였다. 자신의 병에 대해 모든 관점에서 상세한 설명을 들은 뒤 W씨는 방사선 치료와 화학 치료를 받았다. 그렇게 해서 1년 이상 종양은 더 자라지 않았고 상태도 아주 좋아졌다. 서점을 운영하던 그는 계속 일을 할 수 있었고 사회생활에도 참여할 수 있었다. W씨는 자신의 병과 증세를 조절할 수 있을 때까지만 살다가 가능한 한 고통 없이 빨리 세상을 떠나고 싶어했다. 그는 식도암을 앓다가 결국 기관까지 침투한 암 때문에 자신이 보는 앞에서 피를 토하고 죽은 친구의 모습을 언제나 잊지 못했고, 자신도 그 친구처럼 끔찍하게 죽을까 두려워했다.

그러다가 종양이 다시 자라기 시작했고, W씨는 딱딱한 음식을 전혀 먹지 못하게 되었다. 다시 병원에 입원해 치료를 받아야 했지만 그는 무슨 일이 있어도 가족 곁에서 지내고 싶어 했고 병원에서 죽기를 원치 않았다. 결국 암 전문 개업의 한 명이 외래 간병 시설 직원과 함께 그의 진료를 맡았다.

의사는 W씨의 불안과 통증을 완화하기 위해서 점점 더 많은 양의 모르핀과 진정제를 투여했다. 그러나 결국 종양이 출혈을 일으키기 시작했다. W씨가 느끼는 죽음에 대한 두려움과 질식에 대한 공포는 약물이나 다른 처방들, 또는 가족들의 애정 어린 보살핌으로도 사라지지 않았다. 그는 시간을 지체하지 않고 최대한 빠른 방법으로 죽게 해달라고 애원하다시피 간청했다. 의사가 말기 진정을 제안했지만, 그 방법은 너무 오래 걸리고 그토록 두려워하는 질식사의 위험을 배제할 수 없다는 이유로 거절했다. 또 가족들에게 자신이 피를 토하면서 죽는 모습을 보여주기를 원치 않았다. 의사는 친한 동료 두 명과 상의하고 법적인 안전 보장을 받은 뒤 마지못해 치명적으로 작용할 여러 가지 약을 조제해 W씨에게 건네고 방을 나섰다. 가족들에게는 혹시 응급 상황이 발생하면 말기 진정을 준비해야 하니 연락하라는 당부를 남겼다. W씨는 그날로 가족들이 지켜보는 가운데 깊은 의식 불명 상태로 평화롭게 세상을 떠났다.

독일 법에 따르면 자살은 죄가 되지 않는다. 오늘날 전반적으로 인정되는 자살에 대한 권리는 기본법으로 보장된 자기결정권과 개성을 자유롭게 발휘할 권리에 근거한다. 의사가 자살을 도와주는 행위도 독일 법으로 처벌을 받지 않는다. 형법 26조(교사)와 27조(원조)에 따라 유죄가 되는 행동에 관여했을 때만 처벌받을 수 있다. 그렇다고 입법자가 언제든 자살 원조에 대한 범죄구성요건을 만들어낼 수도 있다는 점까지 배제하지는 않는다. 여기서 원조는 의식적이고 의도적인 도움을 의미한다. 자살에서 결정적인 최후의 행동은 자살하는 사람이 직접 실행한다. 그의 행동은 간계나 저급한 이유에서 비롯되지 않았기에 그는 결코 '자기살해자'가 아니다. 따라서 형언하기도 어려운 그런 개념은 삭제되어야 할 것이다.

뮌헨에서 활동하는 변호사 볼프강 푸츠와 베아테 슈텔딩거는 독일에서 몇 안 되는 전문가로서 수많은 소견서와 전문 출판물을 통해 의사의 자살 동행을 형법의 관점에서 분석하고 평가했다. 그들은 현재 통용되는 독일의 법적 상황에서 일정한 전제 조건과 기준을 충족했을 때, 자살을 처음부터 끝까지 지원하고 동행할 수 있다는 결론을 내렸다.

먼저 자살을 위해서 의사의 도움을 구하는 환자의 결정이 의학적 · 심리적 차원에서 자유롭게 내려졌다는 점이 입증되어야 한다. 또 필요한 경우에는 전문의의 소견을 통해 확인되어야 한다. 결정의 자유는 자살 행위의 시작에서 의식을 잃기 전까지 보장되어야 한다. 환자의 자유책임은 법적인 관점에서 꼭 필요한 전제 조건이다. 분별력과 자기결정 능력이 있는 환자에게 그의 모든 권리와 대안을 알려주어야 하며, 무엇보다 다양한 완화 치료 가능성에 대한 정보를 상세히 제공해야 한다. 환자의 자살을 돕는 의사의 행위를 세세한 부분까지 정확히 설명해 환자가 이해할 수 있도록 해야 한다.

마지막으로 환자는 자살을 도와주는 의사에게 그의 '보증인 의무'를 면제해주어야 한다. 이 말은 무슨 뜻일까?

독일의 판결은 자살을 원칙적으로 사고로 판단한다. 그래서 모든 시민은 치명적인 사고가 일어났을 때 도움을 주어야 할 의무가 있고, 더 나아가 의사에게는 자살하는 사람의 생명(생존)을 책임져야 할 보증인의 지위가 부여된다. 자살하는 사람이 의식을 잃는 순간 이른바 행위 지배권은 그에게서 의사에게로 넘어간다. 그래서 자살하는 사람이 살아날지 죽을지는 원칙적으로 의사의 행동에 좌우될 수 있다. 다만 오늘날의 판결에서는 자유책임 아래 자살한 사람은 예외다.

현재 법원 판결은 보증인을 단지 생명을 유지하게 하는 책임이 아닌, 환자의 뜻을 실행할 책임이 있는 사람으로 판단하는 추세를 보이고 있기 때문이다. 의사는 이제 결정 능력이 없어진 환자가 사전의료지시서에서 미리 밝힌 뜻을 실행에 옮겨야 한다. 그의 목숨을 살릴 가능성이 있다고 해도 거기에 신경 써서는 안 된다. 다시 말하면 환자가 자유책임 아래 목숨을 구하는 치료를 거부하기로 결정했다면, 의사는 이를 일반 환자의 결정과 똑같이 존중해야 한다. 따라서 의사가 자살하려는 환자를 돕는 과정에서 법적인 처벌을 면하려면, 행위에 앞서 자신의 환자에게 의사의 보증인 의무를 면제한다는 뜻을 서면으로 남기도록 해야 한다(이른바 '보증인 의무 수정'). 그래야 죽어가는 사람의 생명을 구해야 할 의사의 책임에서 면제되기 때문이다. 그 다음에는 환자가 죽을 때까지 임종 과정을 완화적 수단을 이용하면서 동행해야 할 책임이 따른다.

의사의 자살 원조에 대해 의사의 직업윤리와 법률은 각기 다른 판단을 내린다. 의사의 직업상 기본 원칙에 따르면 의사의 의무는 환자의 생명을 보호하고 지키는 것이다. 따라서 자살 원조와는 양립할 수가 없다. 헌법에 일치하는지 꼭 심사할 필요가 있는 이러한 직업상의 교리는 의사의 다른 기본 원칙들과 마찬가지로 히포크라테스 선서에서 유래했다. 오늘날 히포크라테스 선서는 그 내용과 표현에서 완전히 시대에 뒤떨어졌고 역사적인 의의만 남아 있을 뿐이다. 그래서 많은 의사들이 2002년 저명한 국제의사협회에서 작성한 '윤리헌장'으로 이를 대신한다. 새로운 윤리헌장에서는 의사보다는 환자의 이익을 명백히 우위에 두었고, 의사의 자살 원조를 최소한 배제하지는 않는다.

최신 연구 결과들은 독일 의사들이 다른 나라 의사들과 마찬가지로 의사의 자살 원조에 대한 윤리적 정당성을 둘러싸고 깊이 분열돼 있음을 보여준다. 독일 의사의 40퍼센트는 자살 원조를 생각해볼 수 있다고 대답했고, 33퍼센트는 명확한 규정을 원했다. 나아가 모든 의사의 16퍼센트는 의사에 의한 자발적이고 적극적인 안락사까지 긍정했다. 단 혼자 힘으로는 행동할 수 없는 중증 환자가 우울증에 시달리지 않고 자유책임 아래 의사를 형성할 수 있는 상태에서 분명히, 지속적으로 안락사를 요구하는 경우에 한해서.

네덜란드에서는 2002년부터 의사의 자살 원조와 환자의 요청에 따른 죽임을 법으로 규정했고, 벨기에에서는 2003년부터 요청에 따른 죽임만 법으로 규정했다. 네덜란드에서 실시된 두 가지 안락사 형태에 대한 연구 결과, 요청에 따른 죽임과 의사의 자살 원조 빈도가 2003년부터 오히려 줄어들었음을 알 수 있다. 그 이유는 임종 과정에 있는 환자에게 예전보다 빈번하게 아편제를 처방하고 말기 진정을 시도했기 때문이다. 다시 말하면 네덜란드 의사들이 몇 년 전보다는 완화의학을 더 적극적으로 받아들여 말기 환자들에게 실시하고 있다는 뜻이다.

다만 적극적인 안락사 조치가 취해진 환자들 중에서 가망 없는 병에 걸렸지만 자신의 의사를 표현할 수 없는 상태라서 적극적인 안락사를 요구하지 못한 환자들도 상당수(10퍼센트) 포함되어 있다는 사실은 매우 우려할 만하다. 그 경우에는 의사가 온정적인 간섭주의 방식으로 환자를 대신해 결정을 내린 것이다. 나로서는 도저히 받아들일 수 없는 결정이고, 1995년 6월 네덜란드 최고법원이 내린 세간의 이목을 받은 판결도 받아들이기 어렵다. 당시 네덜란드 법원은 '슬픔과 우울증'에 시달리는 한 여성 환자가 자살할 수 있게 도와준 정신과 의사에게 무죄 판결을 내렸다.

오리건 주가 모범을 제시할 수 있을까?

미국 오리건 주에서는 1997년에 시민사회의 압력으로 의사의 도움을 받아 자살할 수 있는 권리를 인정한 존엄사법Death with Dignity Act이 제정되었다. 이 법은 네덜란드의 안락사법과는 달리 독일에서 진행되고 있는 토론에 본보기와 방향을 제시할 수 있을 것이다. 오리건 주의 존엄사법은 악용을 최대한 배제하는 세분화된 절차를 확정했다.

먼저 환자는 성인이어야 하고 항상 오리건 주에 살았어야 한다. 두 명의 의사가 판단할 때 효과적인 치료법이 전혀 없고 6개월 이내에 죽음을 초래할 것으로 예상되는 병을 앓고 있어야 한다. 두 의사는 환자가 이해력과 판단력이 있다는 점을 명백히 밝혀야 한다. 환자는 치명적인 효과가 있는 약의 처방을 2주 간격(유예기간)으로 두 번 구두로 요구해야 하며, 그다음에는 증인이 보는 가운데 다시 한 번 서면으로 처방을 요구해야 한다. 의사는 처방전을 내주기 전에 환자에게 완화의학과 호스피스 간호 등 가능한 모든 대안을 상세히 알릴 의무가 있다.

이제 10년 이상 시행된 오리건 주의 존엄사법은 우리에게 무엇을 말해줄까? 이 법이 도입된 이후 1997년에서 2005년까지 오리건 주에서는 사망 환자 1,000명 중에서 겨우 246명만이 그 방법으로 세상을 떠났다. 처방을 받은 환자들 중 3분의 1 이상이 마지막에 이를 철회했다는 사실은 시사하는 바가 크다. 그들에게는 자신들이 원하면 언제든지 품위 없는 죽음을 피할 수 있다는 확신만으로도 충분했던 것으로 보인다.

존엄사법을 반대하고 비판하던 사람들의 염려는 모두 근거 없는 것으로 드러났다. 처음 예상과는 달리 교육 수준이 낮고 보험에 가입하지 않은 가난한 환자들이 아니라 오히려 교육을 많이 받고(대졸자가 41퍼센트), 소득이 높고, 보험에 가입한 환자들이 자살 원조를 요구하는 경우가 훨씬 많았다.

또 자기 자신을 '주변 사람들에게 너무나 부담스러운 존재'로, '사회적으로 불필요한 짐'으로 느끼는 환자가 신청자의 대부분을 차지할 거라는 주장도 근거 없는 것으로 드러났다. 환자들 중 85퍼센트가 자기결정권과 삶의 질 상실, 자신의 뜻에 따라 죽고 싶다는 소망을 결정적인 이유로 꼽았다. 가족과 친구들에게 짐이 될까 걱정한 환자도 37퍼센트였지만, 이 역시 여러 이유들 중 하나로 부차적인 것이었다.

자살은 거의 모든 환자들에게서 별다른 부작용 없이 진행되었다. 환자 몇 명이 약을 토했을 뿐이다. 대부분 30분 이내에 죽음이 찾아왔다. 어떤 환자는 48시간을 더 살았지만 깊은 무의식 상태에서 숨을 거두었다. 한 환자만 상당량의 수면제를 복용한 뒤에 다시 깨어났는데, 수면제의 효과를 떨어뜨리는 약제와 혼합된 탓으로 추정된다. 그는 14일 뒤 말기 암의 결과로 자연사했다.

몇몇 비판자들은 법의 악용을 주장했지만 그것도 예외에 불과했다. 여든 살 여성 환자가 우울증을 앓고 있는 상태에서 치명적인 약제의 처방을 받은 경우와, 자신의 결정이 가져올 파급 효과를 충분히 인식하지 못하는 환자가 처방을 받은 경우였다. 두 경우 모두 이유가 제대로 밝혀지지는 않았다.

뜻밖에도 오리건 주에서는 말기 환자와 임종 환자의 완화적 치료 조치가 새로운 법의 제정으로 약화되기보다는 오히려 강화되었다. 여론과 의료진의 전폭적인 반응이 그러한 사실을 뒷받침한다. 새로운 존엄사법은 특히 의사들에게 훌륭한 완화 치료와 간병의 필요성을 더욱 확실하게 주지시켰다. 2001년 의사들을 상대로 진행된 설문조사에 따르면 새로운 법이 시행된 이후 응답자의 3분의 2가 완화의학의 가능성을 예전보다 더 깊이 알게 되었다고 대답했다.

오리건 주에서는 무엇보다 자살 원조와 완화적 치료가 상호 배제하지 않는다는 사실도 분명히 드러났다. 자기 손으로 죽음을 택한 환자들 246명 가운데 213명이 동시에 호스피스 간병을 이용한 것이다.

직접적인 적극적 안락사

직접적인 적극적 안락사는 다른 사람을 의식적이고 적극적으로 죽이는 행위다. 그것은 '자기 연출'하에 일어날 수 있다. 간병인이 동정심에서 환자를 죽이는 적지 않은 사례가 이에 해당한다. 존 트호펜의 한 간병인과 '부퍼탈의 죽음의 천사'로 불린 의사의 사례가 대표적인 경우다. 하지만 이러한 안락사가 환자의 요청으로 이루어질 수도 있다. 이 경우에는 독일 형법 216조에서 명시한, 요청에 따른 죽임으로 유죄가 성립한다. 이러한 형태를 일반적으로 적극적인 안락사라고 부른다.

이러한 종류의 죽임은 법적 보호 대상인 생명을 손상시키는 일로 네덜란드와 벨기에와는 달리 현재 독일에서는 환자의 동의가 있어도 정당화될 수 없고, 법으로 금지되어 있다. 다만 생명 보호를 폭넓게 해석하는 독일 입법기관이 특별한 경우에 특정한 상황에서 합의하여 실행된 적극적인 안락사에 대해서는 처벌하지 않을 수 있다. 환자가 자유책임 아래 외부의 압력 없이, 뚜렷한 의식이 있는 상태에서 요구한 경우에 한해서.

병원과 대중매체, 전문 잡지들이 나치가 안락사라고 미화하면서 수많은 장애인과 만성질환자들을 살해한 것을 연명 조치 중단과 동일시하는 것은 옳지 않다. 연명 조치 중단은 환자의 의사를 따르는 것이기 때문에 도덕적으로 정당할 뿐 아니라 요구되는 바이기도 하다. 자발적인 적극적인 안락사와 동일시하는 시각도 전적으로 옳지 않다.

독일의 한 대학병원에서 있었던 사례를 들어보자. 식욕부진과 몸무게 감소 때문에 병원을 찾은 여든네 살의 게를린데 G는 산부인과 검사를 받은 뒤 난소암 진단을 받았다. 암세포가 이미 복막과 간까지 전이되어 수술이나 치유도 불가능했다. 의사들은 노부인에게 정당화할 수 없는 화학요법을 권유했다. 하지만 그 전에 장폐색이 발생해 완화적 수술이 불가피했고, 화학요법은 아직 시작되지 않았다. 그런데 G 부인이 알 수 없는 이유로 마취에서 깨어나지 못했고, 지속적으로 의식불명 상태에 빠져 인공호흡으로 연명해야 할 처지가 되었다.

G 부인은 이런 경우에 대비해 모든 치료를 포기하고 편안하게 죽게 해달라는 내용의 사전의료지시서를 작성해두었다. G 부인의 딸은 어머니를 대신해서 중환자실 의사들에게 어머니의 요구를 말했다. 그러나 대화를 시작하자마자 의료진 측에서 단호한 입장을 취했다. "이 병원에서는 결코 나치 의료를 시행하지 않고, 여기서 일하는 의사들은 안락사 의사들이 아닙니다." 이 경우에 이후 과정은 그다지 중요하지 않다. G 부인은 결국 자신의 뜻대로 죽을 수 있었다. 변호사가 개입해 몇 주간 중환자실 의사들과 협의한 끝에 환자를 다른

병원으로 옮긴 뒤 인공호흡을 중단한 것이다.

여기서는 지난 수십 년 동안 독일에서 진행된 안락사 논쟁을 완전히 오도한 문제를 설명해야 할 듯하다. 바로 나치 시대에 자행된 인간을 경시한 안락사 시술이 자기결정에 의한 죽음을 둘러싼 논쟁과 판결에 어느 정도나 영향을 미치고 있는가에 관련된 것이다.

나치 의학의 본질은 무엇이었을까? 나치 의학은 어떤 목표를 추구했을까? 나치가 통치하던 시대에 의학과 의사들은 게르만 인종의 순수성 유지와 유전적 최적화라는 목표를 추구하는 이데올로기에 복무했다. 그 결과 수많은 사람들이 살해당했고, 방해가 되는 모든 사람이 제거되었다. 이른바 사회에 "쓸데없는 짐이 되는 존재들"과 "인간 껍데기들"로 불리는, 선천적인 장애(시각 장애와 청각 장애)와 다른 신체적 · 정신적 장애가 있는 사람들, 또는 정신질환을 앓고 있는 사람들이 체계적으로 살해당했다. 이들은 나치 체제가 추구하는 "삶의 질적 표상"에 부합하지 않았고, 나머지 건강한 국민들에게 경제적 부담이자 위험스러운 존재들로 간주되었다. 따라서 나치 의학은 본질적으로 저 위에 군림하는 하나의 목표 추구, 의학과는 거리가 먼 비인간적인 동기, 개인의 자율성 무력화로 특징지을 수 있다.

그렇다면 근본주의적인 생명보호론자들과 많은 장애인 단체들, 그리고 그 대변자들이 주장하는 것처럼, 현재 독일에서 시행되고 있는 의술에서 나치 시대에 자행된 비인간적이고 치욕스러운 의술과의 유사성이 발견된단 말인가?

독일에서는 나치 의술을 시행하고 있다는 고발보다 더 치명적이고 윤리적인 비난은 없다. 나치 의술의 특징과 그 범위는 역사상 전례가 없었다. 하지만 바로 그 점 때문에 안락사 판단을 내릴 때는 극도로 조심해야 하고, 그 판단을 정당화하는 근거들이 분명하고 설득력이 있어야 한다. 그러지 않으면 나치의 안락사 프로그램으로 희생당한 사람들을 두 번 죽이는 것이나 다름없다. 그들이 조롱의 대상이 되기 때문이고, 안락사를 시행하려는 의사들을 나치의 비인간적인 의술의 공범으로 몰아가기 때문이다.

앞에서 제기한 물음에 대해서는 분명하게 유사성이 전혀 없다고 대답해야 한다. 의사의 행동이 윤리적으로 미심쩍고 의사로서 대변할 수 없는 행동으로 보일 수는 있을 것이다. 그러나 거기에 '나치 의술'이라는 딱지를 붙이고, 의사들을 나치의 안락사 의사들이라고 비방하는 행위는 단호하게 배척해야 한다. 나치의 안락사 프로그램은 완치적 치료의 중단이나 의사의 자살 도움, 또는 자발적인 적극적 안락사 등과는 전혀 관계가 없는 살해 프로그램이었기 때문이다.

나치의 안락사 프로그램과 비교하는 것을 아주 조금이라도 허용한다면, 임종이 가까운 환자나 심각한 손상을 입은 사람이 의식이 뚜렷한 상태에서 지속적으로 요구한 마지막 도움을 거절하는 것이야말로 나치의 안락사 시술에 더 가깝다. 반면에 의사의 자살 도움이나 자발적인 적극적 안락사는 전혀 그렇지 않다.

의사들은 G 부인의 자기결정권을 무시했고 그녀의 인권을 침해했다. 이는 나치 의술과 그들의 안락사 시술의 특징이기도 했다. 어머니의 사전의료지시서 내용대로 실행하기 위해 의사들에게 안락사를 요구하는 딸이 아니라 어머니를 대하는 의사들의 태도가 문제인 것이다. 앞에서 콘라트 W의 자살을 도왔던 의사는 인간적이었고, 윤리적으로도 올바르게 행동했다. 비록 독일 의사들의 윤리강령에는 맞지 않았겠지만 말이다.

인간 존재를 평가하고, 금치산 선고를 내리고, 아예 제거했던 나치의 안락사 프로그램에서 독일 의사들은 중요한 역할을 했고 공동 작업에 참여했다. 그렇기에 독일 의사들에게는 자신들에게 몸을 맡긴 환자들의 자기결정권과 품위를 존중하고, 지키고, 그들의 평화로운 죽음을 도와야 할 중책이 있다. 이러한 책임에 대한 인식은 의료계와 의사들, 일반 시민들이 참여하는 공개적인 대화로 시작된다. 이 토론을 적극 장려하는 것이 정관을 갖춘 의사 조직들, 특히 연방의사협회의 의무다. 그러나 연방의사협회장은 말한다. "우리는 그런 토론이 필요 없습니다." 또는 "자살에 대한 도움이라고요? 연방의사협회는 그것을 단호히 거부합니다." 그는 토론을 장려하기보다는 처음부터 배척하고 막으려 든다.

현재 적지 않은 사람들이 자유책임 아래서 요구하는 직접적인 적극적 안락사 금지에 이의를 제기한다.

최근의 한 법학 연구에서 나타나듯이 기본법 2조 2항 "생명은 생명 그 자체를 위해서가 아니라 기본권 주체자의 자기결정권을 위해

보호된다"라는 말이 옳다면, "생명에 대한 기본권은 자신의 몸에 대한 처리를 자기 스스로 결정하는 보편적인 인격권으로 이해될 수 있다". 이 말은 어떤 방식으로 실행되든 자신의 생명 포기도 생명에 대한 기본권의 보호 영역에 속한다는 뜻이다. 말기 환자가 타인의 도움 없이 자살하는지, 도움을 받아 자살하는지, 또는 그 자신은 행동을 할 수 없어서 자살을 전적으로 타인의 손에 맡겨야 하는지 등의 문제가 정말로 그토록 중요할까? 그것은 오히려 실행의 문제가 아닐까? 어쨌든 그런 실행을, 죽음을 원하는 사람이 자신의 삶을 스스로 처리하지 못하는 상황에서 타인이 마음대로 처리하는 것이라고 말해서는 안 된다.

삶의 마지막 단계에서의 행동

적극적인 안락사 금지가 무조건 통용되고 있지 않다는 사실은 앞에서 기술한 간접적인 적극적 안락사의 허용에서 알 수 있다. 조건부 고의(미필적 고의)라는 법적 요건만으로도 허용된 안락사 형태는 살해 행위의 영향권에서 벗어난다. 이 경우 생명의 단축은 의사가 임종에 이른 환자를 완화적으로 치료하는 과정에서 불가피하게 발생하는 일, 또는 발생할 수 있는 부작용으로 감수해야 하는 일이다. 형법에서와 마찬가지로 안락사 문제에서도 하나의 행동이 합법인가 불법인가를 결정하기 위해서는 행동하는 사람의 의도를 알아야 한다.

이제 허용되는 행동과 허용되지 않는 행동, 올바른 행동과 잘못된 행동이 뒤얽힌 윤리의 숲에서 길을 찾기 위해 최악의 조건에서 살고 있는 카타리나 S의 사례를 다시 한 번 살펴보자.

먼저 카타리나 S는 계속 살고 싶어 할까? 아니면 죽음을 더 선호할까? 그녀는 언젠가 그것을 깨달을 것이고 성숙한 결정을 내릴 것이다. 이때 중요한 것은 카타리나가 살기로 결정하느냐 죽기로 결정하느냐가 아니다. 그녀가 어떤 결정을 내리든 가족과 친구들의 연대감과 전문적인 도움을 받을 수 있어야 한다는 점이 중요하다. 살기로 결정했다면 그녀는 다른 누구보다 타인의 도움에 의존해야 하는 상태다. 가장 가까운 사람들의 격려와 애정이 절대적으로 필요하며, 그녀를 돌보는 의료진과 비용을 부담하는 질병금고가 제공할 수 있는 최고의 의학적 · 기술적 도움이 절실하다. "모든 것이 완전히 참을 수 없는 상황이 되었을 때" 그녀의 삶을 끝내줄 수 있는 누군가가 곁에 있다는 확신은 삶에 대한 의지를 더욱 강화하는 역설적인 효과를 발휘할 수도 있지 않을까?

반대로 그녀가 죽기로 결정했다면 인간적인 연대감의 마지막 행동으로서 가장 가까운 사람들과 친구들의 따뜻한 보살핌이 절대적으로 필요하다. 마찬가지로 그녀의 삶을 물리적인 의미에서 평화롭게, 아무 문제없이 확실하게 끝내줄 수 있는 전문가도 반드시 필요하다.

나아가 그녀 스스로 결정을 내리기까지 외부에서 독촉한다거나 둘 중 하나를 선택하라고 조금이라도 압박을 해서는 안 된다. 꼭 살아야 한다는 의무는 없으며, 살기를 강요해서도 안 된다. 그녀는 최대한 굳건하고 독립적으로 자유로운 결정을 내려야 하고, 어떤 결정을 내리든 함께 감당하는 것이 그녀의 운명에 관심이 있는 모든 사람의 과제다. 카타리나 S는 자기 자신을 시험하고 진정으로 성숙한 결정을 내릴 수 있기 위해서 지금까지 유예 시간을 갖고 생각하고 있다.

그러면 카타리나 S가 죽기로 결정했다고 가정해보자.

의사들이 그녀의 요청에 따라 생명 유지에 필수인 인공호흡을 중단하는 것은 법적으로 전혀 문제가 되지 않는다. 다만 그녀의 뜻이 의식이 뚜렷한 상태에서 자유책임 아래 표명되었고, 이를 지속적으로 발언했는지 반드시 확인해야 한다. 카타리나 S가 이해력에 아무런 제약이 없고 자기책임 아래 의사를 형성할 수 있다는 사실은 의학적 · 정신적 측면에서나 성년 보호법적인 측면에서 의심의 여지가 없었다.

그러나 이 장의 첫 부분에서 기술했듯이 지금까지 그녀를 치료한 의사들은 인공호흡 중단을 거부했다. 비록 합법적인 일이라고는 해도 그런 식의 치료 중단을 소극적인 자살로 여기기 때문이다. 소극적인 자살은 환자가 자신의 병으로 인해 불가피하게 다가오는 죽음을 막을 수 있음에도 막으려 하지 않는 것을 말한다. 카타리나 S의 경우 인공호흡 중단이 거기에 해당할 것이다. 다만 담당 의사들은 인공호흡을 중단해 그녀의 소극적인 자살을 돕는 것을 자신들의 윤리관에 어긋나는 일로 받아들였다. 하지만 카타리나 S의 요구를 들어주는 것은 그들의 의무다. 그들이 개인적으로는 인공호흡 중단을 거부할 수도 있다. 그런 경우라도 카타리나 S가 환자 중심의 윤리관을 갖고 있고 환자의 요구에 따를 준비가 되어 있는 의사의 도움을 받아 죽음의 바람을 실현할 수 있도록 하는 것은 그들의 의무다.

반면에 카타리나 S가 자가호흡 능력을 회복해 인공호흡에서 완전히 벗어나는 상태가 된다면, 순전히 형식상의 법적인 관점에서 죽음에 대한 그녀의 요구는 치료 중단이나 수동적인 자살에 해당하지 않는다. 이때는 그녀의 죽음을 '적극적으로 실행해야 한다'. 이를 위해 카타리나 자신이 음식물과 수분 섭취를 거부할 수 있는데, 이는 법적으로 허용되어 있다. 또는 의사들이 그녀의 자살을 돕는 수단을 사용할 수 있으며, 이 역시 법적으로 허용되어 있다. 아니면 요청에 따른 죽임, 즉 직접적인 적극적 안락사가 있지만, 이 방법은 법으로 금지되어 있고 처벌이 따른다.

카타리나가 연명 치료를 금지하든 자신의 삶을 적극적으로 끝내든 아니면 끝내게 하든 그녀의 바람은 평온하게 잠이 들었다가 깊은 무의식 상태에서 다시는 깨어나지 않는 것이다. 이때 결정적인 요소는 그녀 자신이 마지막까지 죽음의 실행에서 행동의 주체가 되어야 한다는 점이다.

카타리나의 자살을 돕기로 마음먹었다면 나는 의사로서 어떤 의도를 갖고 있어야 할까?

카타리나는 심각한 장애를 안고 살아간다. 지금까지 연구자로 살아온 삶에 비춰볼 때 그녀의 체험과 앞으로의 삶의 가능성은 현저히 제약을 받고, 이루 말할 수 없는 고통이 기다리고 있다. 그래서 의사는 무엇보다 카라리나의 실존적 고통을 덜어주려는 뜻을 품어야 할 것이다. 이렇게 고통을 덜어주는 것은 '더 이상 세상에 있고 싶지 않다'라는 그녀의 바람과 같은 의미다. 나는 의사로서 그녀의 판단을 절대적으로 따라야 하고, 그것을 수정해서는 안 된다. 따라서 그녀의 죽음을 최대한 편안하게 해주어야 한다. 가볍게 해준다는 의미에서가 아니라 그녀에게 닥친 운명의 난폭성과 가혹함을 덜어준다는 의미에서. 그녀가 계속 살아가야 할 환경이 죽음보다 더 견딜 수 없다는 점을 충분히 납득했다면, 죽고 싶어 하는 그녀의 바람이 이루어지도록 해주어야 하고 이것 역시 나의 의도에 포함되어야 한다.

이때 '죽이다'라는 단어의 뜻에 각별한 관심을 기울여야 한다. 의사의 자살 도움을 반대하는 사람들은 이 단어를 고수하려 한다. 그런 방식으로 진행되는 자살 과정을 '기술적으로 정확히' 재현하는 단어이기 때문이다. 그러나 '죽이다'라는 단어는 명시적으로 거론하지는 않지만 다른 무엇인가, 즉 비인간적인 것을 암시한다. 한 인격의 파괴를 나타내는 말이다. 그러나 어떤 형태로든 카타리나 S의 인격 파괴에 관여한다는 것은 나로서는 생각할 수도 없는 일이다. 오히려 그 반대다. 그녀에게는 자살이 인격의 온전함을 지킬 수 있는 유일한 수단이다. 그녀는 더 이상 삶의 의미를 찾을 수 없으며 인격 발전이 종점에 이르렀다고 판단했다. 타인의 도움을 받아 죽고 싶다는 그녀의 뜻은 결코 파괴적인 행위가 아니라 마지막 자기주장이나 다름없다. 그런 의미에서 나는 그녀의 죽음도 나의 의도에 속한다고 솔직히 밝혀야 할 것이다.

카타리나의 죽음의 과정에서 그녀의 의도를 멀리한다는 것은 도저히 상상할 수 없는 일이다. 따라서 그녀 자신이 선택하고 나의 도움으로 실행될 죽음을 지키고 마지막까지 곁에서 동행하는 것은 단순히 의사로서 감당해야 할 의무가 아니다. 그녀의 뜻에 공감하는 같은 인간으로서 마땅히 실천해야 하는 도리다.

죽음을 받아들이고 죽음을 가꾸기

전망

나는 이 책의 마지막 장에서 나의 경험과 생각들을 요약하고 몇 가지 명제를 간략하게 기술하려 한다. 우리의 죽음 문화가 치유 불가능한 병으로 고통받는 환자들의 요구와 소망에 올바로 부응하기 위해서는 꼭 필요한 일이라고 생각하기 때문이다.

죽음은 질병인가?

"죽어감과 죽음은 인간 삶의 변치 않는 특징에 속한다. 그것은 인간 존재의 일부이며, 우리 삶의 본질은 우리의 죽음을 가꾸어가는 지속적인 도전에 있다."

프랑스의 중세 철학자 미셸 몽테뉴가 한 말이다. 이 말에는 역사상 수없이 표현된 인간의 근본적인 경험에 대한 인식이 담겨 있다. 그러나 과학적인 의학의 등장과 20세기 중반부터 이루어진 의학의 눈부신 발달로 그러한 인식은 전례 없이 극심한 도전을 받았다. 최근 들어 인간의 자기최적화 계획에서 가장 중요한 부분을 차지하는 죽음 자체가 의학의 표적이 된 것이다. 죽음은 이제 해부대 위에 올려졌다. 여기에는 죽음의 자연스러움을 빼앗고, 그 비밀을 밝힐 수 있다는 기대감이 깔려 있다. 또 아직은 말로 표현하지 않았지만 결국 죽음에까지 의학적으로 개입하려는 의도가 숨어 있다. 그것은 어떤 이들에게는 고려할 가치가 있고 앞날이 기대되는 시도이지만, 다른 사람들에게는 허무맹랑하고 신성모독으로까지 여겨지는 무모한 시도다.

바로 이러한 전망들 때문에 우리는 오늘날 죽음을 몽테뉴적 의미에서 인간 존재에 속하는 것으로, 삶을 가꾸는 과정에 포함된 자연스러운 부분으로 받아들이기를 점점 꺼린다. 그보다는 죽음과 죽음의 선발대인 노화를 삶에서 제외하고 추방하는 과정이 지난 수십 년 동안 온갖 영역에서 진행되었다. 그와 함께 고통을 덜어주고, 병을 치유하고, 때 이른 죽음을 막고, 죽어가는 것을 더욱 편하게 해주는 의학의 고전적인 과제는 미래 의학의 온갖 유혹적 속삭임 때문에 현저히 퇴색했다. 우리를 현혹시키는 미래 의학의 강력한 약속들은 죽음에 대한 우리의 인식이 우리 자신에게서 더 멀어지도록 유도하고 있다. 그것이 우리의 본질과 실존을 어떻게 변화시킬지 우리는 예감조차 하지 못한다.

내가 의사로서 살아온 짧은 시간 동안에도 의학에서는 현기증을 일으킬 만한 수많은 혁신이 이루어졌다. 그중에서 몇 가지 중요한 예를 들자면 인체 내부를 보여주는 뛰어난 영상 기술의 발달, 점점 정교해지고 정확해지는 카테터 기술(심장 스텐트 이식술)을 이용한 장기 수술 가능성, 전기충격을 통한 운동 및 장기 기능 조절(파킨슨병에 사용하는 심장박동 조절 장치), 개인의 특성에 맞게 조절된 약물 요법 등이다. 이러한 혁신들 덕분에 의학은 병의 공격과 육체의 몰락을 막고, 노쇠와 쇠약, 죽음을 지연할 수 있는 효과적이면서도 (부분적으로는) 걱정스러운 수단과 기술을 보유하게 되었다.

하지만 이것이 전부가 아니다. 유전학자들은 우리의 게놈(유전체) 영역에서 지금까지 자연스럽게 여겨진 생명의 시간을 연장하고, 그리하여 죽음의 과정까지 조절할 수 있다는 희망을 안고 노화 과정을 연구하고 있다. 2009년 미국의 여성 과학자 엘리자베스 블랙번과 두 명의 동료 학자는 노화를 조절하고 암세포 성장에 영향을 주는 효소인 텔로머라제 연구로 노벨 의학상을 수상했다. 또 임의의 세포를 배양해 면역체계가 일치하는 맞춤형 대체 장기를 만들어 인간의 병든 장기를 대체할 수 있도록 하는 줄기세포 연구가 활발하게 진행되고 있다. 그에 반해 이러한 발전이 의료 수단 분배와 의사들의 관심 및 이해 관계 분배에서 현저한 불균등을 초래한다는 사실은 거의 눈에 띄지 않는다. 서구사회는 고령화되고 있는데 급성의학에 도움이 되는 첨단 의학 기술로 이익을 보는 사람들의 수는 점차 감소하고 있다. 그런데 거기에 들어가는 비용은 막대하다. 반면에 이미 간병이 필요한 상태이고, 중증 만성질환과 죽음의 그림자에 덮여 있는 수많은 사람들은 필요한 '수단'이 너무 빠듯해서 고통을 받고 있다.

여기서 말하는 수단은 사람들이다. 특히 그런 환자들에게 관심을 보이고, 그들을 돌봐주고, 그들의 죽음에 동행해야 할 의사들이다. 그러나 거기에도 비용이, 상당히 많은 비용이 들어간다. 그런 인력을 충분히 갖추기 위해서는 이제 태동 단계에 있는 사고의 전환 과정이 요구된다. 그런데 우리는 아직도 이와 다른 길을 걷고 있다. 늙지 않음을 우상화하는 경향에 따라 노약자와 간병이 필요한 사람들과 죽음이 임박한 사람들은 여론의 관심에서 벗어나 있다. 우리사회는 그들을 방치했고, 때로 우리네 문명사회가 부끄러워해야 할 정도의 조건에서 살아가도록 강요하고 있다. 사회에서 가장 약하고 도움이 필요한 사람들의 인권 침해를 용인하고 있는 것이다.

이로써 의사들과 환자들이 질병뿐 아니라 죽음의 과정과 임종을 극복해야 할 때 직면하는 불리한 기본 조건들과 활동 가능성이 드러났다. 물론 우리의 의료체계는 여러모로 매우 훌륭하고, 많은 이들이 평화롭게 죽어간다. 그럼에도 불구하고 너무 많은 것들이, 특히 생의 마지막 시기와 관련된 조건들이 여전히 열악한 상태에 있다. 의료 관리와 의료 행위의 많은 영역에 개혁의 손길이 전혀 미치지 않고 있다. 그것이 인간, 즉 의사들의 근본적인 성격적 · 윤리적 품성에 연관되어 있기 때문이다. 이는 의사의 양심적 태도와 넓은 안목, 독립성과 진실성, 용기와 공감 능력을 말하는 것으로, 다른 어떤 직업보다 의사라는 직업의 자기이해에 깊은 영향을 미치고, 그의 행동에 신뢰를 부여하는 품성들이다.

치료 의무와 죽음을 도울 의무

의사의 의무는 생명을 지키고 병을 치료하는 데에 국한되지 않는다. 의사들은 대개 병을 치료하고, 환자 삶의 질을 개선하고, 생명을 연장하는 일에서만 만족을 얻고 직업 정신을 찾으려 하는데 이는 잘못된 생각이다. 이처럼 매우 공격적으로 이해한 의사의 의무에 견주어 환자가 '좋은 죽음'을 맞도록 돕는 의무도 윤리의 등급에서 전혀 뒤지지 않는다. 무엇보다 생명 유지가 목표인 치료 방법이 완전히 고갈되고, 평온한 죽음이 새로운 진료 목표로 전면에 등장한 경우에는.

그렇다면 의사들이 자기 의무를 그처럼 일면적으로 해석하는 까닭은 무엇일까?

어떤 젊은이가 의학을 공부하고 의사라는 직업을 선택한 이유는, 타인들과 그들의 질병에 대한 관심, 건강을 지켜주거나 다시 선사하는 일이 깊은 만족감을 주고 사회에서 높이 평가되기 때문이다. 하지만 그것은 심장 카테터 진단과 스텐트 이식술, 인공 무릎관절과 추간판 이식 수술, 내시경 검사법과 불임 의학 등의 분야에만 해당한다. 간단히 말해 기술적 숙련과 방법 숙달을 토대로 하고, 건강의 보존과 치유가 목표인 의학이다. 이러한 의학은 여전히 전도유망한 의사들에게 이상을 제시한다.

우리 사회에서 여전히 매력적인 의사의 모습은 결코 감정이입 능력이 뛰어난 완화의학자나 죽음의 동행자가 아니다. 요양원 의사들은 진정으로 존중받기보다는 비웃음을 받는다. 가망 없는 환자들의 진료 조건을 연구해서는 유명한 의사로 출세할 수 없고, 평생 노인들의 노쇠 현상을 더 잘 이해하기 위해 애쓴 의사가 노벨상을 수상하는 것은 상상도 못 할 일이다. 간호사에서 의사가 되어 완화의학과 호스피스 운동의 창시자가 된 영국의 시슬리 손더스 같은 사람이야말로 노벨상을 받아 마땅한 사람이 아니었을까?

앞에서 제기한 질문에 다른 대답을 할 수 있을까? 이 책에서 언급한 독일의 유명한 심장외과 의사는 분명하게 "나는 죽음을 싫어합니다"라고 말했다. 의사들 중에서 그런 태도를 보이는 사람은 한둘이 아니다. 의사들은 왜 죽음을 싫어할까? 그들은 죽음을 자기도취에 대한 모욕으로 느끼는 걸까? 병과의 싸움에서 졌다는 이유로 죽음을 실패로 간주하는 걸까? 실제로 의사들은 간혹 환자들을 방치해두기도 한다. 이런 환자들은 의사들의 진료를 받으면서 죽지도 않고 회복되지도 않는다. 그들은 간병 대상자로 전락하고, 서서히 죽어가는 사람이 되어버린다.

이 환자들은 일차적으로 간병인이나 호스피스 종사자처럼 전문성이 부족한 의료진이 담당한다. 병원에서 하는 말로 모든 가능성이 완전히 고갈되었기 때문이다. 병동의 담당 의사가 암이 전이되어 고통받는 환자의 가족에게 병원 복도에서 체념과 자기연민에 빠진 어조로 "우리는 더 이상 아무것도 할 수 없습니다!"라고 말하는 경우를 자주 볼 수 있다. 너무나 많은 의사들이 병의 격퇴와 성공적인 치료만이 의사의 존재 이유를 입증해 보이는 것이라고 믿고 있다. 이 얼마나 당황스럽고 슬픈 오해란 말인가!

"우리는 더 이상 아무것도 할 수 없습니다." 얼마나 충격적인 말인가. 회복이 불가능한 병에 걸린 환자를 생각할 때 그보다 더 절망적인 말은 생각할 수 없을 것이다. 내가 보기엔 의료 행위에서 발생할 수 있는 가장 큰 실수를 드러내는 말이며, 의사들이 가족들과 환자들, 또는 죽어가는 사람들에게 결코 해서는 안 될 말이다. 그 말은 단지 희망의 완전한 상실을 나타낼 뿐만 아니라 적절하지도 않다. 의학에는 언제나 희망이 존재한다. 병의 치유와 건강 회복에 대한 희망은 아니더라도 고통과 통증, 병증에서 해방되리라는 희망, 평화로운 죽음에 대한 희망은 있다.

미국 의사 티모시 퀼은 이렇게 말했다. "최선의 희망을 가지되 최악의 상황에 대비하라." 중병을 앓고 있는 환자나 담당 의사 모두 가슴에 깊이 새겨두어야 할 말이며, 죽도록 아픈 환자가 고통과 절망 속에서 추락하는 것을 막아주는 임종의학의 모든 비밀이 여기에 감춰져 있다.

말이 생명력을 가지려면 어떤 선의의 거짓말도 허용하지 말아야 한다. 의사는 환자에게 병세가 전혀 가망이 없다는 사실을 알리지 않는 편이 낫다고 생각하지만, 그 결과 신뢰를 잃는 위험에 빠진다. 의사는 환자의 죽음에 직면해서도 진실하게 행동할 수 있어야 한다.

한 인간이 죽어가는 과정은 그가 앓고 있는 병의 성격, 죽음을 대하는 평정심, 공동체의 따뜻한 보살핌 이외에도 여러 상황들에 좌우된다. 그중에서도 특히 의사의 훌륭한 조언 능력과 판단력, 그리고 공감능력이 중요하다. 임종 시의 의무와 관련해 의사는 자신의 사명을 근본적으로 재검토해야 한다. 앞으로 점점 더 많은 사람들의 죽음이 불행하게 흘러가거나 심지어 파국으로 끝나지 않으려면 의사들의 생각과 행동은 철저하게 변해야 한다.

죽음을 받아들이기

의사에게 맨 먼저 기대하는 바는 죽음과 죽어감에 대한 태도 변화다. 죽어감은 모든 피조물 특유의 과정으로 받아들여져야 하며, 모든 사람에게 제2의 본성이 되어야 한다. 죽음 자체는 결코 생물학적 재난도 의학적 실패도 아니다. 죽음은 언제나 있었고, 가장 훌륭한 의학적 수단을 동원하더라도 불가피하게 찾아오는 생명의 소멸이다. 의학이 가능한 모든 수단을 동원해서 막아야 할 것은 때 이른 죽음, 피할 수 있는 상황에서 발생하는 죽음, 고통스럽고 끔찍한 죽음이나 너무 질질 끌면서 다가오는 죽음이다. 만일 환자가 의사들의 보호를 받으면서도 고통스럽고 비참하게 죽어간다면 그거야말로 의학의 실패일 것이다.

바로 그런 실패를 막기 위해서 의사는 판단력을 상실한 소중한 사람의 죽음을 받아들이려 하지 않는 환자 가족들에게 방향을 제시할 수 있어야 한다. 특히 사전의료지시서가 없는 경우에. 가령 전혀 가망이 없는 어머니를 위해 이런저런 수술을 요구하는 아들에게는 이른바 '행동 지침을 주는 조언'을 시도해야 한다. 깊은 이해심으로, 동시에 냉철함과 단호함으로 설득력 있고 용기 있게 잘못된 요구를 바로잡아야 한다. 언제나 환자의 입장을 가장 우선해야 하며 가족의 입장은 그 다음이다.

의사가 임종이 가까운 환자를 대할 때 가장 자주 맞닥뜨리는 결정 상황은 진료 목표의 수정(치료 중단이나 치료를 받아들이지 않음)이다. 이때 회복이 불가능한 환자의 연명 조치 중단을 적절한 시점에 단행할지 말지는 환자의 의사뿐만 아니라 다음의 물음에 대한 대답에도 좌우된다. 즉 의사의 진단과 처방에 따른 치료의 시작이나 유지가 충족되었고 여전히 충족되고 있나? 그러한 치료가 어쩌면 몸의 부분 체계에만 효력을 발휘하는 것은 아닐까? 가령 지속적으로 의식이 없는 뇌졸중 환자에게 단순히 순환 기능과 폐 기능만을 유지시키는 것은 아닌가? 아니면 환자 삶의 질을 개선하거나 그가 삶에 참여할 수 있게 함으로써 환자의 행복에 기여하고 있나? 가령 종양을 치료할 경우에나 중환자실에 있을 때 의사의 행동을 이끌어야 할 물음이 '우리가 하나의 치료를 중단해도 괜찮을까?'라는 식이어서는 안 된다. 그러한 물음은 매일 새롭게 제기되어야 한다. 아직 치료를 계속해도 괜찮을까? 우리의 치료는 여전히 환자의 의사에 따르고 행복을 지키려는 목표에 부합하나?

이러한 물음에 성실하게 답변하려는 노력은 수술 전에 손을 소독하는 것처럼 당연시해야 한다. 그러한 노력이 장차 의사의 행동을 내면에서부터 이끌어야 하며, 이를 진정으로 인간적인 죽음의 문화를 위해 결코 포기할 수 없는 전제 조건으로 삼아야 한다. 철학자 한스 요나스는 (완치)의학의 과제와 그 경계를 멋진 비유로 묘사했다. "의학의 본래 과제는 생명의 불꽃을 활활 타오르게 하는 것이지 그 불씨가 희미하게 깜박이도록 유지하는 것이 아니다. 비록 그 불씨를 여전히 살릴 수 있다고 해도."

그렇게 노력하는 가운데 병세가 가망 없는 상태에 이르러 치료를 중단하기에 적합한 시점이 언제인가에 대한 대답을 학문적으로 뒷받침해주는 인식도 확장된다. 그중 두 가지 예만 거론하자면, 소생술을 시도한 뒤에도 의식이 돌아올 기미가 전혀 없는 환자들에게 연명 조치를 중단할 경우의 기준들, 또는 골수이식 후 폐합병증을 보이는 환자들에게 인공호흡을 시도할 경우의 기준들이 수년 전부터 마련되어 있다.

뛰어난 선택, 완화의학

완치 치료에서 완화 치료로 넘어가는 것이 정당할 뿐만 아니라 환자를 위해서도 최선의 선택이 되는 시점을 제때 인식하는 것은 실로 중요하다. 의학은 동원할 수 있는 수단과 방법에 따라 치료를 시작하거나 계속하는 것이 아니라 그 반대가 되어야 한다는 점을 잘 이해해야 한다. 다시 말하면 환자에게 최선의 상태인 목표를 설정하고 치료를 해야 한다는 뜻이다.

환자에게 매정하게 대하거나 희망을 빼앗지 않으면서 완치 치료에서 완화 치료로 넘어가는 과정을 이끄는 것은 의사의 중대한 과제들 중 하나다. 다른 어떤 상황보다 의사의 감정이입 능력과 대화를 이끌어가는 능력에 대한 기대치가 높아지는 상황이다.

죽음에는 왕도가 없지만 완화의학이 아마도 가장 좋은 방법이 될 것이다. 환자가 자신의 죽음을 준비할 수 있고 갈등 없이 죽음을 받아들일 수 있도록 해주기 때문이다. 완화의학적 조건에서 죽음은 대부분 서서히 하나의 과정으로 다가온다. 그리하여 더 평화로워 보일뿐 아니라 편안히 생을 놓아버리고 가족, 친구들과 작별할 수 있게 된다.

완화의학이 막을 수 있는 불행과 중환자들과 임종 환자들에게 줄 수 있는 평화를 고려할 때 완화의학은 제2차 세계대전 이후 가장 중요한 발전 분야라 할 수 있다. 수명은 길어지고 중병에 시달리는 기간은 점점 더 길어지는 현실을 생각할 때 완화의학의 중요성은 날로 커질 수밖에 없다.

독일의 경우 오늘날에도 완화의학의 수요는 공급보다 네 배나 많고, 국제적으로 비교해보아도 독일의 완화의학에 대한 보충 수요는 막대하다. 완화 치료 시설들의 양과 질에서 볼 때 독일은 비교 가능한 다른 서양 국가들에 비해 하위에 머물러 있다. 그것도 매년 2,500억 유로의 막대한 의료비를 지출하고 있고, 전 세계에서 1인당 의료비 지출이 두 번째로 많은 나라에서 말이다.

독일 전역에서 수많은 환자들에게 고통을 주고 있을 뿐 아니라 매일 고통받는 환자들의 수를 늘리고 그들의 불행을 가중시키는 폐단을 중장기적으로 제거하려면 의사들은 두 영역에서 강력하고도 지속적인 압력을 가해야 한다.

첫 번째 영역은 여전히 완화의학과 관련된 내용을 가르치거나 배우지 않는 의대 교육과 수련의 교육 과정이다. 완화의학은 대학의 교과 과정을 계획하고 수련의 과정을 확정할 때, 특히 일반의와 내과의 수련 과정과 몇 년 전에 비로소 의무화된 의료 연수 과정에서 그 중요성에 합당할 정도로 비중을 높여야 한다. 2009년 병원에서 1년 동안 실습 기간을 끝낸 대부분의 의과대학생들에게 완화의학의 개념을 설명해주어야 했다는 사실은 도저히 이해할 수 없는 일이다. 같은 해에 베를린에서 개최된 독일 의사 회의에서는 중국의 한 의학에서 초음파 검사법 단기 재교육, 개인이 부담하는 진료 종목에 이르기까지 다양한 강연과 재교육 프로그램을 소개했다. 그런데 완화의학과 관련된 주제를 다룬 프로그램은 단 하나도 없었다.

두 번째로 의사들은 정치권과 사회, 비용을 부담하는 기관의 사고를 바꾸도록 하여 더 많은 재정적 수단과 전문 인력을 확보하는 데 주력해야 한다. 지난 몇 년 동안 환자들의 완화 치료 상황을 개선하려는 노력이 조금이나마 빛을 본 것은 사실이다. 그럼에도 불구하고 완화 치료 수단은 중환자와 임종 환자를 치료하고 간호하는 실제 의료 행위에서 지금보다 훨씬 폭넓고 수준 높게 적용해야 한다. 그중에서도 외래 완화 치료 시설들을 계획하는 것이 특히 중요하다. 당사자들은 다들 친숙한 환경에 머물기를 원하고, 완화 치료를 받는 환자들은 특별한 상황에서만 드물게 병원의 폭넓은 치료에 의존하기 때문이다.

자신과의 대화 속에서 맞이하는 죽음

사전의료지시서에서 분명히 밝힌 환자의 의사는 두려움과 고통이 없는 죽음이라는 문제에서 중요한 역할을 할 수 있다. 환자의 의사에 따른 죽음은 죽음의 평화로운 진행에 대한 중요한 전제 조건이기 때문이다. 2009년 독일 연방의회가 환자 본인 의사의 법적 구속력과 적용 범위를 처음으로 규정해 법적인 불확실성을 제거한 '성년 보호법 개정을 위한 세 번째 법안(이른바 사전의료지시서법)'의 본래 의미와 높은 가치를 법 규정 자체에서 찾을 수는 없다.

법 개정에 앞서 6년 이상 이어진 공개 토론에서 거의 모든 사회단체들이 각자 의견을 표명했고, 여기에는 수많은 시민들도 참여했다. 그 결과 공개 토론은 예상 외의 효과를 불러왔다. 죽어감과 죽음에 대한 사회적 '추방'과 '금기시'에 마침내 공격적으로 대응하게 된 것이다. 그것만으로도 커다란 수확이었다. 새로운 죽음의 문화는 그 내용이 사회적으로 '감춰진 일'로 공언되지 않을 때만 나타날 수 있기 때문이다.

따라서 개정된 법의 본래 가치는 각 개인과 시민들에게 헌법이 허용한 자기결정권을 책임 있게 인식하라는 요구에 있다. 그렇지 않다면 그것은 껍데기에 불과하다. 생의 마지막까지도 최종 심판권자로서 자기 스스로 결정할 수 있는 자유는 동시에 과제이기도 하다. 모든 사람이 자신의 죽음을 생각하라는 요구, 자기 자신과 가까운 사람들, 담당 의사와 대화하라는 요구를 받는 것이다. 각 개인이 죽음과의 대화를 모색하고 그것을 성사시킬 때, 자신의 죽음 앞에서 달아나지 않고 용기있게 죽음을 감당할 때, 자신의 죽음을 가꿀 기회를 온전히 인식할 때, 이미 병에 걸려 있거나 병세가 나타날 때 사전의료지시서에 자신의 의사를 미리 밝히는 선견지명을 바람직한 일로 생각할 때, 새로운 법은 비로소 독일 국민들에게 도움이 될 것이다.

새로운 법은 피상적으로 관찰했을 때만 의사들에게 그들의 온정적 간섭주의가 궁극적으로 종식되었음을 암시한다. 그러나 실상은 그렇지 않다. 2009년 6월 의회에서 제정된 새로운 법안의 기본 특징은 50년 전에 이미 에센 지방법원의 한 판결에서 확정되었다. 그 내용은 이후 연방최고재판소의 여러 판결에서 명시되었고, 그런 점에서 새롭지는 않다.

우리의 헌법에 따르면 환자의 분명하거나 추정 가능한 동의가 없으면 의료 행위를 해서는 안 된다. 임종에서도 그렇고, 환자가 합리적인 이성에 어긋나게 행동하고 자신의 때 이른 죽음을 초래하는 경우라도 마찬가지다. 새로운 법을 반대하는 사람들은 환자에게는 전문적인 판단력과 넓은 안목이 결여되어 있기에 환자를 자신의 잘못된 결정으로부터 보호해야 한다고 말한다. 이러한 주장은 실제로 병원의 일상에서 완전히 무시할 수 없는 측면이 있다. 그러나 의사가 비록 안타까워하면서 고개를 저을 수는 있겠지만 치명적으로 불합리한 행위나 결정도 인간 삶의 일부이고, 우리 헌법은 이를 배제하지 않는다. 그처럼 불합리한 행위는 법이 아니라 의사의 조언으로 막을 수 있다. 가령 중독증에 걸린 부모가 아이를 갖고 싶어 한다면, 우리의 세속적이고 자유로운 국가에서는 그 부모에게 상담을 받으라고 법으로 강제할 수는 없다. 아무리 중요하고 꼭 필요한 일로 여겨진다고 해도 말이다.

그러므로 의사로서 뒤로 물러나 있는 것은 상처 입은 자만심의 표출이고, 시대의 변화에 제대로 적응하지 못하는 준비 부족을 드러낼 뿐이다. 지금은 사회의 여러 영역에서도 개인의 자유로운 활동 가능성이 활짝 열려 있는 시대다. 그로 인해 개인들은 '성숙한 시민'에 걸맞은 행동을 기대하는 결정들 때문에 부담을 느낄 때가 적지 않고, 그러한 결정이 언제나 자신의 행복에 유익한 것만은 아니라는 사실을 경험할 때도 많다. 따라서 의사의 과제는 전문가이자 아버지처럼 보살피는 조언자, 파트너로서 많은 환자들이 부담스러워하는 자기결정 과정을 바람직한 방향으로 흘러가도록 도와주는 일이다.

완화의학을 넘어서

현대의학은 눈부신 성과와 더불어 두려움을 주는 잔인한 생존 방식을 탄생시켰다. 현대의학이 없었다면 사람들이 그러한 상태에 빠지는 일은 결코 없었을 것이다. 그 전에 이미 자연스러운 죽음을 맞이했을 테니 말이다. 카타리나 S처럼 심한 척수마비로 인공호흡에 의지해 살아가는 환자나 장 도미니크 보비 같은 락트 인 신드롬 환자들이 여기에 속한다.

이처럼 의학의 야누스적인 발달을 고려할 때 의사로서 '생명의 보호자'라는 지위만을 고수하는 것은 진부한 자세이고 자신의 책임을 지나치게 좁게 해석하는 것이다. 이럴 경우 많은 환자들의 위기와 절망에 제대로 부응하지 못한다. 바로 이 대목에서 의사들에게 거는 결정적인 기대를 발견할 수 있다. 최대의 위기에서 자살 도움이나 직접적인 적극적 안락사를 부탁하는 환자들에 대한 책임을 회피해서는 안

된다는 말이다.

안락사 합법화를 지지하든 반대하든 많은 독일 의사들이, 최선의 완화 치료와 인간적인 관심으로도 불치병에 걸렸거나 심각한 손상을 입은 환자들이 과거에 누렸던 행복과 삶에 대한 만족감의 상실을 결코 보상하지 못한다는 사실을 알고 있다. 그들은 연방의사협회와 협회장이 정한 원칙들, 의사들의 직업윤리와 직업 규정이 임종에서 허가하거나 거부하는 것을 더 이상 따르지 않을 수 있다. 의사들이 느끼는 불쾌감은 상당히 크고, 그것은 당연하다. 환자들은 의사들의 직업윤리를 실행하는 대상이 아니며, 직업윤리야말로 환자들의 요구를 따라야 하기 때문이다.

오해를 피하기 위해 한 가지 덧붙이자면 의료 행위의 절대적인 척도는 언제나 환자의 행복이어야 하고, 환자의 의사를 최우선으로 따라야 한다는 사실이다. 환자 본인이 표명한 의사의 진정성을 확인하는 것은 의사의 당연한 의무다. 그러나 환자의 의사를 최종 평가하는 것은 의사의 권한이 아니다.

정관을 갖춘 의사 단체들은 지금까지 의사 윤리의 근본 원칙이 미치는 전체적인 파급 효과를 제대로 인식하려 하지 않았다. 그들은 생명의 보호라는 신념만을 고수하면서 많은 환자들의 위기를 환자 본인에게 내맡긴 채 그들을 방치했다. 그러나 이러한 위기를 외면해서는 안된다. 돌이킬 수 없이 위중한 상태에서 죽음을 재촉하거나 자살을 선택하려는, 충분히 공감할 수 있는 환자들의 요구에 호응하고 도움을 주어야 한다. 그것은 의사들 내부의 공개 토론과 대중과의 토론을 통해서만 성사될 수 있다. 완화의학 저편의 영역을 장사꾼들과 호사가들에게 맡기고 싶지 않다면 의사들은 이러한 토론을 결코 회피해서는 안 된다.

의사의 자살 도움이 윤리적으로 용인되고 받아들여진다면, 자발적인 적극적 안락사까지 범죄라는 오명을 벗거나 합법화될 수 있을까?

논란이 분분했던 이 두 가지 안락사의 지지자와 반대자들은 매우 신중하고 유보적인 태도를 보이는 의사들과는 달리 자신들의 입장을 활발하게 주고받았고, 양쪽 진영 모두 중요하고 진지하게 생각해야 할 논거들로 자신들의 입장을 뒷받침했다.

안락사 합법화를 반대하는 진영의 중요한 논거를 종합해보면, 죽음에 대한 요구의 자발성이 원칙적으로 입증될 수 없다는 것이다. 그들은 특히 고령자와 중환자의 경우에는 미묘한 조작이 개입될 수 있으며, 의식이 없는 환자나 중증장애인, 또는 소외계층에 속한 사람들의 경우 원치 않는 안락사를 막을 제방이 무너지는 사태를 배제할 수 없다고 주장한다. 법은 최선의 의도에서 제정될 수 있지만 인간은 저열하게 행동하면서 법을 악용할 수 있기 때문이라는 것이다. 그들은 또 국민 건강 시설 내에서 점점 커지는 '비용 스트레스'가 환자 선별 심리를 부추기고, 위중한 환자에게는 비용이 많이 들어가는 치료를 시행하지 않는 결과를 초래할 수 있다는 점도 지적한다. 나아가 통증과 불안 증세를 충분히 통제할 수 없다고 해서 안락사를 합법화해선 안

된다고 말한다. 효과적인 대증요법은 오늘날에도 실행할 수 있고, 의사들이 이에 미숙하다면 교육과 수련 과정을 개선하면 된다는 것이다. 그들은 참을 수 없는 고통에 시달리는 환자에게 필요한 수단은 의사의 자살 도움이나 적극적인 안락사가 아니라 인간적인 관심과 따뜻한 보살핌이라고 주장한다.

반면에 안락사 합법화를 찬성하는 사람들은 헌법에서 높은 위상을 차지하는 자기결정권은 죽음의 시점과 죽음을 가꾸는 권리에도 적용되어야 한다고 주장한다. 덧붙여 말하자면, 완화의학에도 한계가 있다는 문제와는 별개로, 어느 누구에게도 완화 치료를 받아들이라고 강요할 수는 없다. 다시 찬성하는 사람들의 주장으로 돌아가면, 그들은 의사의 자살 도움에 대해 자살을 도울 권리까지 언급한다. 자살에 대한 권리가 자유권인가 요구권인가 하는 문제와는 별개로 국가는 자살을 도울 권리의 강화를 위해서도 그 전제 조건들을 제시해야 한다는 것이다. 자발적인 적극적 안락사도 비록 실제로 행동하는 사람은 타인이지만 그렇다고 그런 행위를 타인에 의한 처리라고 해서는 안 된다고 말한다. 이 타인(의사)은 가령 몸을 전혀 움직일 수 없는 환자들의 경우에 전적으로 수단일 뿐이고, 행동에 대한 본래의 지배권은 환자 자신에게 있기 때문이라는 것이다.

그 밖에도 찬성하는 사람들은 인간의 모든 행동은 악용될 소지가 있고 위험 부담이 따르기 때문에 그러한 논거로 의사의 자살 도움과 자발적인 적극적 안락사를 금지하는 것은 온당하지 않다고 말한다.

법적으로 금지한다 해도 자살 도움과 직접적인 적극적 안락사는 언제나 존재할 것이기에 일의 투명성과 통제를 위해서도 금지보다는 법적인 규정과 허가가 더 유익하다는 것이다. 그러지 않으면 오늘날에도 어느 정도 드러나고 있듯이, 통제할 수 없고 무분별한 자살 도움과 적극적인 안락사 시행이 더 늘어날 뿐이라고 주장한다.

이들이 주장하는 강력한 논거 중 하나는 반대자들의 우려가 실제 현실로 드러나지 않는 한, 그것은 단순히 우려에 그칠 뿐이라는 점이다. 10여 년 전부터 의사의 자살 도움을 시행하고 있는 미국 오리건 주의 경험에 비춰볼 때 현재까지 우려할 만한 일은 전혀 없었다. 오히려 그 반대였다. 오리건 주에서는 완화의학이 더욱 확산되었고, 많은 환자들이 '서랍 속에 넣어둔 자살 처방'만으로도 만족해서 처방대로 자살을 실행하지는 않았다.

그렇다면 서로 첨예하게 맞서는 두 견해의 딜레마에서 빠져나올 방법은 무엇일까? 한편으로는 충분히 납득할 수 있는 죽음을 요구하는 환자들의 뜻에 부응하고, 다른 한편으로는 부정적인 사회적 영향을 최대한 막을 수 있는 법적인 틀은 어떤 형태를 갖춰야 할까? 이 문제들을 해결하기 위해서는 공개 토론과 결정의 모색이 절실히 요구된다. 특히 입법기관이 현재 자발적인 적극적 안락사 금지를 폐지하려는 입장을 보이기 때문에 더욱 시급하다.

의사의 자살 도움과 자발적인 적극적 안락사에 대한 윤리적 평가는 법적인 평가와는 원칙적으로 구분되어야 한다. 두 종류의 안락사는 그 근거가 합당한 경우 윤리적으로 뒷받침될 수 있을 뿐만 아니라 경우에 따라서는 요구되기도 한다. 그것은 의사의 본분에 근본적으로 위배되지 않는다. 따라서 회복이 불가능한 중증질환 환자의 자기책임 아래 지속적으로 이루어진 죽음에 대한 요구, 분명한 판단력, 모든 대안에 대한 설명 등의 엄격한 기준들이 틀림없이 충족되었다면, 자살을 돕기로 결심한 의사는 직업상의 제재나 사법처리를 두려워할 필요가 없다. 동일한 기준에 따라, 행동 능력이 없는 환자에게 직접적인 적극적 안락사를 시행하려는 의사도 마찬가지다. 그 밖에 법의 영역에서 고려해야 할 점은 입법기관이 결정해야 할 것이다.

우리 사회가 대답해야 할 결정적인 질문은 다음과 같다. 우리는 같은 공동체 구성원으로서 최선의 의료 행위와 인간적인 관심, 그리고 보살핌을 선사함에도 불구하고 계속 고통 속에 살아야 하는 분별력이 있는 사람의 죽음을 앞당겨줄 만큼 충분히 동정심을 갖고 있나?

영국의 대표적인 완화의학자가 했던 말은 이에 대한 최소한의 합의안을 제시하는 데 유익할뿐더러 생산적인 토론의 근간이 될 수 있을 것이다.

"여기서 말하는 자발적인 적극적 안락사 같은 개별 행동의 윤리적 정당성은 사회와 정치가 그것을 원칙적으로 승인해야 한다는 뜻이 아니다. 반대로 사회와 정치도 그러한 행위를 예외로 허용했다고 해서 신뢰를 잃지는 않는다."

정확한 진단과 진실한 의도

책의 마지막 장에서는 모든 의료 행위의 전제 조건들, 특히 임종에서 중요한 의미가 있는 몇 가지 내용을 언급하려 한다.

임종 시에는 의사의 행동뿐만 아니라 그 행동에 수반되는 의도까지도 법적 · 윤리적 판단에 포함된다. 형법에서도 선악이 때로는 범인의 머릿속에서만 구별되는 것처럼 말이다. 따라서 정확하고 면밀한 진단과 함께 의사가 어떤 경우에도 포기해서는 안 되는 것은 솔직함과 진실성이다. 이는 예로부터 모든 의료 행위의 토대가 되었으며, 특히 말기 환자를 치료하고 보살피는 의사는 이 점을 잊지 말아야 한다.

그러나 많은 의사들이 자신의 의도를 분명히 인식하지 못할 뿐만 아니라 자신에게 납득시켜야 하는 의무를 충분히 이행하지 못하고 있다. 그는 겁을 먹고 잘못된 신중함에 사로잡힌다. 말기 환자의 완화 치료는 부득이하게 환자의 생명을 단축시킬 수 있고, 죽어가는 사람을 그대로 두는 것과 죽음을 초래하는 것 사이의 경계를 모르고 지나칠지도 모른다는 두려움을 느낀 탓이다. 그래서 때로 환자가 고통에 시달리는 것을 알면서도 공격적인, 다시 말하면 효과적인 완화 치료를 시도하지 못하고 주춤거린다.

따라서 법적으로 정확하고, 윤리적으로도 공격받지 않는 완화 치료의 핵심 요소를 다시 한 번 요약하고자 한다.

- 불필요한 치료를 시작하지 않거나, 이미 시작했지만 이제는 더

이상 불필요해진 치료를 중단하는 사람은 결코 법을 위반하는 것이 아니다.

• 환자가 자기책임 아래 자신의 의사를 분명히 밝혔다면, 연명 조치를 받아들이지 않거나 중단하는 행위는 정당할 뿐만 아니라 의사는 당연히 환자의 뜻에 따라야 한다.

• 의사는 환자 본인의 뜻에 따라 환자가 죽는 것을 허용할 뿐 적극적으로 죽음을 초래해서는 안 된다.

• 필연적인 통증 치료로 죽음의 시점이 분명히 앞당겨지거나 그렇게 예측된다 해도 그것이 비윤리적인 위법 행위일 수는 없다.

이러한 원칙들을 포괄적으로 고려하고 그 토대 위에서 말기 환자들을 치료한다면, 중증 환자들을 적절히 치료하지 못하는 의사들의 망설임과 임종 시에 관찰되는 불분명하거나 감추어진 의료 행위는 사라질 것이다. 말로 다 할 수 없는 환자들의 고통도 막을 수 있을 것이다.

의학적으로 가능한 모든 수단을 동원해야 한다는 태도 극복, 중병에 대한 의사의 전문적인 조언, 환자의 의사와 소망에 대한 존중, 신뢰를 바탕으로 한 의사와 환자의 소통, 최고 수준의 완화 치료, 임종에 임하는 의사의 순수한 의도, 가망 없는 환자의 죽음을 재촉하는 문제에 대한 사회적 합의. 설령 이 모든 일이 현실이 되었다 해도 삶과 죽음의 화해는 영원한 꿈으로 남을 것이다. 유사 이래 어느 때보다 폭넓은 가능성이 열리고 효과적인 수단이 갖추어진 오늘날, 더 이상의 치료가 불가능해졌을 때 그러한 꿈에 가능한 한 가깝게 다가가려는 노력은 더욱더 중요한 의사의 임무가 되었다.

옮긴이의 말

언제부턴가 머리 희끗희끗한 사람들의 술자리에 '구구팔팔이삼사'라는 건배사가 등장했다. 아흔아홉(99)까지 팔팔(88)하게 살다가 이틀(2)만 앓고 사흘(3)째 죽자(4)는 말이다. 그냥 우스갯소리로 넘길 수도 있지만, 거기엔 현재의 고령화 시대를 살아가는 사람들의 고민과 소망이 담겨 있다. 그냥 오래 사는 것이 아니라 젊고 건강하게 오래 살다가 고통 없이 빨리 죽고 싶다는 것이다.

인간의 기술이 아무리 발달했다고 한들 죽음을 피하는 것은 무망한 일이다. 그렇다면 우리는 어떻게 죽고 싶은가? 기왕 죽을 수밖에 없다면 사랑하는 사람 곁에서 평화롭고 품위 있게 삶을 마감하고 싶은 게 인지상정이다. 고통과 두려움에 떨면서 죽음을 맞고 싶은 사람은 없다. 하지만 이제 그렇게 죽는 것은 아무나 누릴 수 없는 일이 되었다.

지난 수십 년간 의학은 눈부시게 발전했다. 예방의학의 실용화로 영유아 사망률이 획기적으로 낮아졌고, 효능이 뛰어난 의약품과 치료 수단, 조기 진단을 위한 첨단 의료 장비의 개발로 수많은 환자가 질병에서 해방되었다.

또한 응급의학의 발달로 사고로 목숨을 잃는 사람도 훨씬 줄었고, 예전에는 속수무책으로 당하기만 하던 많은 질병이 퇴치되거나 환자가 일상적인 삶을 영위할 정도로 효과적인 통제가 가능해졌다.

그런데 원래 급성질환의 치료 목적으로 개발된 다양한 의학 기술이 치료가 불가능한 환자에게 무의미한 생명 연장의 수단으로 사용되기 시작했다. 그로 인해 그대로 두면 병의 진행에 따라 자연스레 죽음에 이르게 될 환자가 온갖 장비를 매단 채 죽지도 못하고 고통스럽게 목숨을 연장하는 일이 벌어졌다. 환자의 뜻과는 상관없이 오직 생명을 유지시키는 것이 의료 체계의 목적이기 때문이다. 따라서 첨단 의학 기술은 필연적으로 인간의 존엄성과 죽음, 환자의 자기결정권 문제와 충돌할 수밖에 없다.

의사의 임무는 당연히 최선을 다해 병을 치료하고 환자의 생명을 구하는 것이다. 그런데 온갖 노력과 수단을 동원했음에도 환자를 치료하거나 살리는 것이 불가능한 경우도 많다. 그런 경우 의사가 환자의 죽음을 의료 행위의 실패로 간주해서 생명 유지의 원칙에만 집착한다면, 그 환자는 살아도 살아 있는 게 아닌 삶을 강요받다가 결국 고통스럽게 죽는다.

아무리 젊어도 그런 삶과 죽음을 원하는 사람은 없다. 그것은 의사 자신도 마찬가지다. 인간은 단순히 신체 기능 일부가 유지된다고 해서 살아 있는 게 아니라, 자기의식을 갖고 능동적으로 삶을 구축해야만 진정 살아 있는 것이다. 그렇지 않으면 살아도 죽은 것이나 다름없다.

따라서 더 이상의 치료가 불가능한 환자를 대하는 의사는 환자가 진정으로 원하는 것이 무엇인지 고민해야 하고, 무의미한 생명 연장보다는 환자가 정신적, 육체적 고통 없이 평화롭게 삶을 마무리할 수 있도록 도와야 한다.

『우리는 어떻게 죽고 싶은가』의 저자 미하엘 데 리더 교수는 오랫동안 독일 의료 현장에서 중환자실의 내과의와 응급의로 일했다. 그는 거기서 겪은 구체적 사례를 통해 응급 처치라는 이름으로 행해지는 비인간적인 의료 행위와 인간의 존엄에 어긋나는 죽음을 날카롭게 지적한다. 특히 인격체로서의 인간이 아닌 개별 장기와 신체 기능만을 치료 대상으로 삼는 동료 의사들에게 죽어가는 환자의 고통에 대한 연민과 공감을 호소한다.

저자가 심혈을 기울여 설명하는 내용은 환자의 자기결정권을 강화한 독일의 '사전의료지시서'에 관한 법률이다. 안락사 논쟁으로까지 이어지는 이 법은 의료 행위에서 환자 본인의 의사와 자기결정권을 가장 중요한 원칙으로 삼고 있다.

즉, 더 이상의 치료가 불가능할 경우 환자가 치료를 거부하거나 심지어 죽음을 앞당기길 원하면 의사는 환자가 의식이 있을 때 미리 작성해 둔 사전의료지시서에 따라 환자의 의사를 존중해야 한다. 만일 의사가 환자의 의사에 반해 치료를 시도하면 신체상해죄로 처벌까지 받게 된다.

죽음을 터부시하는 우리 문화에서는 사전의료지시서라는 개념조차 익숙지 않다. 이런 상황에서 환자의 자기결정권을 우선시하는 관련 법규의 제정은 요원해 보인다. 하지만 우리나라에서도 얼마 전 인공호흡기에 의존한 삶이 인간의 존엄성을 훼손할 수 있으니 환자의 의사가 분명할 경우 회복 불가능한 환자에게 자연스런 죽음을 택할 권리를 인정해야 한다는 첫 판결이 나왔다.

그 후 한동안 존엄사와 안락사에 관한 논쟁이 뜨겁게 일었고 법 제정을 요구하는 목소리도 나왔지만 곧 수면 아래로 가라앉고 말았다. 이해집단 간의 갈등도 갈등이지만, 근본적으로 우리 정서상 죽음과 생명을 냉철하게 다루는 방식에 대한 거부감 때문일지도 모른다.

그러나 인간은 모두 죽는다. 늙으면 병드는 것이 당연하고 병들면 죽는 것이 자연의 이치다. 그런 이치가 모두에게 절절하게 다가올 때 인간으로서 가치와 품위를 지키며 삶을 마감하는 길이 열리지 않을까 기대한다.

2011년 가을

이수영

용어
설명

알칼로이드
주로 식물에서 추출하는 질소를 함유한 유기 화합물의 총칭이다. 동물과 사람의 몸에 특이한 작용을 하며, 때로는 독성으로 작용한다. 가장 중요한 그룹은 통증을 진정시키고, 경련을 풀어주고, 기침을 진정시키는 아편 알칼로이드(모르핀, 파파베린, 코데인)다. 또 다른 알칼로이드로는 스트리크닌, 크닌, 에르고타민, 카페인, 아트로핀 등이 있다.

근육위축경화증
amyotrophic lateral sclerosis, ALS
일명 루게릭병으로 불린다. 오늘날까지 치료가 불가능하고 원인을 알 수 없는 운동신경계 질환으로 호흡근을 포함한 근육 마비가 계속 진행된다. 이 경우 환자의 수명은 몇 개월에서 몇 년에 이르며, 호흡 마비로 결국 죽음에 이른다.

협심증
angina pectoris
동맥경화로 관상동맥이 좁아지면서 생기는 병으로 심한 가슴 통증을 유발한다. 치료하지 않았을 때 심근경색으로 이어지는 경우가 많다.

베타블로커
혈압을 낮추고, 심장 박동을 느리게 하며, 협심증과 고혈압에 처방되는 약제다.

체질량 지수
Body Mass Index, BMI
몸무게(m)를 키(h)의 제곱으로 나누어 과체중과 저체중을 계산하는 척도다. 공식으로 나타내면 $BMI = m / h^2$ 이다.

환자구성지표
Case-mix-Index, CMI
전체 진료비에 해당하는 수치와 비교할 때 한 병원 환자들의 질병별 평균 중증도를 나타낸다. 환자구성지표는 포괄수가제에 따른 진료비 정산 과정에서 특히 의학적 · 경제적 환자 분류 체계에 중요하다.

컴퓨터단층 촬영
CT
엑스선을 여러 각도로 인체에 투과시켜 인체 내부를 단면으로 잘라내 영상화하는 기법이다.

각막 반사
눈의 각막을 자극하면 재빨리 눈을 깜박여 감게 하는 반사작용으로 자동으로 눈을 보호한다.

제세동
심장 박동의 정상적인 리듬을 회복시키기 위해서 정지해 있는 (미세하게 떨리는) 심장에 전기충격을 가하는 방법이다.

탈수
체내 수분 결핍 증상

욕창

압력 궤양이라고도 한다. 오랜 시간을 누워 지내는 환자에게 흔히 발생하는 합병증이지만 적절한 예방 조치로 피할 수 있다.

투석

신장 기능이 없는 환자의 혈액에서 독성 물질 대사 산물을 제거해주는 인공 '혈액 세척'을 말한다.

정신착란

급성 혼란 상태로 심한 불안감, 두려움, 망상을 수반하며, 여러 가지 유기적 원인에서 비롯될 수 있다(가령 마약이나 알코올 금단 현상, 저혈당, 산소 결핍, 고열 등).

운동 요법

Ergotherapy

일, 작업을 뜻하는 그리스어 에르곤(ergon)에서 유래했다. 신체 활동 능력을 회복시키는 데 도움을 주는 치료법이다.

소화기 내과

내과의학의 한 분과로 소화기 질병을 다룬다.

노인 의학

노인 질환의 증상과 원인, 특징, 치료법을 다룬다.

귀델 튜브

구강용 기도 유지기로 의식이 없는 환자의 기도가 막히는 것을 예방하기 위해서 환자의 입안에 넣는 고리처럼 휜 짧은 고무관이다.

심장 카테터 검사

유연하고 가느다란 관인 카테터를 정맥이나 동맥에 삽입해 혈관을 따라 심장과 관상동맥으로 진입시키는 진단 방법이다. 조영제를 이용해 심장 내부를 보여주고, 좁아진 관상동맥을 찾아내 경우에 따라서는 확장하며, 스텐트(혈관망)를 삽입해 지속적으로 열어놓기도 한다.

인투베이션

intubation

마취 상태이거나 다른 이유로 의식이 없는 환자의 인공호흡을 위해 입이나 코를 통해 기관 내에 관을 삽입하는 것을 말한다.

심장성 쇼크

Cardiogenic shock

심근경색 같은 급성 심장 기능 장애로 유발되는 순환 부전으로 생명이 위험하다.

완치 요법

curative therapy

돌봄, 치료를 뜻하는 라틴어 '쿠라(cura)'에서 유래했다. 글자 그대로 후유증 없이 병을 치료하는 방법이다.

의미 요법

logo therapy

병적인 언어 장애, 발성 장애, 듣기 장애를 치료하는 전문적인 의학적 치료 분과.

자기공명단층촬영(핵스핀 단층촬영)

강력한 자기장과 라디오파를 이용해 인체 내부의 단면을 보여주는 영상 진단법이다.

최소의식상태

Minimal conscious state = MCS

최소한의 의식이 남아 있는 상태로 식물상태와 엄밀하게 구분되어야 한다.

완화 요법

palliative therapy

외투를 뜻하는 라틴어 팔리움(pallium)에서 유래했다. 병의 치유와 생명 연장을 목표로 하지 않고 중환자와 임종 환자의 상태를 전체적으로 편안하게 유지하는 데 주안점을 둔다.

경피 내시경적 위루 조성술

percutaneous endoscopic gastrostomy, PEG

삼킴 장애가 있거나 입으로 음식을 섭취할 수 없는 경우에 시술하는 인공영양 방법이다. 이때 사용되는 PEG 튜브는 유연한 플라스틱 관이다. 위 내시경을 이용해 환자의 복벽을 통해 관을 위 안에 삽입하여 음식물을 공급한다.

지속식물상태

permanent vegetative status, PVS

뇌를 다친 이후 식물상태가 1년 이상 지속될 때, 산소 부족으로 인한 뇌 손상이 6개월 이상 지속되는 경우에만 지속식물상태라고 말할 수 있다. 그 전에는 지속하는 식물상태라고 말한다.

동공 반사

동공에 빛을 가해 동공의 크기와 형태의 변화를 알아보는 검사로, 특정한 뇌신경의 기능을 추론할 수 있다.

패혈증

Sepsis

병의 한 발생지에서 나온 병원체가 지속적으로, 또는 주기적으로 혈액 내로 침범하여 발생하는 위중한 질환이다.

스텐트

stent

금속이나 플라스틱으로 만든 작은 관 형태의 격자 구조물이다. 속이 빈 공간이 있는 장기나 관상동맥 같은 혈관이 좁아져 막힌 곳을 지속적으로 열어놓는 데 사용된다.

섬광조영술

scintigraphy

방사성 동위원소를 이용해 뼈나 다른 장기에 발생한 염증이나 종양의 진원지를 알아내는 영상 진단법이다.

시상-대뇌피질 신경망

3차원 신경망으로 대뇌피질과 시상에 위치하며, 인간의 의식이 생성되는 곳이다.

우리는
어떻게 죽고
싶은가?

2011년 11월 21일 초판 1쇄 인쇄
2011년 11월 25일 초판 1쇄 발행

지은이 미하엘 데 리더
옮긴이 이수영
펴낸이 우찬규
펴낸곳 도서출판 학고재

주간 손철주
편집국장 김태수
편집 박정철, 강상훈, 김하늬, 조주영, 유정민
디자인 이하나
관리/영업 김정곤, 박영민, 이영옥
인쇄 한가람 프린팅

주소 서울시 종로구 계동 101-12번지 신영빌딩 1층
전화 편집 (02)745-1722~3 영업 (02)745-1770, 1776
팩스 (02)764-8592
이메일 hakgojae@gmail.com
홈페이지 www.hakgojae.com
등록 1991년 3월 4일(제1-1179)

ISBN 978-89-5625-161-5 03300